만들면서 배우는

블렌더 3D 입문

블렌더기초, 모델링, 머티리얼,
애니메이션, 렌더링까지

만들면서 배우는
블렌더 3D 입문
블렌더 기초, 모델링, 머티리얼,
애니메이션, 렌더링까지

지은이 **토모**

옮긴이 **윤인성**

펴낸이 **박찬규** 엮은이 **윤가희** 디자인 **북누리** 표지디자인 **Arowa & Arowana**

펴낸곳 **위키북스** 전화 **031-955-3658, 3659** 팩스 **031-955-3660**

주소 경기도 파주시 문발로 115 세종출판벤처타운 311호

가격 **28,000** 페이지 **316** 책규격 **188 x 258mm**

초판 발행 **2024년 03월 27일**
ISBN **979-11-5839-503-2 (13000)**

등록번호 **제406-2006-000036호** 등록일자 **2006년 05월 19일**
홈페이지 **wikibook.co.kr** 전자우편 **wikibook@wikibook.co.kr**

KYOU KARA HAJIMERU Blender3 NYUMONKOUZA
Copyright ⓒ 2022 Tomo
All rights reserved.
Original Japanese edition published by SB Creative Corp.
Korean translation rights ⓒ 2024 by WIKIBOOKS
Korean translation rights arranged with SB Creative Corp., Tokyo
through Botong Agency, Seoul, Korea

만들면서 배우는
블렌더 3D
입문

블렌더 기초, 모델링, 머티리얼,
애니메이션, 렌더링까지

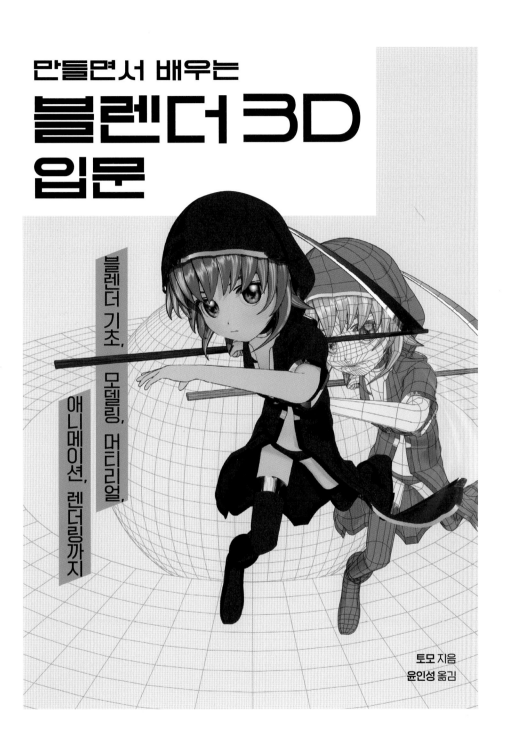

토모 지음
윤인성 옮김

위키북스

소개, 서문

소개

이 책은 블렌더를 전혀 다뤄본 경험이 없는 분, 조금 알고 있지만 더 깊게 공부하고 싶은 분, 3D CG 자체를 접해본 적이 없는 분들을 위한 입문서로 집필했습니다.

이 책의 앞부분에서는 간단한 연습 목적의 모델을 몇 개 만들어보면서 기본적인 조작 방법을 차근차근 배웁니다. 그리고 최종적으로 조금 복잡한 캐릭터를 만들어보며 블렌더의 기능을 최대한 다양하게 익힐 수 있게 구성했습니다.

초보자가 중간에 포기하지 않고 최대한 예제를 완성해볼 수 있게, 스크린샷을 최대한 상세하게 담았습니다. 참고로 블렌더를 이미 어느 정도 다뤄본 경험이 있는 분들도 모를 수 있는 여러 가지 테크닉이 포함되어 있을 수도 있으므로 블렌더를 이미 어느 정도 다뤄봤더라도 책을 꼼꼼히 읽어보는 것을 추천합니다.

이 책이 너무 쉽다고 느낄 분도 있을 것이라 생각합니다. 이때는 책에서 예로 만드는 작품에 자신의 독창성을 추가해서, 자신만의 모델을 만들어보기 바랍니다.

반대로 중간에 포기하고 싶은 사람도 있을 것입니다. 이때는 너무 조급해하지 말고, 잠시휴식 시간을 갖고 다시 돌아와주세요. 원래 3D CG라는 것은 시간이 꽤 많이 들어가는 작업입니다. 조급한 마음을 줄이고, 포기하지 않고 계속 해보면 반드시 작품을 완성하고 이해할 수 있을 것입니다.

처음에는 마음에 들지 않는 작품이 만들어질 수도 있습니다. 그래도 "나는 재능이 없나봐" 같은 생각은 하지 말아주세요. 그 누구도 처음부터 잘 하는 사람은 없습니다. 즐기는 마음을 갖고 계속 만들다보면, 어느 순간 실력이 늘어 마음에 드는 것들이 만들어질 것입니다.

이 책이 그런 여러분들의 출발점이 될 수 있다면 좋겠습니다.

서문

블렌더는 오픈소스 3D CG 소프트웨어로, 몇 년 전만 해도 크게 주목받지 못했지만, 현재는 전 세계적으로 인정받으며 빠른 속도로 발전하고 있습니다. 블렌더는 다양한 기능을 갖춘 소프트웨어로, 3D 모델링, 텍스처링, 리깅, 3D 애니메이션, 2D 애니메이션, 스컬프팅, VFX 작업 등 여러 방면에서 활용할 수 있습니다.

이 책에서는 블렌더를 사용하여 3D 모델을 제작하고, 간단한 애니메이션을 적용하는 방법까지 다룹니다. 이를 위해 블렌더의 기본 조작법부터 애니메이션 스타일의 캐릭터 제작 과정을 단계별로 소개합니다.

물론 인간 형태의 캐릭터를 만드는 것은 결코 쉬운 일이 아닙니다. 따라서 이 책의 내용을 충실히 따라 하더라도 처음부터 원하는 형태의 캐릭터를 완벽하게 구현하기는 어려울 수 있습니다. 하지만 직접 실습해 보고, 객관적인 시각으로 피드백을 반영하여 반복적으로 수정해 나간다면, 점차 실력이 향상되어 자신만의 캐릭터를 자유롭게 제작할 수 있게 될 것입니다.

참고로 이전에 번역했던 블렌더 책은 한국어 인터페이스를 기준으로 설명했습니다. 그러나 3D CG 분야에서는 어느 정도 수준에 도달하면 영어로 된 자료를 자주 접하게 되어서인지, 영어 인터페이스를 사용해 달라는 요청이 많았습니다. 이에 따라 이번 책에서는 영어 인터페이스를 기준으로 번역을 진행했습니다.

마지막으로, 이 책의 번역 기회를 제공해 주신 위키북스 관계자 여러분께 진심으로 감사드립니다.

– 윤인성

이 책에서 다루는 블렌더 버전

이 책은 블렌더 3.0을 기준으로 집필되었습니다. 하지만 현재도 블렌더 3.0버전에서 인터페이스적으로 크게 달라진 부분은 없으므로, 이후 버전(또는 이전 버전)에서도 무리 없이 내용을 따라 진행할 수 있을 것입니다[1].

다만 3.0버전 이전 버전에서는 이 책에서 소개하는 기능이 없을 수 있으므로 주의해주세요.

따라서 최대한 3.0버전 이상을 사용하기 바랍니다. 만약 책과 완전히 똑같은 버전을 사용하고 싶다면 3.0버전을 사용하기 바랍니다.

블렌더 버전과 관련된 사항

블렌더는 2.93버전 이전에는 2.90 → 2.91 → 2.92처럼 소수점 둘 째 자리까지 숫자가 증가했습니다.

하지만 3.0버전부터는 3.1 → 3.2 → 3.3처럼 소수점 첫째 자리 숫자가 증가합니다.

일반적으로 블렌더는 버전을 올리면서 새로운 기능을 추가하고, 버그를 수정합니다. 따라서 비슷한 버전이라면 큰 차이를 느끼기 힘듭니다.

다만 블렌더는 과거에 2.50버전과 2.80버전에서 대규모 업데이트를 진행했습니다. 그래서 2.79버전 이전의 블렌더는 이후의 블렌더와 인터페이스가 완전히 다르므로, 책을 보고 따라하기 힘들 것입니다.

반대로 말해서 2.80버전 이후의 블렌더를 사용한다면, 이 책의 인터페이스와 거의 일치하므로 쉽게 따라할 수 있을 것입니다.

특별한 이유가 없다면 최신 소프트웨어를 사용해서 공부하는 것이 좋으므로, 독자가 책을 읽는 시점의 최신 버전으로 내용을 따라하는 것을 추천합니다.

블렌더 최소 사양과 추천 사양

다음은 블렌더의 최소 사양과 추천 사양입니다. 이 책은 최소 사양에서도 문제 없이 진행할 수 있는 내용을 담았습니다.

최소 환경	권장 환경
▪ SSE2를 지원하는 64비트 쿼드 코어 CPU	▪ 64비트 8코어 CPU
▪ 8GB RAM	▪ 32GB RAM
▪ 풀 HD 디스플레이	▪ 2560x1440 디스플레이
▪ 마우스 또는 트랙패드 또는 펜 타블렛	▪ 3 버튼 마우스 또는 펜 타블렛
▪ 2GB RAM, OpenGL 4.3을 지원하는 그래픽 카드	▪ 8GB RAM을 탑재한 그래픽 카드
▪ 구매 이후 10년이 지나지 않은 하드웨어	

---

1 역주: 이 책은 3.5, 3.6, 4.0.alpha버전을 기준으로 번역하면서 내용을 추가/변경했습니다.

◀ 이 책을 읽는 방법

이 책은 다음과 같은 구성으로 내용을 설명합니다.

● **3D CG 예제 제작 설명**

각각의 단계를 차근차근 따라갈 수 있게 단계 순서 번호, 설명, 이미지를 함께 소개합니다. 순서에 따라서 예제를 제작해보기 바랍니다.

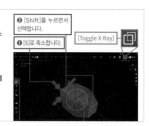

① 반대쪽 페이스도 [S]로 작게 축소합니다①.
이어서 처음 돌출했던 페이스도 [Shift]를 누른 상태로 선택해서 두 페이스를 모두 선택합니다②.
이어서 왼쪽 도구 모음에서 [Scale]을 선택합니다③.
표시되는 메뉴플레이터에서 초록색 축을 드래그하면 Y축 방향으로 두 페이스의 크기를 함께 조정할 수 있습니다④.

● **테크닉 설명**

알아두어야 하는 테크닉의 사용 목적과 방법을 중간중간 정리했습니다.

이러한 테크닉을 이해하면서 예제를 제작해보면, 실력을 더 빠르게 키울 수 있을 것입니다.

● [Device] 설정
만약 컴퓨터에 강력한 그래픽 카드가 탑재되어 있다면 [Render] 탭의 [Device] 풀다운 메뉴에서 [GPU Compute]를 선택해 렌더링할 경우 렌더링 속도가 대폭 향상됩니다. 그럼 와인잔과 같은 방법으로 배경 이미지를 설정하고, 렌더링 해 봅시다.

● **포인트**

제작을 진행할 때 주의해야 하는 부분을 "포인트"로 정리했습니다.

제작 과정, 테크닉 설명과 함께 읽으면서 활용해주세요.

포인트
이렇게 만들어진 왼쪽 메시에는 버텍스와 에지 표시가 없으므로 직접 편집할 수 없습니다. 이는 오브젝트의 중앙을 기준으로 거울상을 만드는 [Mirror] 모디파이어라는 기능으로, 편집할 수 있는 쪽의 메시를 편집하면 반대쪽도 좌우 대칭으로 만들어 줍니다. 이를 활용하면 좌우 대칭 형태를 만들 때 작업량을 반으로 줄일 수 있어 편리합니다.

모디파이어로 대칭되서 만들어진 부분

● **메모**

3D CG 제작을 진행할 때 알아두면 좋은 지식을 "메모"로 정리했습니다.

메모
작업하면서 3D 뷰포트 왼쪽 아래에 가끔 검은색 화면이 표시되는 것을 보았나요? 이를 '플로팅 윈도우(Floating Window)'라고 부릅니다. 플로팅 윈도우는 직전에 실행한 작업 내용에 대해서 숫자 입력과 체크 박스 등으로 수정할 수 있는 파라미터가 있을 때 표시됩니다. 처음에는 작게 접혀 있는데, 왼쪽에 있는 작은 삼각형 마크 ■를 클릭하면 전체 크기로 확인할 수 있습니다. 예를 들어, 방금 사용했던 머지에도 사용할 수 있으며 [By Distance]로 머지했다면 거리를 숫자로 지정할 수 있습니다. 이외에도 다양한 도구에서 유용하게 사용할 수 있으므로 기억해두기 바랍니다.

● **샘플 파일**

절 제목의 오른쪽에는 해당 절에서 완성하는 예제 파일의 경로를 적었습

📁 샘플 내려받기_samplefile/Chapter6/6-3

니다. 중간중간 자신이 만들고 있는 예제와 비교/점검하는데 활용해보기 바랍니다.

참고로 예제 파일은 다음 링크에서 다운 받을 수 있습니다.

URL https://wikibook.co.kr/blender-basic

목차

블렌더 기본 배우기

이번 장에서는 블렌더의 설치부터 간단한 기본 조작 방법까지 중요한 내용만 간추려서 설명하겠습니다. 본격적인 작업에 들어가기 전에 알아뒀으면 하는 최소한의 내용만 정리해 봤습니다.

1-1 블렌더 공부 준비하기

▶ 블렌더란?

블렌더는 블렌더 재단(Blender Foundation)에서 오픈 소스로 개발하고 있는 통합형 3D CG 소프트웨어입니다. 라이선스가 무료이므로 누구나 자유롭게 사용할 수 있습니다. 그래서 전 세계에 널리 보급되어 사용되고 있습니다.

블렌더는 3차원 형태를 제작하는 **모델링**, 이렇게 만든 모델 위에 색과 질감을 부여하는 **머티리얼**, 이를 움직이는 **애니메이션**과 **시뮬레이션**, 정지 화면 또는 동영상으로 출력하는 **렌더링**과 **컴포지트** 등 3D CG와 관련된 모든 환경을 제공합니다. 그래서 블렌더만으로도 다양한 콘텐츠를 제작할 수 있습니다.

▶ 모델링

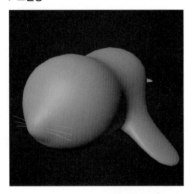

▶ 머티리얼

▶ 애니메이션

▶ 파괴 시뮬레이션

▶ 유체 시뮬레이션

▶ 천 시뮬레이션

▶ 렌더링

최근에는 일반적인 사람들이 직접 제작한 모델을 3D 프린터로 출력하거나 가상 공간에서 사용할 수 있는 아바타를 만드는 경우가 많습니다. 블렌더는 무료로 사용할 수 있으므로 부담 없이 이러한 작업에 도전해 볼 수 있습니다.

또한 블렌더는 실무 현장에서 이미 많이 사용되고 있는 다른 3D CG 소프트웨어에 뒤지지 않는 기능이 있습니다. 그리고 라이선스가 무료이므로 클라우드 환경과 원격 근무가 활발하게 이뤄지고 있는 현시점에서 블렌더는 매력적인 선택지로 주목받고 있습니다.[1]

물론 이전 버전의 블렌더에서는 조작이 너무 복잡했고, 조작할 때마다 버그가 많이 발생했습니다. 하지만 버전을 거듭해서 3.X 버전 이후로는 사용하기가 매우 쉬워졌습니다. 또한 사용자가 많이 늘면서 인터넷에서 블렌더와 관련된 정보를 매우 쉽게 찾을 수 있게 됐습니다.

블렌더는 앞으로도 계속해서 성장하며 최첨단 기술을 계속해서 도입할 것입니다. 또한 여러 독자적인 기술도 계속해서 성장할 것입니다.

---

1 역주: 일반적으로 다른 유료 3D CG 소프트웨어는 설치할 수 있는 컴퓨터 대수에 제한을 둡니다. 따라서 '회사에서 일할 때도 있고, 집에서 일할 때도 있고, 카페에서 일할 때도 있는 원격 근무 환경'에서는 소프트웨어를 여러 개 사야 하므로 비용이 너무 많이 듭니다. 반면 블렌더는 무료이므로 이러한 비용 부담이 전혀 없습니다.

▶ 블렌더 설치하기

일단 블렌더를 설치하는 과정을 설명하겠습니다.

◖ 블렌더 내려받기

① 블렌더 공식 사이트(https://www.blender.org/download/)에서 블렌더를 다운로드합니다**①**.
[Download Blender X.X.X] 버튼을 클릭하면 다운로드가 시작됩니다**②**.

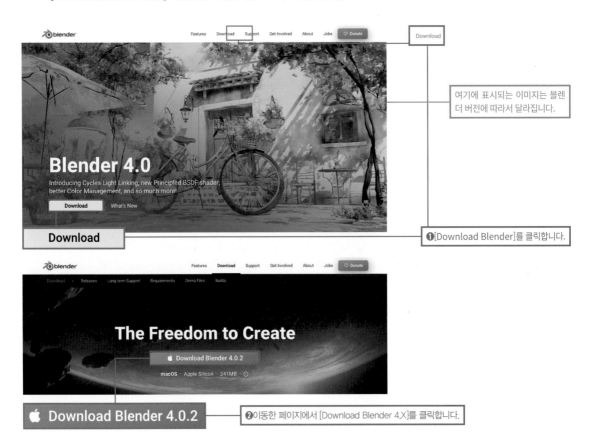

여기에 표시되는 이미지는 블렌더 버전에 따라서 달라집니다.

①[Download Blender]를 클릭합니다.

②이동한 페이지에서 [Download Blender 4.X]를 클릭합니다.

② 아래에 있는 [macOS, Linux, and other versions] 드롭다운
메뉴에서 포터블 버전, Microsoft Store 버전, Steam 버전 등
도 내려받을 수 있습니다. 또한 Windows OS가 아닌 다른 OS
의 전용 블렌더도 내려받을 수 있습니다. 자신의 환경에 맞게
내려받아 주세요**①**.

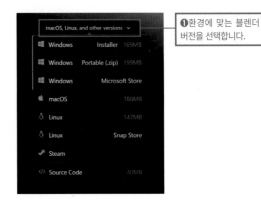

①환경에 맞는 블렌더 버전을 선택합니다.

블렌더 설치 과정

[Download Blender X.X.X]를 클릭해서 Windows 인스톨러를 내려받은 경우를 기준으로 설명하겠습니다.

> **포인트**
> 이전 버전의 블렌더는 https://download.blender.org/release/에서 내려받을 수 있습니다.
> **URL** 블렌더 공식 사이트(https://download.blender.org/release/)

① 다운로드를 완료했다면 'blender-X.X.X-windows-x64.msi' *를 실행합니다. 실행하면 설치 화면이 표시됩니다❶.

표시된 설치 화면에서 [Next]를 클릭합니다❷.

❶'blender-3.X.0-windows-x64.msi'를 실행합니다.

※이 책에서는 블렌더 4.0 인스톨러인 'Blender-4.0.2-windows-x64.msi'를 실행합니다.

❷[Next]를 클릭합니다.

② 다음 화면에서는 라이선스가 표시됩니다. 사항에 동의한다는 체크 박스에 체크하고 [Next]를 클릭합니다❶.

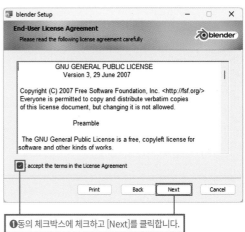

❶동의 체크박스에 체크하고 [Next]를 클릭합니다.

③ 다음 화면은 사용자 정의 설치 화면입니다. 기본적으로 그냥 [Next]를 클릭하면 됩니다. 다만 설치 경로를 변경하고 싶다면 [Browse...]를 클릭해서 설치 경로를 변경합니다❶.

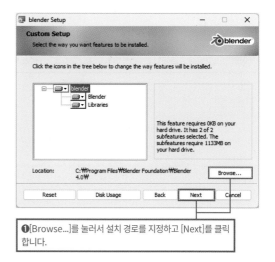

❶[Browse...]를 눌러서 설치 경로를 지정하고 [Next]를 클릭합니다.

④ 이어지는 화면에서 [Install]을 클릭하면 설치가 시작됩니다. 중간에 [사용자 계정 컨트롤] 화면이 나오면 [예]를 눌러 허가해 주세요❶.

❶[Install]을 클릭합니다.

⑤ Completed the Blender Setup Wizard 화면이 표시되면 [Finish] 버튼을 클릭해서 설치를 완료합니다❶.

바탕화면 또는 시작 메뉴에 블렌더가 추가돼 있을 것입니다.

❶ [Finish] 버튼을 클릭해서 설치를 완료합니다.

1-2

블렌더 간단하게 살펴보기

블렌더 설치를 완료했다면 이제 간단하게 블렌더를 살펴봅시다.

▶ 초기 설정하기

그러면 곧바로 블렌더를 실행하고 초기 설정을 해보겠습니다.

◀ 블렌더 실행하기

① 처음 실행할 때는 퀵 셋업(Quick Setup) 화면이 중앙에 표시됩니다(여기에 표시되는 그림은 블렌더 버전에 따라 다릅니다). 따로 설정할 것이 없다면 곧바로 오른쪽 아래의 [Next] 버튼을 클릭합니다①.

❶오른쪽 아래의 [Next] 버튼을 클릭합니다.

> **메모**
>
> 만약 이전에 블렌더를 사용해 본 적이 있다면 퀵 셋업(Quick Setup) 화면 위에 [Load ○.○○ Settings]라는 버튼이 표시됩니다. 이를 클릭하면 해당 버전의 설정을 현재 블렌더로 읽어 들일 수 있습니다.

② 이어서 표시되는 화면은 **스플래시 화면**이라고 부릅니다. 이는 실행할 때마다 표시됩니다(여기에 표시되는 그림은 블렌더 버전에 따라 다릅니다). 스플래시 화면 이외의 부분을 클릭하면 스플래시 화면이 닫힙니다①.

❶스플래시 화면 이외의 영역을 클릭하면 사라집니다.

스플래시 화면

블렌더 환경 설정

블렌더의 화면을 설명하기 전에, 블렌더를 다루기 쉽게 만드는 몇 가지 설정을 하겠습니다. 모든 설정을 하나하나 설명하는 데는 시간이 오래 걸리므로 '이것 정도는 반드시 해두는 것이 좋은 최소한의 설정'만 소개하겠습니다.

① 화면 위의 헤더에 있는 [Edit] 메뉴에서 [Preferences]를 선택합니다①.

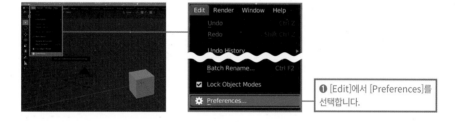

❶ [Edit]에서 [Preferences]를 선택합니다.

② 일단 왼쪽 목록에서 [Input] 항목을 선택합니다. 블렌더는 뷰포트 조작에 숫자 패드를 사용합니다. 만약 숫자 패드가 없는 환경이라면 여기에서 [Emulate Numpad]에 체크합니다①.

이렇게 하면 일반적인 키보드 위에 있는 숫자 키를 숫자 패드 대신 활용할 수 있습니다. 추가로 블렌더는 마우스 휠과 마우스 휠 버튼(이후 마우스 가운데 버튼이라고 부르겠습니다)을 사용하는 경우가 많습니다. 따라서 마우스 휠이 있는 마우스를 사용하는 것이 좋지만, 만약 없다면 여기에서 [Emulate 3 Button Mouse]에 체크합니다②.

이렇게 하면 Alt + 마우스 왼쪽 버튼 클릭으로 마우스 가운데 버튼 클릭을 재현할 수 있습니다.

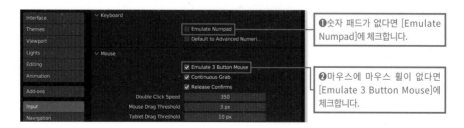

❶숫자 패드가 없다면 [Emulate Numpad]에 체크합니다.

❷마우스에 마우스 휠이 없다면 [Emulate 3 Button Mouse]에 체크합니다.

③ 이어서 왼쪽 목록에서 [Navigation]을 선택합니다. 여기에서 [Orbit Around Selection]에 체크하고, [Perspective]의 체크를 해제합니다❶.

사실 조작 취향에 따라서 그대로 두는 것을 좋아하는 사람도 있지만, 일반적으로는 이렇게 설정하는 것이 조작하기 편합니다. 어느 정도 블렌더에 익숙해지면 설정을 다시 원래대로 되돌리고 자신의 취향에 맞게 사용해 보기 바랍니다.

❶[Orbit Around Selection]에 체크하고 [Perspective]의 체크를 해제합니다.

● 설정 자동 저장하기

일반적으로 설정을 완료했다면 설정 내용을 저장해야 합니다. Preferences 화면 왼쪽 아래에 있는 햄버거 버튼(☰)을 누르면 [Auto-Save Preferences]에 기본적으로 체크가 되어 있습니다. 따라서 설정이 변경되면 해당 설정을 자동으로 저장해 주므로 설정을 따로 수동으로 저장하지 않고 Preferences 화면을 닫아도 괜찮습니다. 참고로 초기 설정으로 돌아가고 싶은 경우에는 [Revert to Saved Preferences]를 선택합니다. 수동으로 설정을 저장하고 싶다면 [Save Preferences]를 선택합니다.

▶ 블렌더 화면 설명

블렌더는 일반적인 그래픽 인터페이스와 조금 다르게 여러 영역의 조합으로 하나의 창이 구성됩니다. 기본적으로 5개의 영역이 설정돼 있습니다.

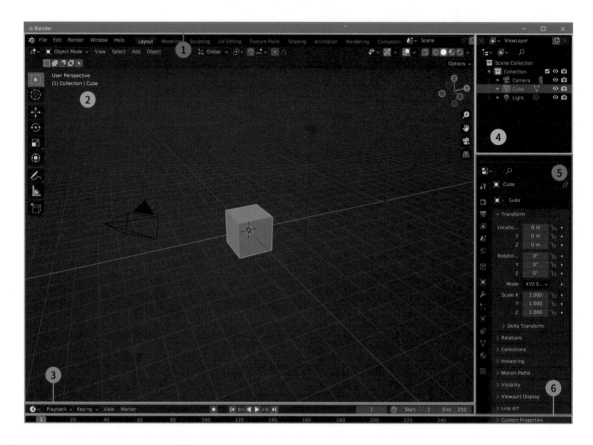

① 헤더 ··· 블렌더 전체와 관련된 메뉴 등이 포함돼 있습니다.

② 3D 뷰포트 ··· 블렌더의 메인 화면입니다. 3D 오브젝트, 카메라, 라이트 등이 3D 공간 위에 배치된 상태를 표시합니다. 왼쪽 사이드에는 도구 모음이 표시됩니다.

③ 타임라인 ··· 시간과 관련된 조작을 합니다. 애니메이션을 만들 때 사용합니다.

④ 아웃라이너 ··· 블렌더에 내장된 3D 오브젝트를 포함하여 다양한 데이터가 리스트 형식으로 표시됩니다. 여기에서 직접 데이터를 편집할 수도 있습니다.

⑤ 프로퍼티 ··· 블렌더 내부에서 현재 선택한 오브젝트와 관련된 자세한 속성을 표시해 주며 편집할 수 있습니다.

⑥ 스테이터스 바 ··· 블렌더 전체와 관련된 상태를 표시합니다. 또한 현재 사용할 수 있는 조작 단축키 등을 표시해 줍니다.

블렌더에는 다양한 단축키가 있습니다. 그런데 같은 단축키라고 해도 영역에 따라 다른 효과가 발생할 수 있습니다. 블렌더는 입력된 단축키가 어떤 영역의 것인지 판단하기 위해서 '현재 마우스 커서가 어떤 영역에 위치해 있는가'를 참조합니다. 예를 들어 3D 뷰포트에서 어떤 단축키 조작을 하고 싶다면 마우스 커서를 3D 뷰포트 영역에 올려두고 단축키를 눌러야 합니다.

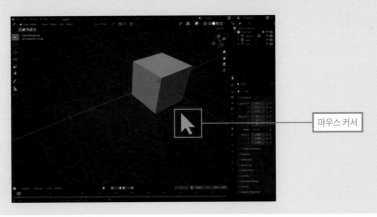

마우스 커서

▶ 3D 뷰포트의 시점 조작

3D 뷰포트 영역에서는 마우스와 키보드 단축키를 활용해 시점을 조작합니다.

◖ 시점 회전

시점을 조작하려면 마우스 커서가 3D 뷰포트 영역 안에 있어야 합니다.

마우스 중간 버튼을 드래그하면 시점을 회전할 수 있습니다. 설정에서 [Emulate 3 Button Mouse]를 활성화했다면 [Alt] + 마우스 왼쪽 버튼 드래그로도 같은 조작을 할 수 있습니다. 기본적으로 3D 공간의 중심(원점)을 기준으로 회전하지만, 설정에서 [Orbit Around Selection]에 체크했다면 선택한 요소를 중심으로 회전합니다(선택과 관련된 내용은 16페이지에서 지세히 설명하겠습니다).

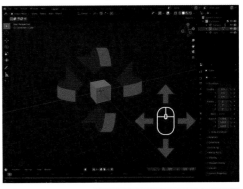

주의 블렌더 버전에 따라서 키보드의 입력 상태가 한국어일 때는 단축키가 동작하지 않을 수 있습니다. 만약 단축키가 제대로 동작하지 않는다면 키보드 입력 상태를 영어로 전환한 뒤 사용해 주세요.

✔ Emulate 3 Button Mouse

[Alt] + 마우스 왼쪽 버튼 드래그로도 조작할 수 있습니다.

시점 줌인/줌아웃

마우스 휠 회전으로 시점을 줌인/줌아웃할 수 있습니다. 또한 [Ctrl]을 누르면서 마우스 중간 버튼 드래그로도 같은 조작을 할 수 있습니다. 설정에서 [Emulate 3 Button Mouse]를 활성화했다면 [Ctrl] + [Alt] + 마우스 왼쪽 버튼 드래그로도 같은 조작을 할 수 있습니다.

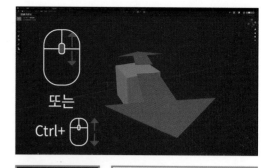

[Ctrl] + [Alt] + 마우스 왼쪽 버튼 드래그로도 같은 조작을 할 수 있습니다.

시점 이동

[Shift]를 누르면서 마우스 중간 버튼을 드래그하면 시점을 이동할 수 있습니다. 설정에서 [Emulate 3 Button Mouse]를 활성화했다면 [Shift] + [Alt] + 마우스 왼쪽 버튼 드래그로도 같은 조작을 할 수 있습니다.

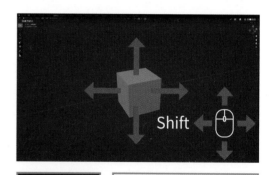

[Shift] + [Alt] + 마우스 왼쪽 버튼 드래그로도 같은 조작을 할 수 있습니다.

> **포인트**
>
> 블렌더뿐만 아니라 3D 소프트웨어에서는 이와 같은 '시점 조작'을 굉장히 자주 활용합니다. 따라서 블렌더에서는 [Shift]가 가장 많이 사용하는 키라고 할 수 있습니다([Emulate 3 Button Mouse]를 활성화했다면 [Alt]도 많이 사용합니다). 왼쪽 새끼손가락을 [Shift] 위에 올려 두는 자세로 이러한 시점 조작에 최대한 빠르게 익숙해지기 바랍니다.

숫자 패드로 시점 조작하기

블렌더는 숫자 패드를 사용하여 시점 조작을 빠르게 할 수 있습니다. 숫자 패드의 [5]를 중심으로 십자 위치에 있는 [2], [4], [6], [8]을 눌러서 각각 아래, 왼쪽, 오른쪽, 위로 15도만큼 시점을 회전할 수 있습니다.

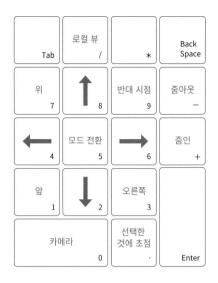

또한 [1], [3], [7]을 누르면 앞쪽, 오른쪽, 위쪽 시점으로 전환할 수 있습니다. 그리고 [Ctrl]을 누르면서 [1], [3], [7]을 누르면 뒤쪽, 왼쪽, 아래쪽 시점으로 전환할 수 있습니다. [9]를 누르면 현재 시점을 기준으로 반대 시점으로 전환합니다. 그리고 [0]은 카메라 시점으로 전환합니다. [5]를 누르면 Perspective/Orthographic 모드를 전환할 수 있습니다.

[.]을 누르면 현재 선택한 요소에 초점을 맞춰 시점이 이동합니다. [/]를 누르면 현재 선택한 요소만 표시하는 로컬 뷰(Local View)로 전환됩니다. 다시 한번 [/]를 누르면 원래 상태로 돌아옵니다.

[+], [−]로 줌인/줌아웃을 할 수 있습니다.

키	조작
[5]	Perspective(원근법, 원근법이 있는 표시 방법)/Orthographic(정사법, 원근법이 없는 표시 방법) 전환
[2]	아래로 15°만큼 시점 회전
[4]	왼쪽으로 15°만큼 시점 회전
[6]	오른쪽으로 15°만큼 시점 회전
[8]	위로 15°만큼 시점 회전
[1]	앞 시점으로 전환
[3]	오른쪽 시점으로 전환
[7]	위 시점으로 전환
[9]	현재 시점의 반대 시점으로 전환
[Ctrl]+[1]	뒤쪽 시점으로 전환
[Ctrl]+[3]	왼쪽 시점으로 전환
[Ctrl]+[7]	아래 시점으로 전환
[.]	선택한 요소가 중심에 오게 시점 전환
[/]	로컬 뷰 전환
[+]	줌 확대
[−]	줌 축소

🌙 시점 확인

현재 시점이 어떤 시점인지 확인하고 싶다면 3D 뷰포트 왼쪽 위에 있는 텍스트를 확인하면 됩니다. 특히 로컬 뷰인지 아닌지는 화면만 봐서는 헷갈리므로 여기에 있는 텍스트를 확인하는 것이 좋습니다.

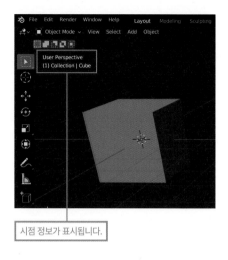

시점 정보가 표시됩니다.

🌙 숫자 패드 에뮬레이트

설정에서 [Emulate Numpad]에 체크했다면 일반적인 숫자 키를 눌렀을 때 숫자 패드를 누른 것과 같은 효과가 있습니다.

· 숫자 패드 에뮬레이트
  위의 이미지에서 표시한 키로 숫자 패드와 같은 기능을 할 수 있습니다.

메모

블렌더에는 이 이외에도 여러 가지 시점 조작 방법이 있습니다. 일단은 간단하게 현재 단계에서 기억했으면 하는 것들만 설명했습니다. 어느 정도 숙련되면 숫자 패드가 없고 3-버튼 마우스가 없는 최소한의 환경에서도 시점 조작을 잘할 수 있습니다. 하지만 숫자 패드를 활용하는 것이 직관적입니다. 참고로 [Emulate 3 Button Mouse]를 사용할 경우 일부 다른 기능을 사용할 수 없다는 단점이 있습니다.

초보자일수록 조작 환경을 완전하게 갖추고 사용해야 블렌더를 공부하기 쉬울 것으로 생각합니다. 만약 키를 사용하지 않고 시점 조작을 하고 싶다면 3D 뷰포트 오른쪽 위에 있는 3-축을 표현하는 아이콘을 활용할 수 있습니다. 이 아이콘을 마우스 왼쪽 버튼으로 드래그해서 시점을 회전할 수도 있고, [X], [Y], [Z]를 눌러서 해당 축을 바라보는 시점으로 전환할 수도 있습니다. 추가로 그 아래에 있는 **[돋보기]**, **[손]**, **[카메라]**, **[격자]** 아이콘을 마우스 왼쪽 버튼으로 드래그하거나 클릭하면 시점 확대, 시점 이동, 카메라 전환, 투시 전환 등을 할 수 있습니다. 또한 3D 뷰포트 헤더의 [View]에서는 메뉴를 선택하여 블렌더에서 할 수 있는 모든 시점 조작을 할 수 있습니다.

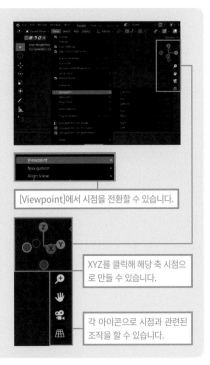

[Viewpoint]에서 시점을 전환할 수 있습니다.

XYZ를 클릭해 해당 축 시점으로 만들 수 있습니다.

각 아이콘으로 시점과 관련된 조작을 할 수 있습니다.

▶ 모드 전환

3D 뷰포트 왼쪽 위에 있는 [Object Mode]라고 적힌 풀 다운 메뉴를 클릭하면 다양한 모드 이름이 적힌 메뉴가 열립니다. 6가지 모드가 있지만, 일단 처음에는 [Object Mode]와 [Edit Mode]만 알아 두어도 괜찮습니다. 블렌더는 주로 이 2가지 모드를 오고 가면서 작업을 진행하는 것이 기본입니다. 기본적으로는 [Object Mode]로 설정돼 있습니다.

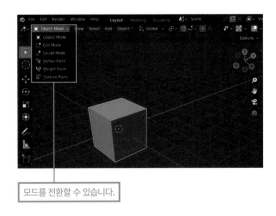

모드를 전환할 수 있습니다.

⚙ 모드 전환과 [Edit Mode]의 특징

[Object Mode]와 [Edit Mode]를 전환할 때 풀 다운 메뉴를 하나하나 클릭해서 전환하는 것은 매우 귀찮습니다. 그래서 [Tab]을 누르면 두 모드를 간단하게 전환할 수 있게 되어 있습니다.

오브젝트 모드에서는 큐브가 단순한 평면의 조합으로 이뤄진 것처럼 보이지만, 에디트 모드로 전환하면 큐브의 각 꼭짓점에 점이 추가된 것처럼 보입니다. 이와 같은 꼭짓점을 '**버텍스(Vertex)**'라고 부릅니다.

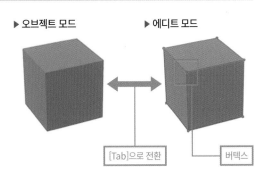

▶ 오브젝트 모드　　　　▶ 에디트 모드

[Tab]으로 전환　　　　버텍스

▶ 선택 조작

파일을 만들면 기본적으로 3D 뷰포트 위에 **큐브 메시 오브젝트, 카메라 오브젝트, 라이트 오브젝트** 3개의 오브젝트가 배치돼 있습니다. 그리고 중심에 있는 큐브 오브젝트의 윤곽선이 주황색으로 표시돼 있습니다. 이는 큐브 오브젝트를 선택하고 있다는 것을 의미합니다. 한 번 점선으로 감싸진 원 형태의 라이트 오브젝트에 마우스 커서를 놓고, 마우스 왼쪽 버튼으로 클릭해 봅니다. 이렇게 하면 이번에는 라이트 오브젝트가 주황색으로 표시되어 선택이 이쪽으로 옮겨갑니다(이 조작은 오브젝트 모드에서 해주세요).

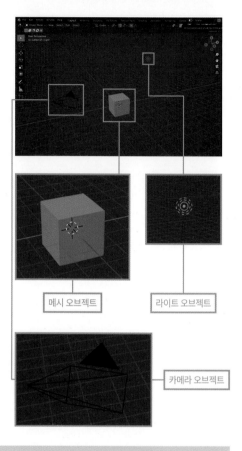

메시 오브젝트   라이트 오브젝트

카메라 오브젝트

◖ 여러 개의 오브젝트 동시에 선택하기

여러 개의 오브젝트를 동시에 선택하려면 [Shift]를 누른 상태로 마우스 왼쪽 버튼을 클릭하면 됩니다. 윈도우 탐색기에서 여러 개의 파일을 선택할 때는 [Ctrl]을 누르면서 클릭하지만, 블렌더에서는 [Shift]를 누르면서 클릭하므로 헷갈리지 않게 주의해 주세요.

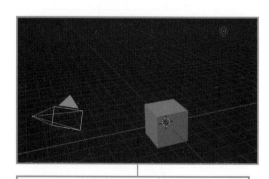

[Shift] + 마우스 왼쪽 버튼 클릭으로 오브젝트를 여러 개 선택할 수 있습니다.

활성 오브젝트

오브젝트를 여러 개 선택하면 가장 마지막에 선택한 오브젝트만 주황색이
아닌 밝은 주황색으로 표시됩니다. 이는 선택된 것 중에서 대표라는 의미
입니다. 이처럼 오브젝트를 여러 개 선택했을 때 밝은 주황색으로 표시되는
오브젝트를 '**활성 오브젝트**'라고 부릅니다.

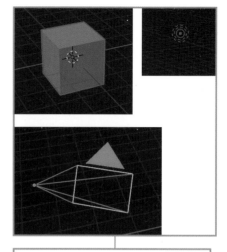

활성 오브젝트(가장 마지막에 선택한 오브젝트)는 밝은
주황색으로 표시됩니다.

오브젝트 선택 해제

선택을 해제하려면 [A]를 빠르게 2번 누르거나 3D 뷰포트 위에서 아무것도
없는 부분을 마우스 왼쪽 버튼으로 클릭합니다.

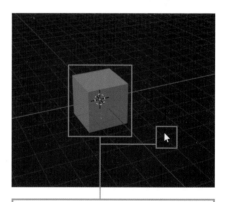

[A] → [A] 또는 3D 뷰포트 위에서 아무것도 없는 부분을
마우스 왼쪽 버튼으로 클릭해 선택을 해제합니다.

메모

[Cube] 오브젝트를 선택한 상태에서 [Tab]을 누르면 [Edit Mode]로 전환할 수 있습니다. 반면 카메라와 라이트를 선택한 상
태에서는 [Tab]을 눌러도 아무런 반응이 없습니다. 이처럼 오브젝트 중에는 [Edit Mode]로 전환할 수 있는 타입과 그렇지 않은 타입이
있습니다.

1-3

오브젝트 변환

블렌더의 기본적인 조작으로 오브젝트 조작이 있습니다. 이 내용은 곧바로 다음 장부터 계속해서 사용하므로 이번 절에서 꼭 기억하고 넘어갑시다.

▶ 오브젝트 조작 방법

오브젝트 조작 중에서 많이 사용하는 '이동(Move)', '회전(Rotate)', '크기 변경(Scale)', '오브젝트 추가(Add)'를 설명하겠습니다.

◖ 오브젝트 이동

오브젝트를 선택한 상태에서 [G]를 누르고 마우스를 이동하면 뷰포트와 평행하게 오브젝트를 이동할 수 있습니다[2].

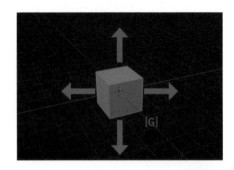

◖ 오브젝트 회전

오브젝트를 선택한 상태에서 [R]을 누르고 마우스를 이동하면 뷰포트와 평행하게 회전시킬 수 있습니다. 이때 [R]을 한 번 더 누르면 뷰포트와 관계없이 여러 방향으로 회전시킬 수 있습니다.

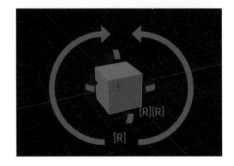

---

2 역주: 단축키 [G]는 'Grab'의 약자입니다. 오브젝트를 잡고 움직이기 때문에 Grab이라는 표현을 사용하는 것입니다.

◖ 오브젝트 확대/축소

오브젝트를 선택한 상태에서 [S]를 누르고, 마우스를 이동하면 해당 오브젝트의 크기를 변경할 수 있습니다.

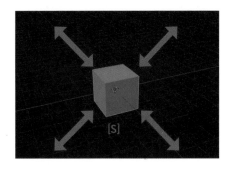

◖ 변환(Transform)

지금까지 살펴보았던 [G], [R], [S] 조작을 '**변환(Transform)**'이라고 부릅니다. 이러한 키를 누르면 주황색이었던 오브젝트의 윤곽이 흰색으로 바뀌며, 변환을 할 수 있는 상태로 바뀝니다. 이 상태에서 마우스 왼쪽 버튼 클릭 또는 [Enter]를 누르면 변환을 결정할 수 있으며, 마우스 오른쪽 버튼 클릭 또는 [Esc]를 눌러서 변환을 취소할 수 있습니다. 추가로 이러한 변환 상태에서 [X], [Y], [Z] 중 하나를 누르면 변환을 X축, Y축, Z축으로 제한할 수 있습니다. 블렌더는 가로 방향이 X축, 깊이 방향이 Y축, 세로 방향이 Z축입니다.

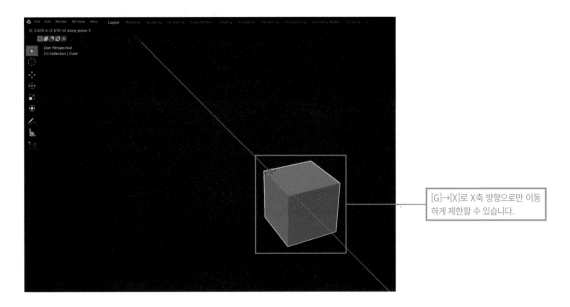

[G]→[X]로 X축 방향으로만 이동하게 제한할 수 있습니다.

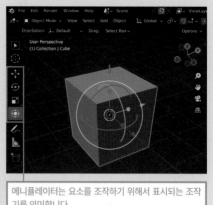

메모

[G], [R], [S]는 블렌더에서 [Shift], [Tab], [Enter]에 이어서 굉장히 많이 사용하는 키입니다. 따라서 외우는 것이 좋습니다. 참고로 시점 조작과 마찬가지로 다른 조작 방법도 있습니다. 3D 뷰포트 왼쪽에 세로로 배치된 아이콘 집합에서 3~6번째 아이콘이 변환과 관련된 도구 버튼입니다. 위에서부터 차례로 이동(Move), 회전(Rotate), 확대축소(Scale), 트랜스폼 매니퓰레이터 (Transform) 모양의 버튼입니다. 매니퓰레이터에서 빨간색 부분을 드래그하면 X축, 초록색 부분을 드래그하면 Y축, 파란색 부분을 드래그하면 Z축, 흰색 부분을 드래그하면 모든 축 방향으로 트랜스폼합니다[4].

> 메니퓰레이터는 요소를 조작하기 위해서 표시되는 조작기를 의미합니다.

오브젝트 추가

새로운 오브젝트를 추가하려면 헤더 메뉴의 **[Add]**를 사용합니다(단축키: [Shift] + [A]). 예를 들어 기본적으로 중앙에 배치된 큐브는 '**메시 오브젝트(Mesh Object)**'라는 타입입니다. 따라서 [Mesh] > [Cube]로 추가할 수 있습니다. 메시 오브젝트에는 이 이외에도 다양한 것들이 있으므로 다른 형태의 메시도 추가해 보기 바랍니다. 기본적으로 3D 뷰포트에 배치된 다른 오브젝트 (카메라, 라이트 등)도 [Add] 메뉴에서 추가할 수 있습니다.

오브젝트를 추가하면 3D 뷰포트 왼쪽 아래에 '**플로팅 윈도우**'라는 메뉴가 표시됩니다. 이 메뉴 왼쪽에 있는 삼각형 모양의 마크 (▶)를 누르면 추가한 오브젝트를 편집할 수 있는 메뉴들이 표시됩니다. 이를 활용하면 세부적인 형태 등을 조정할 수 있습니다. 이 메뉴는 오브젝트를 추가한 직후에만 사용할 수 있으며, 오브젝트를 이동하는 등의 조작을 한 이후에는 사용할 수 없습니다. 참고로 이 화면은 [F9]로 마우스 커서 위치에 표시할 수 있습니다(마찬가지로 오브젝트를 추가한 직후에만 가능합니다).

플로팅 윈도우의 메뉴

---

3 역주: 일반적으로 빛의 삼원색을 RGB라고 표현합니다. 이 순서대로 XYZ축에 대응시킨 것입니다.

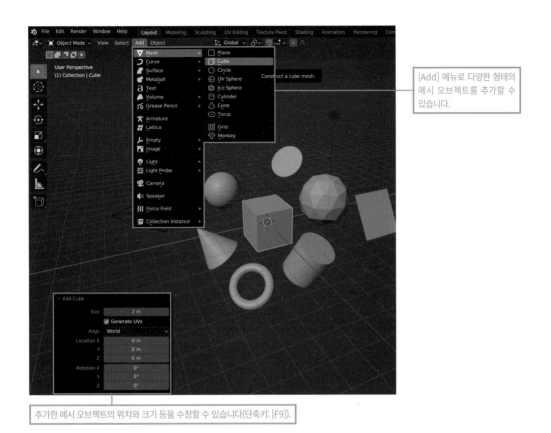

[Add] 메뉴로 다양한 형태의 메시 오브젝트를 추가할 수 있습니다.

추가한 메시 오브젝트의 위치와 크기 등을 수정할 수 있습니다(단축키: [F9]).

오브젝트 복제와 제거

오브젝트 복제와 제거는 마우스 오른쪽 버튼 클릭으로 할 수 있습니다. 다만 이 두 명령은 굉장히 많이 사용되므로 단축키를 기억해 두는 것이 좋습니다. 복제는 [Shift] + [D], 제거는 [Delete] 또는 [X]를 사용합니다.

마우스 오른쪽 버튼을 클릭하고 [Duplicate Objects] 또는 [Delete]를 실행합니다.

1-4 파일 조작

마지막으로 파일과 관련된 조작을 살펴봅시다.

▶ 파일 조작 방법

파일 저장은 헤더 메뉴의 [File]에서 [Save]를 눌러서 합니다. 추가로 저장한 파일을 열 때는 [Open]을 선택합니다. 파일을 덮어쓰지 않고 다른 이름으로 저장하고 싶다면 [Save As]를 선택합니다.

[File] 메뉴에서 파일을 열거나 저장할 수 있습니다.

[Open] 또는 [Save]를 누르면 모두 블렌더 파일 탐색기(Blender File View)가 열립니다. 이 화면 왼쪽 목록에서 디렉터리를 선택하고, 아래의 입력 양식에 이름을 입력하고, 오른쪽의 버튼을 누르면 파일을 열거나 저장할 수 있습니다. 추가로 중앙에 표시되는 파일 아이콘(썸네일)을 더블 클릭해서도 파일을 열거나 저장할 수 있습니다.

▶ 파일 브라우저 화면

현재 디렉터리

파일 아이콘(썸네일)

파일 저장 또는 열기 버튼

시스템 디렉터리

파일 이름 입력

파일 덮어쓰기 저장

2번째 이후 저장부터는 파일 브라우저가 열리지 않고 기존 파일에 덮어쓰기로 저장됩니다. 저장은 굉장히 자주 하는 조작이므로 단축키 [Ctrl] + [S]를 기억해 두고 사용하는 것이 좋습니다. 추가로 덮어쓰기를 하면 저장한 블렌더 파일이 있는 디렉터리에 '.blend1', '.blend2'라는 파일들이 만들어집니다. 이는 백업 파일로서 덮어쓰기 이전의 상태가 저장돼 있습니다. 파일 이름을 변경해서 뒤에 붙어있는 1과 2 등을 제거하면 파일을 열 수 있습니다.

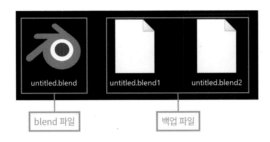

blend 파일　　백업 파일

> **메모**
>
> 만약 실수로 저장하지 않고 블렌더를 종료했다면 다음 실행 때 헤더의 [File] 〉 [Recover] 〉 [Last Session]을 실행해 종료 이전 마지막 복원 파일을 열 수 있습니다.
>
> 참고로 블렌더는 2분마다 자동으로 백업 파일을 만듭니다. 따라서 블렌더가 비정상적으로 종료된 경우에도 헤더의 [File] 〉 [Recover] 〉 [Auto Save]를 선택하면 작업 내용들을 복구할 가능성이 있습니다.

단축키 정리

그럼 지금까지 등장했던 단축키를 정리해 보겠습니다. 블렌더에는 매우 많은 단축키가 있습니다. 이번 장에서 등장했던 단축키는 그중에서도 꼭 기억하면 좋을 단축키만 뽑아본 것입니다(다음 표에 정리한 단축키는 그중에서 더욱 중요한 단축키만 뽑아본 것입니다).

키	조작
마우스 중앙 드래그	시점 회전
마우스 휠 회전	시점 줌
[Shift] + 마우스 중앙 드래그	시점 이동
숫자 패드 [2], [4], [6], [8]	시점 아래, 왼쪽, 오른쪽, 위 15° 회전
숫자 패드 [1], [3], [7]	시점 앞, 오른쪽, 위
[Ctrl] + 숫자 패드 [1], [3], [7]	시점 뒤, 왼쪽, 아래
숫자 패드 [0]	카메라 뷰
숫자 패드 [5]	퍼스펙티브 전환
숫자 패드 [.]	선택한 오브젝트에 포커스
숫자 패드 [/]	로컬 뷰
숫자 패드 [+], [−]	줌
[Tab] 키	[Object Mode]와 [Edit Mode] 전환
[Shift] + 마우스 왼쪽 버튼 클릭	추가 선택
[A] 키 2회	선택 해제
[G], [R], [S] 키	이동, 회전, 확대/축소
[Ctrl] + [S]	저장

모델링 해보기

그럼 이제 본격적으로 모델 제작 작업으로 들어갑시다. 간단한 모델을 몇 개 만들어 보며 블렌더의
다양한 도구와 조작 방법을 살펴보겠습니다.

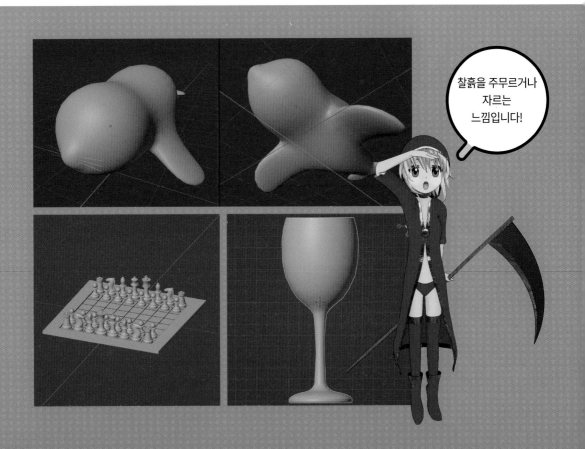

찰흙을 주무르거나
자르는
느낌입니다!

2-1

물범 만들기

그럼 물범 캐릭터를 만들어 보면서 블렌더의 기본적인 조작에 익숙해져 봅시다. 갑자기 복잡한 작업을 하는 것처럼 보일 수도 있지만, 하나하나 과정을 따라 하면 누구나 쉽게 만들 수 있으므로 걱정하지 말아 주세요.

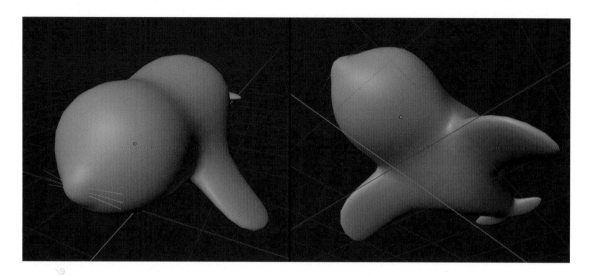

처음 파일을 만들면 가운데에 큐브가 하나 배치되므로 이 큐브를 활용해서 만들어 봅시다. 만약 큐브를 제거했다면 [Shift] + [A]를 누르고 [Mesh] > [Cube]를 눌러 추가합니다.

▶ 큐브 가공 시작하기

그럼 차근차근 과정을 따라 큐브를 가공해서 물범을 만들어 봅시다.

♟ 메시의 버텍스 선택하기

① [Tab]을 눌러서 큐브를 [Edit Mode]로 전환합니다**❶**.

그리고 [Shift]를 누르면서 앞에 있는 버텍스 4개를 하나하나 선택합니다**❷**[4].

> **포인트**
>
> ⌄
>
> 이때 Y축 앞쪽의 페이스를 선택하는 것이 좋습니다. 큐브 왼쪽과 오른쪽에서 빨간색 선(X축)이 나오는 것을 확인하면서 Y축 앞쪽의 페이스를 선택해 주세요.

---

4 역주: 처음 [Edit Mode]로 진입했을 때 큐브의 모든 버텍스와 에지가 주황색으로 표시된다면 ❶ [A]를 여러 번 빠르게 눌러서 선택을 해제하거나, ❷ 뷰포트의 빈 공간을 마우스 왼쪽 버튼으로 클릭해서 선택을 해제한 뒤 진행합니다. 추가로 버텍스를 하나하나 선택하는 것이 귀찮다면 드래그해도 괜찮습니다.

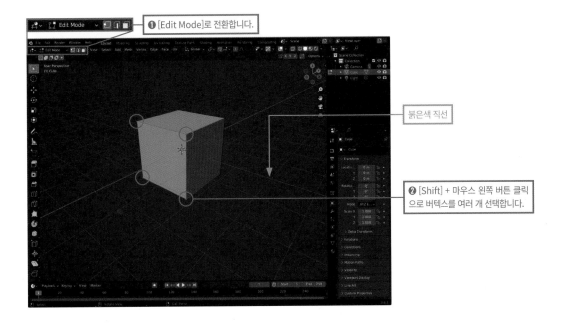

❶ [Edit Mode]로 전환합니다.

붉은색 직선

❷ [Shift] + 마우스 왼쪽 버튼 클릭으로 버텍스를 여러 개 선택합니다.

큐브 돌출하기(Extrude Region)

❶ 앞쪽 면을 선택한 상태에서 왼쪽에 있는 도구 목록에서 [Extrude Region] 🔲 아이콘을 클릭합니다❶.

이렇게 하면 선택하고 있는 면에서 ➕ 형태의 메니퓰레이터가 표시됩니다.

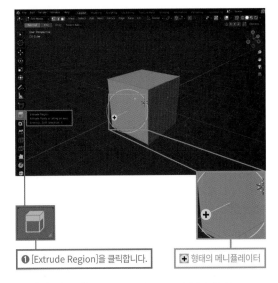

❶ [Extrude Region]을 클릭합니다.

➕ 형태의 메니퓰레이터

❷ ➕ 마크가 있는 메니퓰레이터를 마우스 왼쪽 버튼으로 드래그해서 움직여 봅니다❶.

이 도구는 선택한 부분을 돌출해서 페이스(면)를 생성합니다.

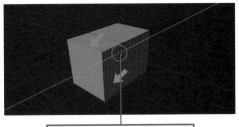

❶ 메니퓰레이터를 마우스 왼쪽 버튼으로 드래그해서 페이스를 돌출합니다.

◀ 돌출한 페이스 축소하기

이어서 방금 돌출한 페이스를 축소해 보겠습니다.

● 버텍스 이동, 회전, 확대 / 축소

[Edit Mode]에서도 [Object Mode]처럼 [G], [R], [S]를 사용해 이동, 회전, 확대/축소할 수 있습니다. 이때 이동, 회전, 확대/축소는 버텍스에 대해 이뤄집니다. 그런데 버텍스 자체는 각도와 크기라는 개념이 없으므로 하나의 버텍스에 회전/확대축소 하는 조작은 아무런 의미가 없습니다. 여러 개의 버텍스를 선택해서 회전/확대축소 해야 여러 버텍스의 중심 위치를 기준으로 회전과 확대/축소가 이뤄집니다.

따라서 현재 선택된 4개의 버텍스에 확대/축소 조작을 하면 버텍스 4개의 중심 위치를 기준으로 버텍스를 응집시키거나 분산시킬 수 있습니다.

❶ 일단 [S]를 누릅니다❶.

그대로 버텍스 4개의 위치 관계를 축소합니다❷.

❶ [S]를 누릅니다.

❷ 버텍스 4개를 축소합니다.

◀ [페이스 선택 모드]에서 페이스 돌출하기

이어서 시점을 반대로 돌려서 큐브의 반대쪽도 페이스를 돌출하겠습니다. 다만 이번에는 조금 다른 방법으로 페이스를 돌출해 봅시다.

● 버텍스 선택 모드, 에지 선택 모드, 페이스 선택 모드

3D 뷰포트의 왼쪽 위에 있는 헤더를 보면 사각형이 중첩된 버튼이 3개 있습니다. 왼쪽부터 큐브의 버텍스, 에지, 페이스가 선택된 모습입니다. 이는 왼쪽부터 [버텍스 선택 모드(Vertex select)], [에지 선택 모드(Edge select)], [페이스 선택 모드(Face select)]를 전환하는 버튼입니다. 이 버튼들은 [Edit Mode]에서만 표시됩니다.

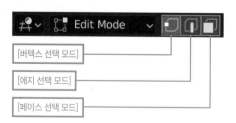

[버텍스 선택 모드]

[에지 선택 모드]

[페이스 선택 모드]

① [버텍스 선택 모드], [에지 선택 모드], [페이스 선택 모드] 중에서 가장 오른쪽에 있는 [페이스 선택 모드] 버튼을 클릭해 봅시다①.

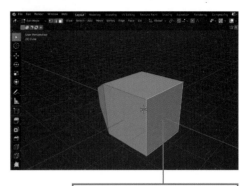

① [페이스 선택 모드]로 전환합니다.

클릭하면 3D 뷰포트 중앙에 배치된 메시에서 버텍스에 있는 점 표시가 사라지고 선 표시만 남는 것을 볼 수 있습니다.

이때는 버텍스를 선택할 수 없으며 페이스를 마우스 왼쪽 버튼으로 클릭해 페이스만 선택할 수 있습니다②.

포인트
페이스를 감싸고 있는 버텍스를 하나하나 선택해서 페이스를 선택하는 것은 굉장히 귀찮습니다. 본문처럼 선택 모드를 변경하면서 페이스를 선택하면 작업을 빠르게 진행할 수 있습니다.

② 페이스를 마우스 왼쪽 버튼으로 클릭합니다.

② 그리고 이 상태에서 [E]를 누르고 마우스를 움직이면 [Extrude] 조작을 할 수 있습니다①.

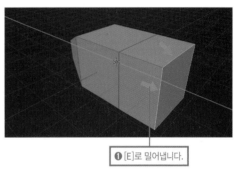

포인트
블렌더는 ① 왼쪽에 있는 도구 버튼 모음에서 도구를 선택해서 기능을 실행할 수도 있고, ② 단축키를 사용해서 기능을 실행할 수도 있습니다. 일반적으로 단축키를 활용하면 작업을 빠르게 진행할 수 있습니다.

① [E]로 밀어냅니다.

🌙 [Scale] 도구로 페이스의 위치 조정하기

이번에는 요소의 크기를 변경할 수 있는 [Scale] 도구를 사용해서 작업을 진행해 보겠습니다.

● [Scale] 도구

각 페이스를 [G]로 이동하는 방법뿐만 아니라 [Scale] 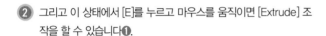을 사용해 형태를 잡을 수도 있습니다. 여러 페이스의 크기를 한꺼번에 조정하면 전체적인 균형을 보며 효율적으로 형태를 만들 수 있습니다(익숙해지면 메니퓰레이터가 아니라 [S] → [Y] 등의 단축키를 활용해 빠르게 조작할 수 있습니다).

이때 오른쪽 위의 도구 모음에서 [Toggle X-Ray]▣를 선택하면 더 쉽게 볼 수 있습니다.

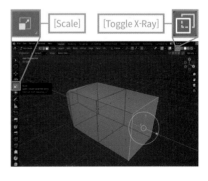

① 반대쪽 페이스도 [S]로 작게 축소합니다**①**.

이어서 처음 돌출했던 페이스도 [Shift]를 누른 상태로 선택해서 두 페이스를 모두 선택합니다**②**.

이어서 왼쪽 도구 모음에서 [Scale]을 선택합니다**③**.

표시되는 메니퓰레이터에서 초록색 축을 드래그하면 Y축 방향으로 두 페이스의 크기를 함께 조정할 수 있습니다**④**.

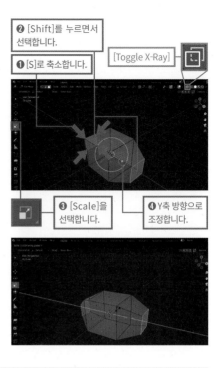

◖ [Extrude]와 [Scale]을 조합해 몸체의 기본 형태 만들기

이어서 몸체에 해당하는 부분을 만듭니다.

① 방금 선택했던 2개의 페이스 중에서 Y축 뒤쪽에 있는 페이스만 선택한 상태로 다음 조작을 진행합니다.

- [E]로 [Extrude] → S로 [Scale]**①**
- [E]로 [Extrude] → S로 [Scale] **②**
- [E]로 [Extrude] **③**

이처럼 [E]와 [S]를 반복해서 대략적인 형태를 만듭니다.

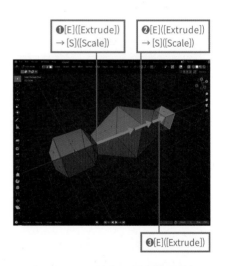

▶ 좌우 대칭 모델링하기

이어서 몸통 부분을 만들겠습니다. 지금부터는 전체를 좌우 대칭 형태로 만들 것입니다. 좌우 대칭 형태를 만들기 위해 메시의 오른쪽 부분을 만든 뒤, 왼쪽 부분도 똑같은 형태로 만드는 방법은 너무 힘들고 번거롭습니다. 따라서 오른쪽 부분을 만들면 왼쪽도 같은 모양으로 만들어 주는 기능을 활용하겠습니다.

루프컷으로 메시 분할하기

일단 메시를 분할해주는 **루프컷**(Loop cut) 기능을 사용해서 작업을 시작하겠습니다.

● 루프컷

루프컷은 연속된 페이스를 한 번에 분할해 주는 도구입니다. 조금 더 자세하게 설명하면 한 줄의 띠처럼 연결된 에지를 **에지 루프**(Edge Loop)라고 부릅니다. 이러한 에지 루프를 분할하거나 새로 생성할 때 사용하는 기능이 **루프컷**입니다.

① 일단 왼쪽에 있는 도구 버튼 그룹에서 [Loop Cut]⬚을 선택합니다❶.

이어서 마우스 커서를 메시 중앙 부근으로 가져갑니다. 이렇게 하면 메시의 페이스 중앙에 페이스를 세로로 분할하는 노란색 선이 표시됩니다. 이때 마우스 왼쪽 버튼을 클릭합니다❷.

마우스 왼쪽 버튼을 클릭하면 루프컷 위치를 결정하는 모드로 들어갑니다. 이 상태에서 마우스 오른쪽 버튼을 클릭하면 에지 루프가 중앙에 결정됩니다.

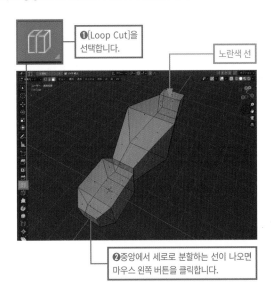

❶[Loop Cut]을 선택합니다.

노란색 선

❷중앙에서 세로로 분할하는 선이 나오면 마우스 왼쪽 버튼을 클릭합니다.

② 이어서 도구 버튼에서 가장 위에 있는 [Select Box]▣를 선택합니다❶.

그리고 메시 왼쪽에 해당하는 버텍스를 모두 선택합니다(이때 분할로 만들어진 X축 중앙에 있는 버텍스는 선택하지 않도록 주의합니다) [5]❷.

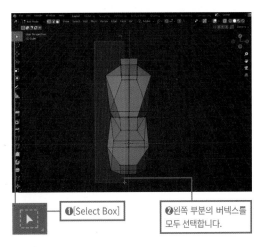

❶[Select Box]

❷왼쪽 부분의 버텍스를 모두 선택합니다.

---

5 역주: 블랜더는 기본적인 상태에서 [Select Box] 등으로 요소를 선택했을 때 앞쪽의 요소(버텍스 등)만 선택합니다. 뒷쪽의 요소까지 선택하려면 [Toggle X–Ray]를 활성화하고 선택해야 합니다. 따라서 현재 작업을 진행할 때는 [Toggle X–Ray]를 활성화하고 선택하는 것이 좋습니다.

③ 그리고 [X] 또는 [delete]를 누르고 [Vertices]를 선택해 버텍스를 제거합니다①.

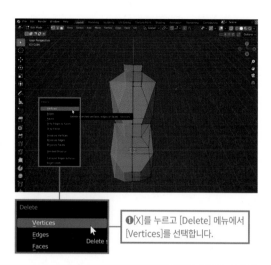

❶[X]를 누르고 [Delete] 메뉴에서 [Vertices]를 선택합니다.

[Mirror] 모디파이어로 메시 좌우 대칭하기

이어서 메시를 좌우 대칭으로 만들겠습니다.

① 오른쪽 절반 부분 메시만 남겼다면 오른쪽에 있는 [Properties] 영역 왼쪽에 있는 🔧를 클릭해 [Modifier Properties] 탭을 표시합니다①.

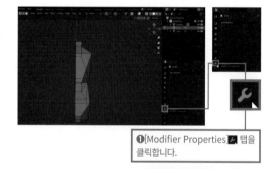

❶[Modifier Properties]🔧 탭을 클릭합니다.

② 이어서 위에 있는 [Add Modifier]를 클릭합니다①.
그리고 드롭다운 메뉴에서 [Generate] → [Mirror]를 실행합니다②.
이렇게 하면 메시 왼쪽 절반 부분에 페이스 대칭으로 메시가 생성됩니다.

❶[Add Modifier]를 클릭합니다.

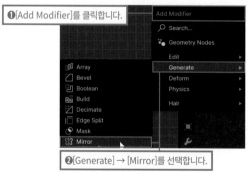

❷[Generate] → [Mirror]를 선택합니다.

포인트

이렇게 만들어진 왼쪽 메시에는 버텍스와 에지 표시가 없으므로 직접 편집할 수 없습니다. 이는 오브젝트의 중앙을 기준으로 거울상을 만드는 [Mirror] 모디파이어라는 기능으로, 편집할 수 있는 쪽의 메시를 편집하면 반대쪽도 좌우 대칭으로 만들어 줍니다. 이를 활용하면 좌우 대칭 형태를 만들 때 작업량을 반으로 줄일 수 있어 편리합니다.

모디파이어로 대칭되어서 만들어진 부분

《 에지 루프 선택, 에지 링 선택 후 메시의 크기 조정하기

이어서 메시의 크기를 조정해서 형태를 잡아보겠습니다.

① 마우스 커서를 메시 중심에 있는 에지로 옮긴 뒤 [Alt]를 누른 상태로 마우스 왼쪽 버튼을 클릭합니다**①**⁶.

이렇게 하면 마우스 커서 근처의 에지와 연결된 모든 에지를 루프 형태로 선택할 수 있습니다. 이를 **에지 루프 선택**(Select Edge Loops)이라고 부릅니다.

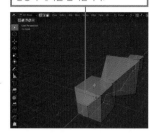

❶ [Alt] + 마우스 왼쪽 버튼 클릭으로 중앙의 에지를 선택합니다.

② 이 상태에서 [S] → [Z]로 세로 방향으로 크기를 키워서 전체적으로 사각 기둥 형태에 가까웠던 모양을 원기둥 형태로 조정합니다**①**.

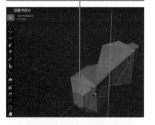

❶ [S] → [Z]로 세로 방향으로 크기를 키웁니다.

③ 이번에는 측면에서 세로 방향으로 연결된 에지 근처로 마우스 커서를 옮기고 [Ctrl] + [Alt] + 마우스 왼쪽 버튼을 클릭합니다**①**.

이렇게 하면 이전에 **에지 루프 선택**과 다른 방향으로 페이스가 띠처럼 선택됩니다. 이를 **에지 링 선택**(Select Edge Rings)이라고 부릅니다.

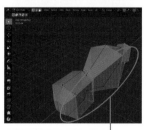

❶ [Ctrl] + [Alt] + 마우스 왼쪽 버튼 클릭으로 에지 링을 선택합니다.

④ 이 상태에서 [S] → [Z]를 눌러 세로 방향으로 축소합니다**①**. 다음 그림과 같이 정면(숫자 패드 [1])에서 봤을 때 육각형 형태가 나올 수 있게 조정해 주세요**②**.

---

6 역주: [Emulate 3 Button Mouse]를 Alt로 설정했다면 이 기능이 작동하지 않습니다. 잠시 비활성화하거나, [Shift]를 누르며 요소를 하나하나 선택합니다.

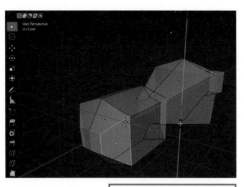

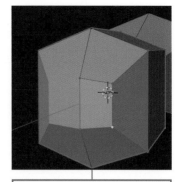

❶ [S] → [Z]로 크기를 조정합니다.

❷ 숫자 패드 [1]로 정면 시점으로 전환했을 때 육각형에 가깝게 만듭니다.

▶ 메시를 하이폴리곤으로 만들기

이제 메시를 하이폴리곤(폴리곤의 수를 늘려 부드럽게 만든 것)으로 만들겠습니다.

◖ 서브 디비전 서피스와 셰이드 스무스로 메시를 부드럽게 만들기

이전의 [Mirror] 모디파이어 설정과 마찬가지로 [Modifier Properties] 탭(32페이지 참고)에서 작업합니다.

① [Add Modifier] 풀다운 메뉴에서 [Generate] → [Subdivision Surface]를 선택합니다❶.

이렇게 하면 모델의 메시가 세분화되는 것을 확인할 수 있습니다.

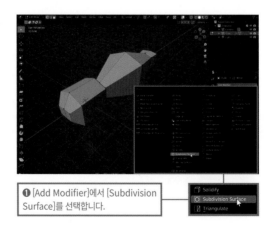

❶ [Add Modifier]에서 [Subdivision Surface]를 선택합니다.

② 다시 [Tab]으로 [Object Mode]로 돌아옵니다❶. 그리고 오브
젝트를 마우스 오른쪽 버튼으로 클릭하고 [Shade Smooth]를
선택합니다❷. 이렇게 하면 딱딱하게 보였던 표면이 부드러운
표면으로 바뀝니다.

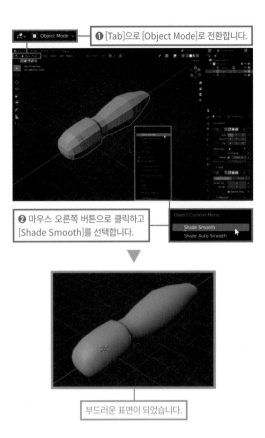

❶ [Tab]으로 [Object Mode]로 전환합니다.

❷ 마우스 오른쪽 버튼으로 클릭하고
[Shade Smooth]를 선택합니다.

부드러운 표면이 되었습니다.

● 서브 디비전 서피스와 셰이드 스무스

갑자기 **서브 디비전 서피스**와 **셰이드 스무스**라는 두 가지 기능이 등장해서 어렵게 느껴지는 분도 있을 것 같습니다. **서브 디
비전 서피스**도 [Mirror] **모디파이어**처럼 메시 형태를 절차적으로 변화시키는 **모디파이어**입니다. 설정한 이후에도 [Modifier
Properties] 🔧 탭(32페이지)에서 형태 변화와 관련된 매개변수들을 조정할 수 있습니다. [Levels Viewport]로 현재 보고 있
는 3D 뷰포트에서의 해상도를 설정합니다. 또한 [Render]로 렌더링(144페이지) 때의 해상도를 설정합니다. 이 숫자를 높게 설
정할수록 메시가 더 세밀하게 세분화 되어서 깨끗하고 매끄러운 표면이 만들어지지만, 동시에 계산 부하가 많이 걸리므로 적절
한 값으로 설정해야 합니다.

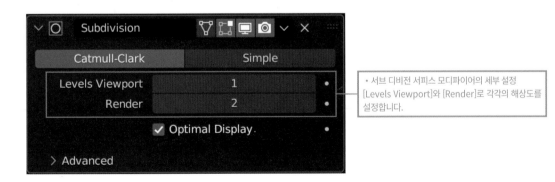

• 서브 디비전 서피스 모디파이어의 세부 설정
[Levels Viewport]와 [Render]로 각각의 해상도를
설정합니다.

반면 [Shade Smooth]는 실제로 페이스를 세분화하는 기능은 아닙니다. 대신 페이스의 경계를 부드럽게 연결해서 해상도가 올라간 것처럼 보이게 만드는 기능입니다. 따라서 서브 디비전 서피스와 다르게 계산 부하가 많이 걸리지 않습니다. 하지만 형태에 따라서 부자연스럽게 보이는 경우도 있습니다. [Shade Flat]을 선택하면 음영을 원래처럼 딱딱하게 표현합니다. 결론적으로 서브 디비전 서피스와 셰이드 스무스는 '계산 부하'와 '외형의 부자연스러움'의 균형을 보면서 선택적으로 사용하거나 함께 병행해서 사용하면 됩니다.

▶ 물범 형태 조정하기

지금부터는 **서브 디비전 서피스** 상태에서 모델링을 진행하겠습니다. 다시 [Edit Mode]로 전환한 뒤 형태를 조정해 봅시다.

> **포인트**
>
> 기본적으로 **서브 디비전 서피스**를 적용하면 형태가 조금 '살 빠진 느낌'으로 작게 변경됩니다. 이를 조정하려면 살을 붙이고 싶은 부분에 이전에 배운 것처럼 에지 루프를 선택(33페이지)하고, [S] → 마우스 이동으로 확대하면 됩니다. 그런데 실제로 이렇게 해보면 문제가 발생합니다. 메시에 구멍이 난 것처럼 Y축이 겹치는 부분을 중심으로 모양이 깨집니다. 이는 [Mirror] **모디파이어**를 적용했기 때문에 발생하는 현상입니다.

'살 빠진 느낌'이 되어버린 상태	두껍게 만들면 모양이 깨져 보임

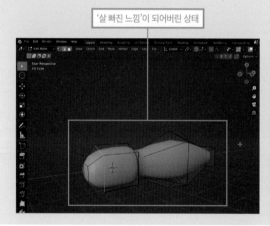
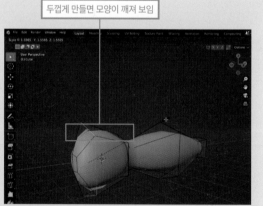

● [Mirror] 모디파이어의 성질

원래 완전한 육각형은 그 버텍스를 선택해서 확대했을 때 육각형의 중심을 기준으로 확대가 이루어집니다. 따라서 육각형의 형태가 유지됩니다(다음 장 이미지의 왼쪽). 반면 [Mirror] 모디파이어를 적용하기 위해서 잘라버린 육각형의 오른쪽 부분(중심 부분도 포함)은 4개의 버텍스밖에 없습니다. 그래서 이를 확대하거나 축소했을 때, 이 버텍스 4개의 중심을 기준으로 확대/축소가 이루어집니다. 결과적으로 [Mirror] 모디파이어의 기준이 되는 중심면을 넘어 반대쪽으로 메시가 튀어나오거나, 반대쪽에 붙지 않을 수 있습니다(다음 장 이미지의 오른쪽). 이처럼 [Mirror] 모디파이어는 좌우대칭 모델을 만들 때 편리하지만, 주의하지 않으면 문제가 생길 수 있습니다. 이를 해결하려면 [Snap], [Transform Pivot Point], [3D Cursor]를 잘 활용할 수 있어야 합니다.

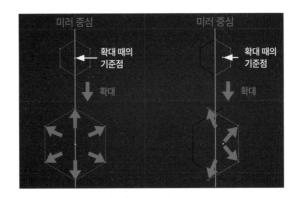

메시가 깨지지 않게 변형 중심 위치 변경하기

그럼 [Snap], [Transform Pivot Point], [3D Cursor]를 활용해서 메시를 변형하겠습니다.

① 일단 살을 붙이고 싶은 루프에서 중심면에 접하는 2개의 버텍스를 선택합니다. 이어서 메뉴에서 [Mesh] 〉 [Snap] 〉 [Cursor to Selected]를 실행합니다①.

> **포인트**
>
> [Cursor to Selected]를 실행하면 3D 뷰포트 중심에 있던 빨간색과 흰색 줄무늬로 감싸진 원 아이콘이 선택한 두 버텍스의 중심으로 이동합니다.
>
> 이 아이콘을 [3D Cursor]라고 부릅니다. [3D Cursor]는 모델링 작업을 할 때 여러 작업에서 활약하는 중요한 도구입니다.

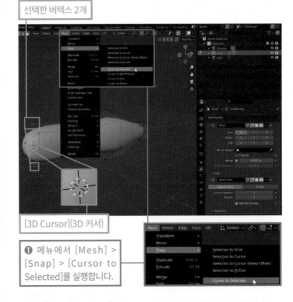

선택한 버텍스 2개

[3D Cursor](3D 커서)

❶ 메뉴에서 [Mesh] > [Snap] > [Cursor to Selected]를 실행합니다.

② 그리고 3D 뷰포트 메뉴 오른쪽에 있는 [Transform Pivot Point] 드롭다운 메뉴에서 [3D Cursor]를 선택합니다①.

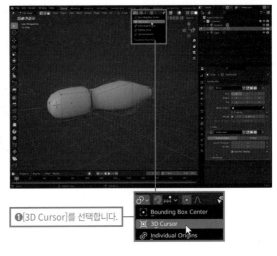

❶[3D Cursor]를 선택합니다.

③ 이 상태에서 이전과 마찬가지로 두껍게 만들 루프를 [Alt] + 마우스 왼쪽 버튼 클릭으로 선택하고 [S]로 크게 확대해 주세요❶. 이번에는 확대가 잘될 것입니다.

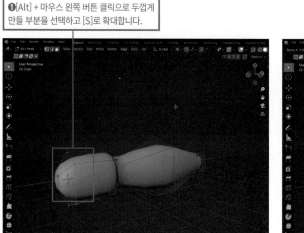

❶[Alt] + 마우스 왼쪽 버튼 클릭으로 두껍게 만들 부분을 선택하고 [S]로 확대합니다.

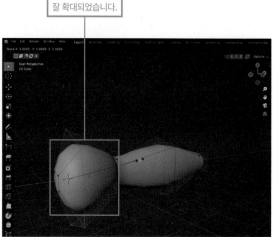

잘 확대되었습니다.

트랜스폼 피벗 포인트

[Transform Pivot Point]는 확대/축소, 회전의 기준점을 사용자가 자유롭게 설정할 수 있는 기능입니다. [Median Point]는 단순하게 선택하고 있는 대상의 중심을 기준으로, [Bounding Box Center]는 선택하고 있는 대상 전체를 감싸는 가상의 큐브를 만들고, 이 큐브의 중심을 기준점으로 사용합니다.

[Individial Origins]는 조금 복잡합니다. 버텍스 중에서 직접 연결된 것들을 하나의 독립적인 요소로 보고 각 요소의 중심을 기준으로 각각 트랜스폼합니다. [Active Element]는 활성화(17페이지 참고)된 버텍스, 에지, 페이스를 기준점으로 사용합니다. [3D Cursor]는 3D 커서를 기준점으로 사용합니다. 피벗 포인트는 기본적으로 [Median Point]로 설정돼 있습니다. 피벗 포인트로 변경해서 사용했다면 이후에 다시 [Median Point]로 되돌려 두는 것을 추천합니다. 그렇지 않으면 이후에 회전이나 확대/축소했을 때 의도하지 않은 형태의 일그러짐이 발생할 수도 있습니다.

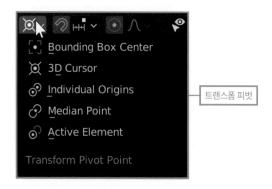

트랜스폼 피벗

● 3D 커서

[3D Cursor]는 어떤 대상을 3D 공간에 새로 추가할 때 추가할 위치의
기준점이 됩니다. 또한 이번 상황처럼 트랜스폼의 기준점으로 활용하
거나, [Snap]에 활용할 수도 있습니다. 3D 커서는 [Shift] + 마우스 오
른쪽 버튼 클릭으로 위치를 결정할 수도 있습니다. 또한 [N]을 눌렀을
때 3D 뷰포트 오른쪽에 나오는 사이드바의 [View] 탭에서 위치와 회
전을 직접 지정할 수도 있습니다.

[Shift] + 마우스 오른쪽
버튼 클릭으로 위치를
결정할 수 있습니다.

숫자 입력으로 3D 커서를
설정할 수도 있습니다.

● 스냅

[Snap]은 어떤 대상을 어떤 위치로 이동시키는 기능입니다. 앞서 설명한 것처럼 메뉴에서 접근하는 방법도 있지만, [Shift] +
[S] 단축키로 빠르게 접근할 수도 있습니다. 단축키를 사용하는 것이 더 빠르므로 추천합니다. 일반적으로 3D 커서를 선택한 대
상 위치로 이동시키거나, 선택한 대상을 3D 커서 위치로 이동시키는 기능을 사용합니다. [Cursor to World Origin]은 3D 공
간 전체의 중심을 의미합니다. [Cursor to Grid]는 3D 공간에 가상의 그리드를 배치했을 때 그 그리드에서 가장 가까운 위치를
의미합니다.

[Selection to Cursor]는 여러 버텍스를 선택했을 때 그 모든 버텍스가 한 위치에 모입니다. 반면 [Selection to Cursor(Keep
Offset)]를 사용하면 버텍스들의 상대적인 위치 관계를 유지한 상태로 3D 커서 위치로 이동시킬 수 있습니다.

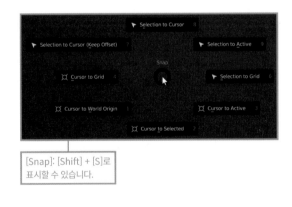

[Snap]: [Shift] + [S]로
표시할 수 있습니다.

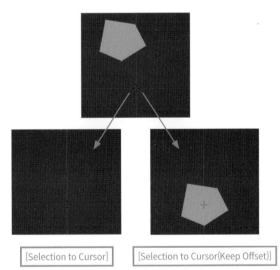

[Selection to Cursor]   [Selection to Cursor(Keep Offset)]

▶ 물범 디테일 만들기

지금부터는 물범 지느러미와 꼬리지느러미 등을 만들며 세부적인 부분들을 구성하겠습니다.

◀ 물범 머리와 몸체 조정하기

지금까지 활용했던 도구를 사용해 형태를 조정하겠습니다.

1 이전 절에서 [Transform Pivot Point], [3D Cursor], [Snap](38~39페이지) 등의 도구를 사용해서 만들었던 물범의 머리와 몸체를 조금 더 조정해 봅시다**①**.

이러한 도구들 이외에도 버텍스를 하나하나 잡고 이동시키는 등 다양한 조작을 반복해서 형태를 세밀하게 조정해도 괜찮습니다.

> **포인트**
>
> 버텍스를 움직이나가 실수로 [Mirror] 모디파이어의 기준이 되는 중심의 버텍스를 움직여서 형태가 무너지는 상황이 발생할 수도 있습니다. 이때는 [N]을 눌렀을 때 나오는 사이드바에서 [Item] 탭에 있는 [Transform]에 숫자를 직접 입력합니다. 수정하고 싶은 버텍스를 선택한 상태로 [X]에 '0'을 입력하면 버텍스를 다시 중심 위치로 이동시킬 수 있습니다. 추가로 오른쪽에 있는 [Property] 영역의 [Modifier Properties] 탭에서 [Mirror] 모디파이어 패널 내부의 [Clipping]에 체크해서 활성화하면 'X=0' 위치에 있는 버텍스들이 좌우로 움직이지 않게 고정할 수 있습니다. 만약 중심에 있는 버텍스가 자주 움직인다 싶으면 이를 활성화해서 사용하는 것을 추천합니다.

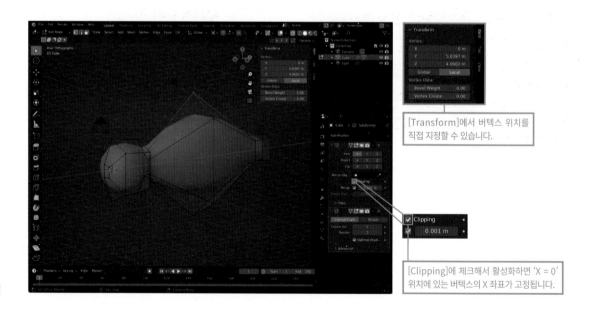

[Transform]에서 버텍스 위치를 직접 지정할 수 있습니다.

[Clipping]에 체크해서 활성화하면 'X = 0' 위치에 있는 버텍스의 X 좌표가 고정됩니다.

(베벨로 지느러미 부분 만들기

어느 정도 전체적인 형태가 조정됐다면 이제 앞지느러미를 만들겠습니다.

① 몸체에 앞지느러미를 추가할 위치의 에지를 선택하고, 왼쪽 도
구 모음에서 [Bevel]□을 선택합니다①.

선택한 에지에 노란색 핸들이 보이면 이를 드래그해서 에지를
페이스로 확장할 수 있습니다②.

포인트
> [Bevel]은 단축키 [Ctrl] + [B]로 사용할 수 있습니다. 또한
드래그 중에 마우스 휠을 움직이면 분할 수를 늘리거나 줄일 수 있습
니다(이번 예제에서는 추가적인 분할 없이 베벨해 주세요).

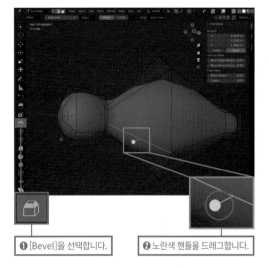

❶ [Bevel]을 선택합니다. ❷ 노란색 핸들을 드래그합니다.

② 드래그한 만큼 페이스의 넓이가 바뀌므로 앞지느러미가 나올
정도의 적당한 위치에서 마우스 클릭을 해제합니다①.

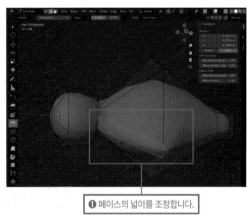

❶ 페이스의 넓이를 조정합니다.

(버텍스 머지하기

앞지느러미가 나올 부분에 해당하는 페이스를 만들었지만, 이로 인해서 해당 부분 양옆에 오각형 페이스가 만들어졌습니다. 오
각형 페이스가 어정쩡한 위치에 있으므로 약간 수정하는 것이 좋을 것 같습니다[7].

---

7 역주: 삼각형 또는 사각형이 아닌 형태의 페이스(오각형 이상의 페이스)는 서브디비전 서피스를 적용했을 때 형태가 일그러질 수 있습니다. 따라서 최대한 제
거하는 것이 좋습니다.

① 삼각형 끝에 있는 버텍스 → 그 버텍스와 연결된 버텍스를 [Shift]를 누른 채로 동시에 선택하고 [M]을 누르면 나오는 [Merge] 메뉴에서 [At Last]를 실행합니다①[8].

이렇게 하면 이후에 선택한 버텍스 위치에서 두 버텍스가 결합됩니다.

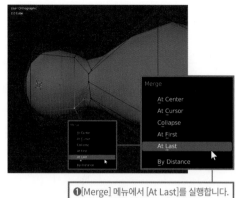

❶[Merge] 메뉴에서 [At Last]를 실행합니다.

버텍스가 결합됩니다.

● 머지

만약 버텍스를 선택할 때 선택 순서를 반대로 했다면 [At First]를 실행하면 됩니다. [At Center]는 선택한 모든 버텍스를 그 중심에 결합합니다. [At Cursor]는 3D 커서 위치에 결합합니다. [Collapse]는 피벗 포인트에서 [Individial Origins]과 비슷한 기능으로, 연결된 버텍스 묶음끼리 결합합니다. [By Distance]는 지정한 거리 내에 있는 버텍스들을 결합합니다.

② 방금 전과 같은 머지 조작을 사용해서 뒷쪽 몸통에 생긴 오각형 페이스들을 모두 제거합니다.

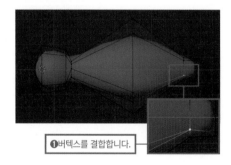

❶버텍스를 결합합니다.

---

8 역주: 이전의 베벨 조작으로 오각형 페이스가 2개 만들어집니다. 이 두 오각형이 접하는 에지 위의 버텍스를 선택하는 것입니다. 이렇게 머지 조작을 하면 결과적으로 오각형 페이스 2개가 사라집니다.

돌출 도구로 앞지느러미 만들기

이제 앞지느러미를 만들어 봅시다.

① 방금 베벨로 만들었던 페이스를 선택하고 [Extrude]로 앞지느러미를 만듭니다❶.

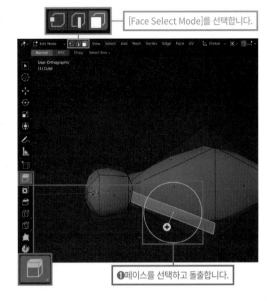

[Face Select Mode]를 선택합니다.

❶페이스를 선택하고 돌출합니다.

② 단순하게 돌출하는 것만으로는 가로 폭이 너무 넓어지므로 버텍스를 하나하나 이동([G])해서 세부적인 형태를 조정합니다❶.

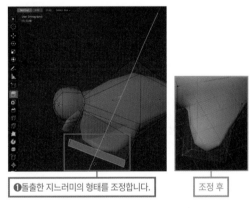

❶돌출한 지느러미의 형태를 조정합니다.

조정 후

● 폴리빌드

선택하고 [G]로 이동하는 작업의 반복이 조금 귀찮다면 [Poly Build]📐 도구를 사용하면 편리할 수도 있습니다. 왼쪽 도구 모음에서 [Poly Build]를 선택하고, 버텍스 근처로 마우스 커서를 움직인 뒤 드래그하면 버텍스를 손쉽게 움직일 수 있습니다. 이번 앞지느러미를 만들 때는 사용하지 않았지만, 폴리빌드 상태에서는 [Ctrl]을 누르면서 마우스를 드래그하여 버텍스, 에지, 페이스를 만들 수도 있습니다. 또한 [Shift]를 누르면서 마우스 왼쪽 버튼을 클릭해서 페이스를 제거할 수도 있습니다.

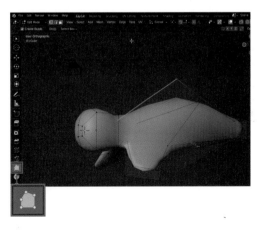

작업하면서 3D 뷰포트 왼쪽 아래에 가끔 검은색 화면이 표시되는 것을 보았나요? 이를 '플로팅 윈도우(Floating Window)'라고 부릅니다. 플로팅 윈도우는 직전에 실행한 작업 내용에 대해서 숫자 입력과 체크 박스 등으로 수정할 수 있는 파라미터가 있을 때 표시됩니다. 처음에는 작게 접혀 있는데, 왼쪽에 있는 작은 삼각형 마크 ▶를 클릭하면 전체 크기로 확인할 수 있습니다. 예를 들어, 방금 사용했던 머지에도 사용할 수 있으며 [By Distance]로 머지했다면 거리를 숫자로 지정할 수 있습니다. 이외에도 다양한 도구에서 유용하게 사용할 수 있으므로 기억해두기 바랍니다.

◖ 꼬리지느러미 만들기

이어서 꼬리지느러미를 만듭니다.

① [Edge Selection Mode]로 전환하고, 세로로 배치된 에지 중에서 가장 뒤에 있는 두 에지를 선택합니다. 이어서 [M]을 눌러서 나오는 [Merge] 메뉴에서 이번에는 [Collapse]를 실행합니다 ❶.

이렇게 하면 선택한 두 에지가 각각 하나의 버텍스로 결합되어 가로로 이어지는 에지가 만들어집니다.

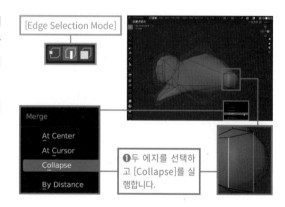

❶두 에지를 선택하고 [Collapse]를 실행합니다.

② 결합한 에지를 선택합니다 ❶.

그리고 [Ctrl] + [B]로 [Bevel](41페이지)을 사용해 꼬리지느러미의 뿌리에 해당하는 페이스를 생성합니다 ❷.

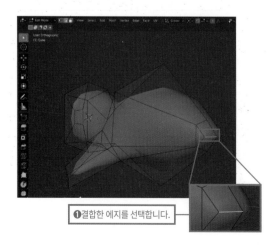

❶결합한 에지를 선택합니다.

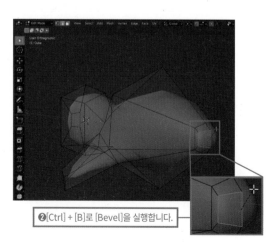

❷[Ctrl] + [B]로 [Bevel]을 실행합니다.

③ 그리고 [E]로 [Extrude]를 사용해서 이전에 앞지느러미를 만들
었을 때와 같은 방법으로 꼬리지느러미를 만듭니다❶.

이때 상황에 따라 돌출한 부분 일부가 딱딱하게 보이는 경우가
있습니다. 이는 페이스의 일부가 [Shade Flat]으로 되어 있기
때문입니다.

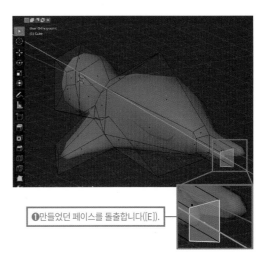

❶만들었던 페이스를 돌출합니다([E]).

④ 딱딱해 보이는 페이스가 있다면 이를 선택한 뒤 헤더 메뉴에서
[Face] 〉 [Shade Smooth]를 선택합니다. 참고로 이전과 마찬
가지로 [Object Mode]로 돌아와서 오브젝트를 마우스 오른쪽
버튼으로 클릭한 뒤 [Shade Smooth]를 선택해도 됩니다.

이어서 앞지느러미와 마찬가지로 버텍스를 하나하나 움직여서
형태를 조정합니다.

일부가 셰이드 플랫이 적용되어 있습니다.

❶헤더 메뉴의 [Face]에서
[Shade Smooth]를 선택합니다.

🌙 나이프 도구로 머리 형태 만들기

현재 얼굴을 보면 단순한 구체 형태에 가깝습니다. 여기에 코를 뾰족하게 만들어서 세부적인 형태를 잡아보겠습니다. 끝부분의
페이스를 세부적으로 분할하는 데에는 [Knife] 도구를 사용해 보겠습니다.

① 왼쪽 도구 모음에서 [Knife]🔪를 선택하면 커서가 칼 모양으로 바뀝니다❶.

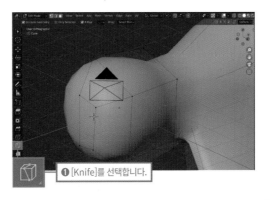

❶ [Knife]를 선택합니다.

② 이 상태에서 머리 끝의 페이스를 그림처럼 클릭한 다음 [Enter]
를 누릅니다❶. 오른쪽 위 버텍스, 끝부분 중간 부분, 오른쪽
아래 버텍스를 차례대로 클릭하면 됩니다. '〈' 모양이 되게 해
주세요.

이렇게 하면 클릭했던 위치에 에지가 추가됩니다.

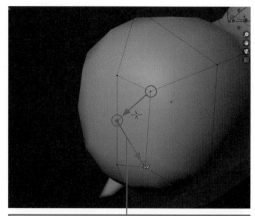

❶오른쪽 위 버텍스, 끝부분 중간 부분, 오른쪽 아래 버텍스를 차례대
로 마우스 왼쪽 클릭한 뒤 [Enter]를 누릅니다.

③ 칼집을 넣은 것처럼 페이스가 분할되면 새로 만든 중앙의 버텍스
를 선택한 뒤 이동시켜 코처럼 앞으로 튀어나오게 만듭니다❶.

이처럼 [Knife] 도구를 사용하면 페이스에 자유롭게 칼집을 넣
어서 에지와 버텍스를 추가할 수 있습니다.

포인트

[Knife] 도구는 단축키 [K]로도 사용할 수 있습니다.

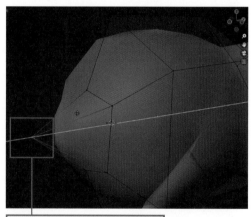

❶끝에 있는 버텍스를 앞으로 이동시킵니다.

🌙 세부적인 형태 만들기

다만 현재 상태에서는 굴곡이 부족한 느낌이 있으므로 조금 더 세부적인 굴곡을 추가해 봅시다.

루프컷으로 끝부분에 에지를 한 바퀴 추가하고 싶지만, 실제로 **루프컷**을 사용해 보면 원하는 루프 선이 잘 나오지 않습니다. 이
는 끝부분이 삼각형 형태의 페이스로 조합돼 있기 때문입니다. **루프컷**은 사각형 형태의 페이스가 이어진 위치에서만 사용할 수
있습니다. 따라서 다른 방법을 사용해야 합니다. 그럼 한번 [Subdivide]를 사용해 보겠습니다.

① 일단 [Edge Selection Mode]로 전환하고 루프컷처럼 에지를
삽입하고 싶은 에지들을 모두 선택합니다❶.

그리고 마우스 오른쪽 버튼을 클릭하고 [Subdivide]를 선택합
니다❷.

이렇게 하면 선택한 각각의 에지 중앙에 버텍스가 추가됩니다.
또한 한 점에 모여 있는 여러 개의 에지를 선택했다면 추가된 버
텍스끼리 연결되게 에지가 추가됩니다.

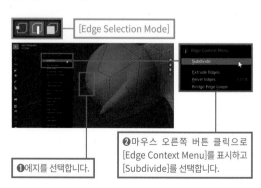

❶에지를 선택합니다.

❷마우스 오른쪽 버튼 클릭으로
[Edge Context Menu]를 표시하고
[Subdivide]를 선택합니다.

[Subdivide]를 할 때 왼쪽 아래의 플로팅 윈도우를 열면 [Number of Cuts] 등 서브 디바이드와 관련된 세부적인 파라미터를 지정할 수 있습니다. 현재 예제에서는 특별한 설정 없이 [Number of Cuts]를 '1'로 해도 괜찮습니다. 만약 더 작게 분할하고 싶다면 이 값을 증가시키면 됩니다.

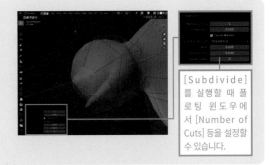

[Subdivide]를 실행할 때 플로팅 윈도우에서 [Number of Cuts] 등을 설정할 수 있습니다.

메시 오브젝트에 **서브디비전 서피스** 모디파이어를 적용하면 오브젝트 전체가 둥글게 변형됩니다. 적은 버텍스 수로 부드러운 표면을 만들 때 굉장히 유용한 기능이지만, 일부만 뾰족하고 각진 부분을 만들고 싶다면 어떻게 만들어야 할까요? 기본적으로 '버텍스의 수를 늘리고 그 버텍스끼리 거리를 좁히는' 방법을 활용해서 각진 모양을 만들 수 있습니다. 다만 버텍스 수를 늘리면 실제로 계산되는 페이스의 수도 늘어나므로 처리가 무거워질 수 있다는 것에 주의해 주세요.

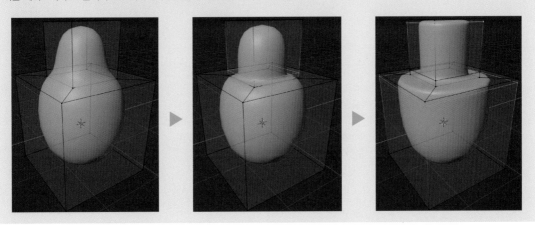

◖ 물범의 수염 만들기

이어서 수염을 만들겠습니다.

① 일단 얼굴 수염을 만들고 싶은 부분에 [Shift] + 마우스 오른쪽 버튼 클릭으로 3D 커서를 이동시킵니다①.

이어서 [Shift] + [A]로 메시를 추가하는 메뉴에서 [Cube]를 선택합니다②.

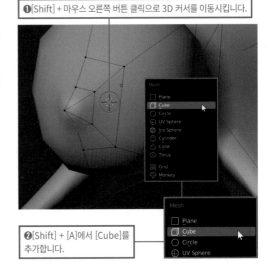

①[Shift] + 마우스 오른쪽 버튼 클릭으로 3D 커서를 이동시킵니다.

②[Shift] + [A]에서 [Cube]를 추가합니다.

② 추가한 큐브를 [S]로 수염 두께만큼 축소합니다❶.

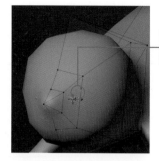

❶큐브를 수염 두께만큼
축소합니다.

③ [S] → [X]로 가로 방향으로 길쭉한 사각기둥 형태로 변형시킵니
다❶.

이어서 [G] → [X]로 가로 방향으로 이동해서 수염이 얼굴에 박
히지 않는 위치에 배치합니다❷.

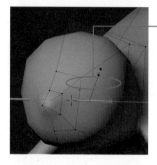

❶[S] → [X]로 가로
방향으로 늘립니다.

❷[G] → [X]로 수염의
위치를 조정합니다.

④ 그리고 수염 중앙 부분을 [Ctrl] + [R]로 **루프컷**합니다❶.

이어서 수염이 살짝 휜 모양이 되게 생성한 에지 루프를 살짝 위
로 들어 올려 형태를 조정합니다❷.

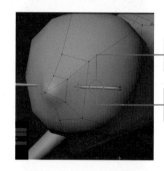

❶큐브 중앙을 루프컷합
니다.

❷에지 루프를 [G]로 들
어 올립니다.

⑤ 마우스 커서를 버텍스 근처에 놓고 [L]을 누르거나 수염 위의 버
텍스를 하나 이상 선택한 상태에서 [Ctrl] + [L]을 누릅니다. 그러
면 연결된 모든 버텍스가 선택됩니다.

수염을 모두 선택했다면 [Shift] + [D]를 눌러 복제합니다. 그리
고 [G]로 이동하고 [R]로 회전해서 적당한 위치에 배치합니다.
수염을 3개 만들 것이므로 곧바로 [Shift] + [D]를 눌러서 하나
더 복제하고 위치와 회전을 조정합니다❶.

[Mirror] 모디파이어의 효과로 왼쪽 부분은 자동으로 미러링되
므로 오른쪽 3개만 만들면 됩니다.

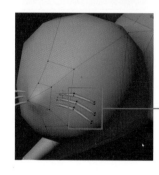

❶[Shift] + [D]로 수염
을 복제하고 [G]와 [R]로
위치를 조정합니다.

기본적으로 필요한 파츠를 모두 만들었습니다. 추가로 수정하고 싶다면 버텍스를 하나하나 움직여서 형태를 조정해 주세요. 계속해서
물범을 만들고 싶다면 91페이지로 이동해서 진행해 주세요.

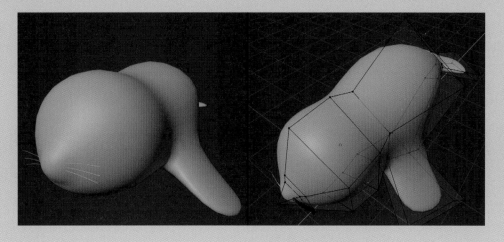

2-2

와인잔 만들기

이번 절에서는 와인잔을 만듭니다. 실제 와인잔 사진을 트레이스[9]해서 모델을 만드는 방법을 사용해 보겠습니다. 직접 사진을 찍을 수 없다면 인터넷에 검색해서 이미지를 찾아 활용해도 괜찮습니다(이때는 만든 모델을 상업적 용도로 사용할 경우 저작권에 주의해 주세요). 이 책의 작성 과정에 따라 만들고 싶다면 조금 귀찮겠지만 도서 홈페이지에서 예제 파일을 내려받고 '2–2' 폴더에 있는 wineglass.png 이미지 파일을 사용해 주세요.

▶ 배경에 이미지 배치하기

일단 와인잔 이미지를 3D 뷰포트에 배치하겠습니다.

● 와인잔 이미지를 3D 뷰포트 내부에 드래그 앤드 드롭하기

① 블렌더를 실행했다면 숫자 패드 [5]와 숫자 패드 [1](또는 3D 뷰포트 오른쪽 위에 있는 [perspective/orthographics] 버튼과 [−Y]로 정면에서 보는 시점으로 전환합니다**①**.

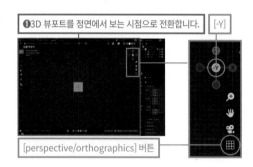

❶3D 뷰포트를 정면에서 보는 시점으로 전환합니다. [−Y]

[perspective/orthographics] 버튼

② 이 상태에서 [Object Mode]로 전환하고 블렌더 외부에 있는 와인잔 이미지 파일(wineglass.png) 아이콘을 블렌더 화면 내부에 있는 3D 뷰포트로 드래그 앤드 드롭합니다**①**.

---

9 역주: 아래에 대고 그리는 것을 '트레이스'라고 합니다.

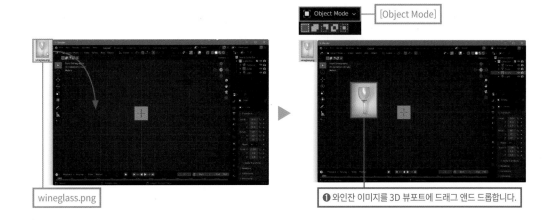

wineglass.png

[Object Mode]

❶ 와인잔 이미지를 3D 뷰포트에 드래그 앤드 드롭합니다.

와인잔 이미지의 배치 위치 조정하기

와인잔 이미지가 들어있는 Empty 오브젝트의 위치를 조정하겠습니다.

① Empty 오브젝트를 선택하고 [Alt] + [G]를 눌러 중앙으로 이동시킵니다❶.

❶ [Alt] + [G]를 눌러 Empty 오브젝트를 중앙으로 이동시킵니다.

② [Properties] 영역 왼쪽 아래에서 2번째에 있는 탭([Object Data Properties]█)을 열고 [Opacity]에 체크한 뒤 숫자를 낮춥니다(❶).

이렇게 하면 Empty 오브젝트의 이미지가 반투명해집니다. 배경에 있는 파란색 세로선(Z 축)과 와인잔의 중앙이 겹치게 [G] → [X]로 X축 방향으로 이동해 조정합니다❷.

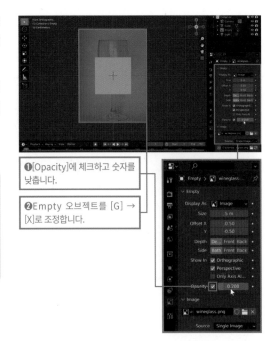

❶[Opacity]에 체크하고 숫자를 낮춥니다.

❷Empty 오브젝트를 [G] → [X]로 조정합니다.

포인트

이동할 때 [Shift]를 누르면서 이동시키면 미세하게 이동시킬 수 있습니다. 이를 활용하면 조금 더 정확하게 위치를 맞출 수 있습니다. 만약 이미지의 각도가 기울어져 있는 경우 [R]을 눌러서 이미지의 각도를 조정해 주세요.

▶ 와인잔 이미지 트레이스 하기

배치한 와인잔 이미지를 참고해 트레이스합니다.

☾ 폴리 빌드로 버텍스 추가하기

폴리 빌드 도구를 사용해 배치한 이미지를 트레이스합니다.

① 일단 중앙에 배치된 큐브 오브젝트를 선택하고 [Tab]을 눌러서 [Edit Mode]로 전환합니다. 초기에는 모든 버텍스가 선택돼 있을 것입니다. 이 상태로 [X]를 누르고 [Delete] 메뉴에서 [Vertices]를 선택해 모든 메시를 제거합니다❶.

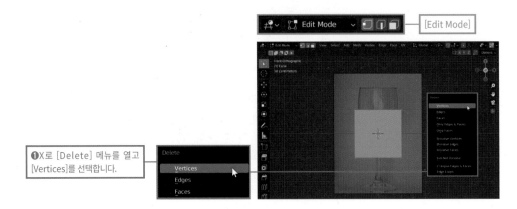

[Edit Mode]

❶X로 [Delete] 메뉴를 열고 [Vertices]를 선택합니다.

② 왼쪽에 있는 도구 모음을 보면 약간 찌그러진 오각형 형태의 아이콘이 있습니다. 이 도구가 바로 [Poly Build]▣ 도구입니다. 이를 선택합니다①.

이 상태에서 [Ctrl]을 누르면서 마우스 왼쪽 버튼을 누르면 해당 위치에 버텍스가 추가됩니다. 와인잔 이미지에서 와인잔 바닥의 중앙 정도에 마우스 커서를 놓고 [Ctrl]을 누르면서 마우스 왼쪽 버튼을 클릭합니다. 이어서 [Ctrl]을 누른 상태로 와인잔 윤곽에 맞게 커서의 위치를 약간 오른쪽으로 이동한 뒤, 마우스 왼쪽 버튼을 클릭합니다. 이렇게 [Ctrl]을 누른 상태로 와인잔 윤곽에 맞게 조금씩 커서를 옮기고 마우스 왼쪽 버튼을 클릭하는 과정을 반복해 와인잔의 형태를 트레이스합니다②.

❶ [Poly Build] 도구를 사용합니다.

❷ [Ctrl] + 마우스 왼쪽 버튼 클릭으로 와인잔을 트레이스합니다.

③ ❷번 과정을 반복해서 [Poly Build] 도구로 와인잔의 가장 윗부분까지 트레이스합니다①.

❶와인잔 이미지의 가장 윗부분까지 트레이스합니다.

> **포인트**
> 커브가 급격한 곳에서는 버텍스 간격을 좁게, 반대로 커브가 직선적인 부분에서는 버텍스 간격을 넓게 잡는 것이 요령입니다.

④ 와인잔 가장 윗부분까지 트레이스했다면 일단 [A] → [A]를 눌러서 전체 버텍스 선택을 해제합니다. 그리고 가장 윗부분에 있는 버텍스만 선택합니다①.

그리고 이번에는 [E] → 이동 → 마우스 왼쪽 버튼 클릭으로 위치 설정 → [E]를 반복해서 트레이스합니다②.

[Poly Build] 도구를 사용하는 방법과 [E]([Extrude Region] 도구)를 사용하는 방법은 비슷하지만, 안쪽 부분을 만들 때는 [E]를 활용하는 것이 좋습니다[10]. 참고로 [E]를 누르는 방법을 사용할 때는 [Poly Build] 도구 선택을 해제해도 괜찮습니다.

❶ [A] → [A]를 눌러 전체 버텍스 선택을 해제합니다.

❷ 이미지의 화살표처럼 [E] → 이동 → 마우스 왼쪽 버튼 클릭을 반복합니다.

이를 활용해서 와인잔의 안쪽 윤곽을 따라 오른쪽 절반 부분을 트레이스합니다. 트레이스하면서 버텍스를 확인하기 힘들거나 와인잔 이미지가 잘 안 보인다면 [Opacity]를 다시 적당히 조절해 보기 바랍니다. 마지막으로 중앙에 해당하는 버텍스는 이전에 물법을 만들 때처럼 X 위치가 '0'이 되게 수치를 입력해서 배치를 조정해 둡니다.

---

10 역주: [Poly Build] 도구는 인접한 버텍스를 연결해서 페이스를 만듭니다. 그래서 안쪽 부분을 만들 때 [Poly Build] 도구를 사용하면 페이스가 만들어져 버립니다.

🌑 스크류로 버텍스 회전체 만들기

트레이스를 완료했다면 이어서 [Screw]를 사용해 와인잔을 완성하겠습니다.

1. [Properties] 영역에서 [Modifier Properties] 탭의 [Add Modifier]를 클릭합니다. 이어서 [Generate] → [Screw]를 선택합니다①.

   이렇게 하면 배치된 버텍스와 에지가 Z축을 중심으로 360도 회전한 회전체가 만들어집니다.

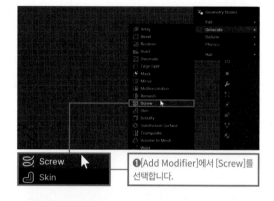

①[Add Modifier]에서 [Screw]를 선택합니다.

2. 조금 더 매끄러워질 수 있게 [Screw] 모디파이어 패널 내부의 [Steps Viewport]와 [Render]를 64까지 올리겠습니다①.

   참고로 이번 예제에서는 회전체를 만들기 위해 스크류 모디파이어를 사용했지만, [Screw] 파라미터를 조정해서 나선형 모양을 만드는 데도 활용할 수 있습니다.

①[Steps Viewport], [Render]를 64까지 올립니다.

| Steps Viewp... | 64 |
| Render | 64 |

🌑 유리잔 이미지 Empty 오브젝트 숨기기

완성된 모델의 형태를 볼 수 있게 유리잔 이미지(Empty 오브젝트)는 숨겨두겠습니다.

1. [Object Mode]에서 유리잔 이미지 Empty 오브젝트를 선택하고 [H]를 눌러서 [Hide Selected] 상태로 만듭니다①.

①[H]([Hide Selected])로 Empty 오브젝트를 숨깁니다.

Empty 오브젝트가 더 이상 필요 없다고 제거해버리면 이후에 필요할 때 곤란한 상황이 생길 수 있습니다. 따라서 제거하지 않고 숨기기만 하겠습니다. 숨긴 오브젝트는 이후에 [Alt] + [H]를 눌러 다시 표시할 수 있습니다.

화면 오른쪽 위의 [Outliner] 영역을 보면 오브젝트 오른쪽에 눈 모양의 아이콘 👁이 표시되는 것을 확인할 수 있습니다. 이를 통해 오브젝트의 표시/숨김 상태를 확인할 수 있습니다. 이 눈 모양의 아이콘을 직접 클릭해서도 표시/숨김 상태를 전환할 수 있습니다.

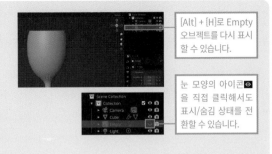

[Alt] + [H]로 Empty 오브젝트를 다시 표시할 수 있습니다.

눈 모양의 아이콘 👁을 직접 클릭해서도 표시/숨김 상태를 전환할 수 있습니다.

🌙 유리잔 더 둥글게 만들기

그럼 유리잔의 해상도를 올려 더 둥글게 만들어 보겠습니다.

① 만들어진 유리잔이 생각했던 것보다 각진 느낌이 든다면 해당 위치의 에지를 선택한 상태에서 마우스 오른쪽 버튼을 클릭했을 때 나오는 [Edge Context Menu]의 [Subdivide]를 실행해 주세요. 이렇게 하면 에지 위에 버텍스가 추가됩니다❶.

❶ 마우스 오른쪽 버튼을 클릭했을 때 나오는 [Edge Context Menu]의 [Subdivide]를 실행합니다.

② 버텍스의 위치를 [G](이동)로 이동해서 와인잔의 형태가 더 둥글어지게 조정해 주세요.

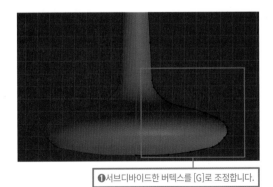

❶서브디바이드한 버텍스를 [G]로 조정합니다.

유리잔 아래의 패인 부분 만들기

지금까지의 과정에서 유리잔 아래에 패인 부분을 따로 만들지 않았으므로 이제 유리잔 아래의 패인 부분을 만들겠습니다.

① 유리잔 아래 중앙의 버텍스를 선택하고 [G] → [Z]로 위로 이동
시켜 밑면이 패이게 만듭니다.

물론 버텍스 하나만 움직이면 부드러운 형태가 나오지 않으므
로 주변 버텍스를 하나하나 움직여서 부드러운 굴곡이 만들어
지게 조정합니다①.

> **포인트**
> 이 작업을 할 때 버텍스가 Y 방향으로 움직이면 스크류 모
> 디파이어가 제대로 작동하지 않을 수 있습니다. 따라서 정면 시점(숫
> 자 패드 [1])에서 작업하거나 [G] → [Z]를 눌러 Y축 방향으로 움직이
> 지 않게 작업하는 것이 좋습니다.

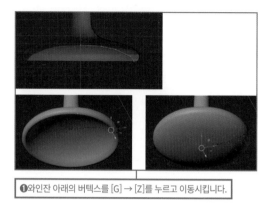

①와인잔 아래의 버텍스를 [G] → [Z]를 누르고 이동시킵니다.

● [Auto Smooth]

[Screw] 모디파이어는 기본적으로 오브젝트를 셰이드 스무
스합니다. 둥글게 표시해 주는 것은 좋지만, 가장자리 부분처럼
날카롭게 표현하고 싶은 부분을 만들고 싶다면 어떻게 해야 할
까요?

[Edit Mode]에서 페이스를 하나하나 선택해 셰이드 스무스와
셰이드 플랫을 구분할 수도 있겠지만, [Properties] 영역의 역삼
각형 아이콘▼([Object Data Properties]) 탭의 [Normals] 패
널에서 [Auto Smooth]를 활성화하면 오른쪽에 지정한 각도 이
하의 에지만 셰이드 스무스 처리할 수 있습니다. 무기물처럼 딱
딱한 대상을 모델링할 때 굉장히 편리한 기능입니다.

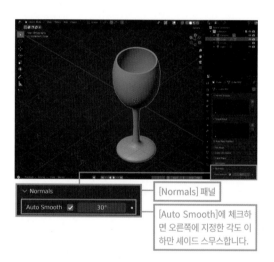

[Normals] 패널

[Auto Smooth]에 체크하
면 오른쪽에 지정한 각도 이
하만 셰이드 스무스합니다.

실제 사이즈에 맞추기

현실에 존재하는 대상을 모델링했으므로 오브젝트의 크기도 현실의 크기에 맞춰봅시다.

> **포인트**
> 모델 하나만 만들고 활용할 때는 상관없습니다. 하지만 여러 모델을 만들고, 한
> 위치에 배치하려 한다면 각 모델의 상대적인 크기를 맞춰야 할 것입니다. 미리 모든 모델을
> 현실의 크기에 맞춰 만들면 이러한 상대적인 크기 조정을 편리하게 할 수 있습니다. 또한
> 이러한 크기는 물리 시뮬레이션을 적용할 때도 중요한 역할을 합니다. 현실에 있는 와인잔
> 크기를 재보니 밑면 지름이 6cm였습니다. 이에 맞춰서 크기를 조정하겠습니다.

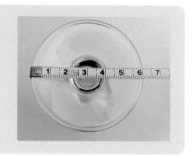

① 일단은 [Object Mode]에서 [Shift] + [A]를 누르고 [Mesh] 〉
[Cube]를 추가합니다❶. 단순하게 크기를 비교할 용도로 사용
할 것이므로 임시로만 배치할 것입니다. 따라서 큐브가 아니라
아무것이나 배치해도 상관없지만, 큐브가 간단하고 형태를 확인
하기 좋은 편입니다.

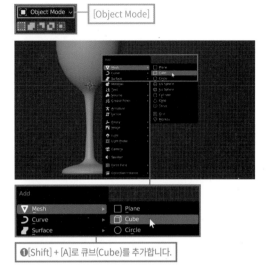

❶[Shift] + [A]로 큐브(Cube)를 추가합니다.

② [N]으로 표시하는 오른쪽 사이드바에서 [Item] 탭 내부에 있는
[Dimensions]의 [X]에 '6cm'라고 입력합니다(표준은 미터 단
위로 표시되므로 6cm라고 입력하면 0.06m로 변환됩니다)❶.

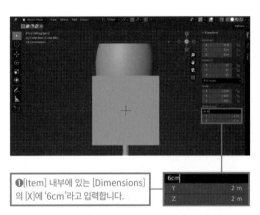

❶[Item] 내부에 있는 [Dimensions]
의 [X]에 '6cm'라고 입력합니다.

③ 와인잔 오브젝트를 선택하고, [S]를 눌러 크기를 조정합니다. '와
인잔의 바닥 너비'와 '방금 만든 6cm 큐브의 너비'가 맞게 조정
하면 됩니다❶.

다만 [S]로 크기를 변경했다고 완성은 아닙니다. 사이드바의
[Item] 탭에서 와인잔 오브젝트의 [Scale] 값을 확인해 보세요
❷.

이 값이 '1'이 아니라면 현재 크기가 오브젝트의 표준 크기가 아
니라는 의미입니다. 외관은 '6cm'처럼 보이지만, [Alt] + [S]를
누르면 원래 크기로 돌아갑니다. 오브젝트 메시 크기가 내부적
으로는 6cm가 아니라는 것입니다.

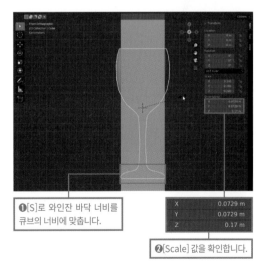

❶[S]로 와인잔 바닥 너비를
큐브의 너비에 맞춥니다.

❷[Scale] 값을 확인합니다.

④ 따라서 [Ctrl] + [A]를 누르고 [Apply] 메뉴에서 [Scale]을 실행해 주세요❶.

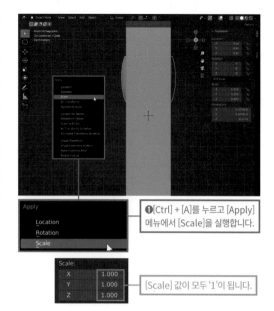

이렇게 하면 외관은 그대로이지만, [Scale] 표시가 모두 '1'로 바뀌는 것을 확인할 수 있습니다. 이 상태에서는 [Alt] + [S]를 눌러도 크기가 그대로 유지됩니다. 즉 오브젝트의 실질적인 크기가 현재 외관에 맞춰지는 것입니다.

'오브젝트의 크기'와 '메시 자체의 크기'가 다르다는 것을 이해하지 못하면 이후에 여러 모디파이어와 물리 시뮬레이션을 다룰 때 혼란스러울 수 있습니다. 따라서 무엇이 다른지 이해하고 넘어가기 바랍니다.

❶[Ctrl] + [A]를 누르고 [Apply] 메뉴에서 [Scale]을 실행합니다.

[Scale] 값이 모두 '1'이 됩니다.

완성

와인잔의 형태를 완성했습니다!

메모

블렌더는 기본적으로 길이를 미터(m) 단위로 표시합니다. 하지만 '작은 미시적인 세계'나 '태양계와 은하계 같은 거시적인 세계'를 모델링하고 싶을 때는 다른 단위로 작업하고 싶을 수 있습니다. 이때는 [Properties] 영역 왼쪽에 있는 목록에서 원뿔과 구체가 그려진 탭🌐(Scene Properties)의 [Units] 패널을 엽니다. 여기에서는 길이 단위를 킬로미터, 마이크로미터 등으로 변경할 수 있습니다. 또한 각도, 시간, 무게 등의 다양한 단위를 변경할 수 있습니다. 길이를 정확하게 맞춰야 하는 모델링을 해야 하거나 극단적인 확대/축소 장면을 만들어야 한다면 본격적인 작업을 시작하기 전에 여기에서 적절한 단위를 설정해 두는 것이 좋습니다.

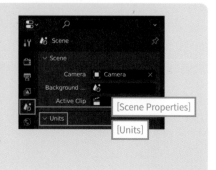

[Scene Properties]

[Units]

2-3

체스 세트 만들기

이번 절에서는 체스판과 체스 말을 만들겠습니다. 와인잔과 마찬가지로 사진을 기반으로 만듭니다. 다만 체스 말은 디자인이 통일돼 있지 않으므로 이 책의 작성 순서와 완전히 동일하게 만들고 싶다면 도서 홈페이지에서 예제 파일을 내려받고 '2-3' 폴더에 있는 chesspiece.png 이미지 파일을 활용해 주세요.

▶ 체스판(체크무늬 부분) 만들기

그리드(Grid) 메시를 사용해서 체크무늬를 만들어 봅시다.

🌓 체스판 만들기

일단 체스판부터 만들겠습니다.

① 기본적으로 배치된 큐브 오브젝트를 제거하고 [Shift] + [A]로 표시되는 메뉴에서 [Mesh]의 [Grid]를 추가합니다**①**.

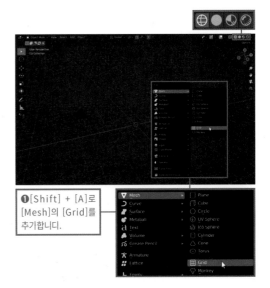

❶[Shift] + [A]로 [Mesh]의 [Grid]를 추가합니다.

> **포인트**
> 3D 뷰포트 오른쪽 위에 있는 4개의 구체 아이콘 모음에서 격자 표시의 구체 아이콘 🔘을 클릭하면 오브젝트를 와이어프레임으로 표시할 수 있습니다. 추가한 그리드가 단순한 평면 오브젝트처럼 보일 수도 있겠지만, 와이어프레임 표시로 확인해 보면 가로 세로로 분할된 메시라는 것을 알 수 있습니다.

② 이때 왼쪽 아래에 표시되는 [Add Grid]의 ✔ 표시를 클릭해서 열고, 크기를 지정합니다. 실제 체스판의 크기는 대략 45cm 정도라고 하므로 [Size]를 '45cm'로 지정하겠습니다.

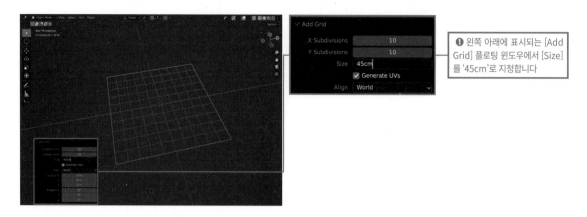

❶ 왼쪽 아래에 표시되는 [Add Grid] 플로팅 윈도우에서 [Size]를 '45cm'로 지정합니다

체스판에 머티리얼 적용하기

조금 갑작스러울 수도 있지만, 머티리얼을 설정해 보겠습니다. 원래 모델에 색과 질감을 적용하는 '**머티리얼**'은 다음 장(91페이지)부터 본격적으로 설명합니다. 하지만 모델링 작업 중에 형태를 조금 더 확실하게 확인할 수 있게 일단 임시로 색을 적용하는 조작만 해보겠습니다.

① [Object Mode]에서 그리드 오브젝트를 선택합니다. [Properties] 영역의 왼쪽 탭 모음에서 아래에서 두 번째에 위치한 체크무늬 구체 아이콘❶을 선택합니다❶. 이는 [Material Properties]입니다.

이어서 오른쪽 위에 있는 ➕ 버튼을 두 번 클릭합니다❷. 클릭하면 위의 목록에 머티리얼 슬롯이 2개 추가됩니다.

이어서 추가된 2개의 슬롯 중에서 아래에 있는 머티리얼 슬롯을 선택하고 아래에 있는 [+ New] 버튼을 클릭합니다❸.

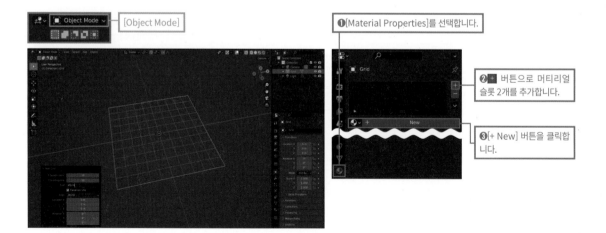

❶[Material Properties]를 선택합니다.

❷➕ 버튼으로 머티리얼 슬롯 2개를 추가합니다.

❸[+ New] 버튼을 클릭합니다.

② [+ New] 버튼을 클릭하면 아래에 여러 요소가 표시됩니다. 여기에서 [Surface] 패널 내부에 있는 [Use Nodes] 버튼을 클릭해 비활성화합니다(비활성화되면 버튼이 회색으로 표시됩니다).

이어서 아래에 있는 [Base Color] 오른쪽에 있는 흰색 사각형을 클릭하면 색을 선택할 수 있는 컬러 휠(Color Wheel) 플로팅 윈도우가 열립니다. 여기에서 색을 검은색으로 변경합니다(해당 화면 밖으로 마우스를 이동하면 화면이 닫힙니다).

❶ [Use Nodes]를 비활성화합니다(회색으로 표시).

❷ [Base Color]를 검은색으로 설정합니다.

[V] 값을 0으로 설정한 상태

포인트

검은색을 선택하려면 해당 윈도우 오른쪽에 세로로 표시된 흰색~검은색 그러데이션 막대에 있는 흰색 점을 맨 아래로 드래그합니다. 또는 [V] 값을 드래그하거나 직접 값을 입력해서 '0'으로 설정해도 됩니다.

③ 이어서 [Properties] 영역의 [Modifier Properties] 탭으로 이동한 뒤 [Bevel] **모디파이어**를 추가합니다❶.

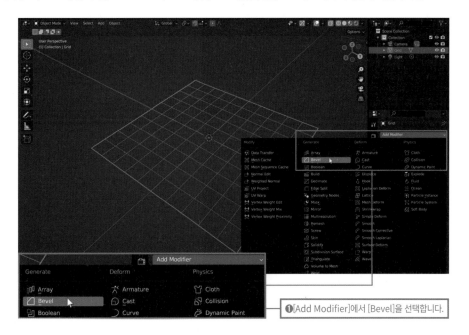

❶ [Add Modifier]에서 [Bevel]을 선택합니다.

④ 추가한 [Bevel] 모디파이어 패널 내부에서 [Amount]를 '0.001', [Limit Method]를 'None'으로 설정합니다. 이어서 [Shading] 항목을 열고 내부의 [Material Index]를 '1'로 변경합니다❶.

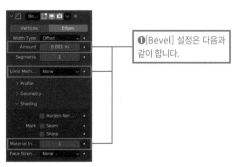

❶ [Bevel] 설정은 다음과 같이 합니다.

● 베벨

[Bevel] 모디파이어는 에지를 두께가 있는 페이스로 변환하는 모디파이어입니다. 이때 [Material Index]를 사용해 새로 추가된 페이스에 다른 머티리얼을 적용할 수 있습니다. 이를 활용해서 격자가 무늬가 잘 보이게 만든 것입니다.

⑤ 3D 뷰포트 오른쪽 위에 있는 구체 모음에서 색칠된 구체 아이콘❑을 클릭하면 [Solid] 표시로 돌아올 수 있습니다. 돌아와서 적용된 머티리얼을 확인해 보기 바랍니다❶.

참고로 이러한 오브젝트 표시 상태 전환은 단축키 [Z]로도 할 수 있습니다.

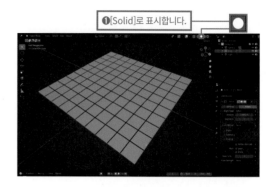

❶[Solid]로 표시합니다.

메모

블렌더의 숫자 입력 항목에는 직접 숫자를 입력해서 숫자를 입력할 수 있습니다. 또한 마우스 커서를 놓고, 좌우로 드래그해서 숫자를 변경할 수도 있습니다. 이 조작은 블렌더의 모든 숫자 입력 항목에 사용할 수 있습니다. 추가로 드래그 중에 [Ctrl]을 누르면 특정 양만큼 변화시킬 수 있습니다. 또한 드래그 중에 [Shift]를 누르면 미세하게 숫자를 변화시킬 수 있습니다. 참고로 '마우스 이동 중에 [Ctrl]과 [Shift]를 누르면 특정 양만큼 또는 미세하게 변화시킬 수 있다'는 숫자 입력뿐만 아니라 블렌더의 모든 조작에 사용할 수 있습니다. 예를 들어 [G]로 이동하거나 [R]로 회전할 때도 사용할 수 있습니다.

▶ 체스 말 만들기

이제 가이드 이미지를 기반으로 체스 말을 차근차근 만들어 봅시다.

☾ 폰 만들기

일단 폰을 만들겠습니다.

① 그리드 오브젝트를 선택하고 [Edit Mode]로 전환한 뒤, 폰을 배치할 위치를 선택합니다. 오른쪽에서 2번째, 앞에서 3번째 칸을 선택하면 됩니다❶.

그리고 [Shift] + [S]에서 [Cursor to Selected]를 실행해 3D 커서를 이동시킵니다❷.

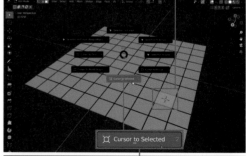

❶오른쪽에서 2번째, 앞에서 3번째 칸을 선택합니다.

❷[Shift] + [S]로 [Cursor to Selected]를 실행해 3D 커서를 옮깁니다.

① [Shift] + [A]에서 [Circle] 메시 오브젝트를 추가합니다①.
그리고 플로팅 윈도우에서 [Radius]을 '0.015m'(1.5cm 또는
15mm로 지정해도 괜찮습니다)라고 입력하고, [Fill Type]을
[N-Gon]으로 설정합니다②.

● 필 타입
필 타입은 원 내부를 어떠한 형태의 페이스로 채울지 선택하
는 항목입니다. [Triangle Fan] 또는 [N-Gon] 중에서 선택할
수 있습니다.

②[Fill Type]을 N-Gon 으로 지정합니다.

①[Shift] + [A]로 [Circle] 메시를 추가합니다.

◖ 폰 이미지 Empty 오브젝트 추가하기

폰을 트레이스할 가이드로 폰 이미지 Empty 오브젝트를 배치하겠습니다.

① 작업하기 쉽게 지금 추가한 원을 선택한 상태에서 [Shift] + [H]를 눌러 원을 제외한 다른 모든 오브젝트를 숨깁니다①.
그리고 와인잔을 만들 때와 같은 방법으로 가이드 이미지를 Empty 오브젝트로 추가합니다(51페이지 참고). [G]와 [S]를 사용해
폰 밑면과 Circle 오브젝트의 위치와 크기를 딱 맞춰 배치해 주세요[11].

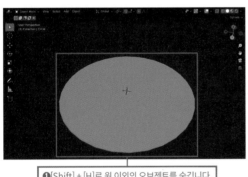
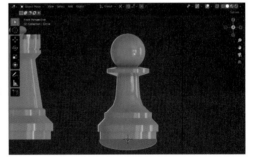

①[Shift] + [H]로 원 이외의 오브젝트를 숨깁니다.

◖ 폰 기둥 부분 트레이스하기

추가한 폰 이미지를 기반으로 트레이스하겠습니다.

---

11 역주: 예제 파일과 제공되는 체스 말 이미지 파일은 이미지가 큰 편이라 단순하게 이동/확대축소해서는 Circle 객체에 맞추기 힘듭니다. 현재 Circle 위치에
3D 커서가 배치되어 있으므로 이를 활용해서 [Transform Pivot Point]를 3D 커서로 변경하고 이동/확대축소 하면 쉽게 폰 이미지와 Circle 오브젝트에 맞출
수 있습니다. 추가로 [G], [S] 등의 단축키로 오브젝트를 움직이거나 확대/축소할 때 좌우 방향키도 활용할 수 있습니다. 미세하게 움직여서 최대한 폰 이미지
와 Circle 오브젝트를 맞춰주세요.

① Circle 오브젝트를 [Edit Mode]로 전환하고 [A](모든 버텍스 선택) → [E]를 눌러 위로 돌출해 폰 아래의 원통형 모양에 맞게 높이를 맞춰줍니다①.

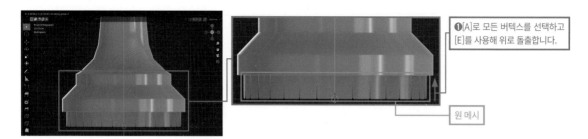

❶[A]로 모든 버텍스를 선택하고 [E]를 사용해 위로 돌출합니다.

원 메시

② 이어서 수평으로 넓어지는 부분은 [E] → 곧바로 마우스 오른쪽 버튼을 클릭해 이동을 취소 → [S]로 확대해 밑그림에 맞게 트레이스합니다①.

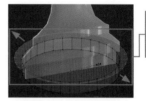

❶[E] → 마우스 오른쪽 버튼 클릭 → [S]로 수평 방향으로 확대합니다.

③ 이어서 다시 [E]를 사용해 위로 돌출합니다①.
위로 줄어드는 부분의 경우 일단 [E]로 위로 돌출한 뒤 [S]로 크기를 줄여서 트레이스합니다②.
계속해서 돌출과 크기 변경을 활용해서 트레이스합니다③. 폰 위에 달린 구체 아랫부분까지만 구현해 주세요.

❶[E]로 돌출합니다.

❷[S]로 축소합니다.

포인트
∨
회전체 형태는 와인잔과 마찬가지로 스크류 모디파이어로도 만들 수 있지만 이번 폰처럼 돌출을 반복해서 구현할 수도 있습니다. 곡선이 적은 단순한 형태라면 돌출을 반복하는 방법이 더 쉽고 빠르게 만들 수 있습니다. 만들고자 하는 형태를 떠올리며 어떤 것이 더 효율적인지 생각해서 두 방법 중 하나를 선택해 활용해 주세요. 물론 단순히 자신에게 익숙한 방법을 사용해도 괜찮습니다.

③ ❶과❷를 반복해서 구체 아랫부분까지 만듭니다.

폰 위에 달린 구체 만들기

폰 위에 달린 구체 부분도 돌출을 반복해서 트레이스해도 됩니다. 하지만 이 방법으로 완전한 구체를 만들기는 조금 어렵고, 시간도 오래 걸립니다. 따라서 이 부분은 프리미티브 구체를 만들어서 붙이겠습니다.

① [Edit Mode] 상태에서 [Shift] + [A]에서 [UV Sphere]를 선택합니다①.
플로팅 윈도우에서 [Radius]를 '0.009m', [Location]의 [Z]를 '0.045' 정도로 설정해서 위로 올립니다②.

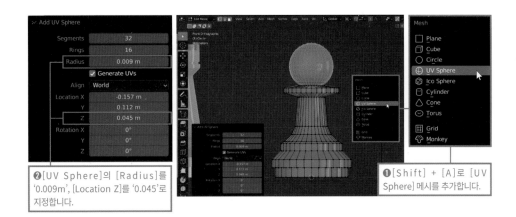

❷[UV Sphere]의 [Radius]를 '0.009m', [Location Z]를 '0.045'로 지정합니다.

❶[Shift] + [A]로 [UV Sphere] 메시를 추가합니다.

포인트

이처럼 새로운 프리미티브를 [Object Mode]가 아니라 [Edit Mode]에서도 추가할 수 있습니다. 이때는 같은 오브젝트 내부에 메시가 추가되어 포함됩니다.

② 이 상태로 곧바로 아랫부분과 붙이면 좋겠지만, 구체와 겹치는 부분이 있습니다. 프리미티브를 생성한 직후에는 해당 메시가 전체 선택돼 있으므로 [B] → 마우스 가운데 버튼 드래그로 중첩되지 않은 부분을 잡아서 선택을 해제합니다❶.

중첩되는 부분만 선택이 잘 됐다면 [X]로 제거합니다❷.

그리고 폰 아래 기둥의 윗부분에 있는 페이스도 제거해 둡니다❸.

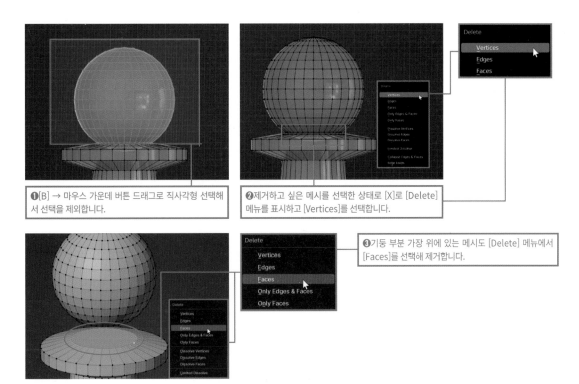

❶[B] → 마우스 가운데 버튼 드래그로 직사각형 선택해서 선택을 제외합니다.

❷제거하고 싶은 메시를 선택한 상태로 [X]로 [Delete] 메뉴를 표시하고 [Vertices]를 선택합니다.

❸기둥 부분 가장 위에 있는 메시도 [Delete] 메뉴에서 [Faces]를 선택해 제거합니다.

포인트

문제는 여기부터입니다. '구체 메시의 아래 뚫린 부분'과 '기둥 메시 위의 뚫린 부분'의 높이를 위해서는 3D 커서, 피벗, 스냅 등의 기능을 잘 활용해야 합니다.

③ 일단 '기둥 메시 위의 뚫린 부분'에 있는 링 형태의 에지를 [Alt] + 마우스 왼쪽 버튼 클릭으로 선택합니다❶.

그리고 [Shift] + [S]로 나오는 메뉴에서 [Cursor to Selected]를 클릭해 선택한 부분 중심으로 3D 커서를 이동시킵니다❷.

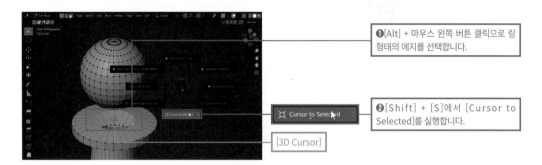

❶[Alt] + 마우스 왼쪽 버튼 클릭으로 링 형태의 에지를 선택합니다.

❷[Shift] + [S]에서 [Cursor to Selected]를 실행합니다.

[3D Cursor]

④ 선택 상태를 해제하고 이번에는 '구체 메시 아래의 뚫린 부분'을 마찬가지로 [Alt] + 마우스 왼쪽 버튼 클릭으로 선택합니다. 그리고 [F]를 눌러서 페이스를 채웁니다❶.

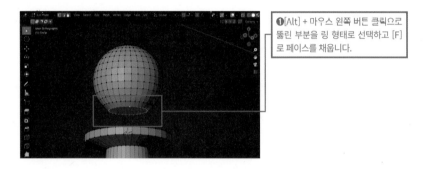

❶[Alt] + 마우스 왼쪽 버튼 클릭으로 뚫린 부분을 링 형태로 선택하고 [F]로 페이스를 채웁니다.

⑤ [Face Select Mode]로 변경하고 피벗 포인트를 [Active Element]로 변경합니다. 그리고 [Ctrl] + [L]을 눌러 연결된 페이스(구체)를 모두 선택합니다❶.

그리고 방금 [F]로 채웠던 페이스가 액티브 요소로 설정돼 있는지 확인하고 [Shift] + [S]로 나오는 메뉴에서 [Selection to Cursor(Keep Offset)]를 실행합니다❷.

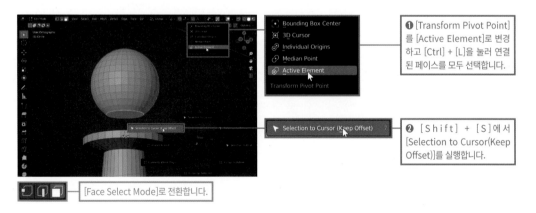

❶ [Transform Pivot Point]를 [Active Element]로 변경하고 [Ctrl] + [L]을 눌러 연결된 페이스를 모두 선택합니다.

❷ [Shift] + [S]에서 [Selection to Cursor(Keep Offset)]를 실행합니다.

[Face Select Mode]로 전환합니다.

⑥ 이렇게 하면 구체 메시에 추가한 바닥 페이스가 3D 커서 위치로 이동합니다. 그리고 구체도 모두 함께 움직이므로 형태가 깨지지 않습니다.

잘 이동됐다면 이제 [F]로 채웠던 구체 메시 바닥 페이스를 제거합니다. 이는 이동을 위해서 일시적으로만 추가한 것이므로 제거하는 것입니다.

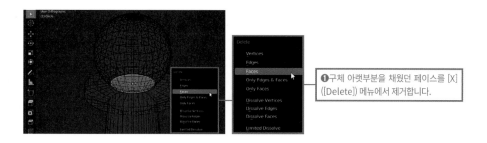

❶구체 아랫부분을 채웠던 페이스를 [X]([Delete]) 메뉴에서 제거합니다.

⑦ 마지막으로 '구체 메시 아래의 뚫린 부분'과 '기둥 메시 위의 뚫린 부분'에 있는 에지를 링 형태로 선택합니다❶.

[Ctrl] + [E](또는 헤더 메뉴의 [Edge])에서 [Bridge Edge Loops]를 실행해 두 링 형태의 에지를 페이스로 채워 연결합니다❷.

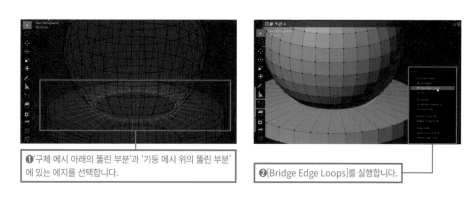

❶'구체 메시 아래의 뚫린 부분'과 '기둥 메시 위의 뚫린 부분'에 있는 에지를 선택합니다.

❷[Bridge Edge Loops]를 실행합니다.

● 브릿지 에지 루프

[Bridge Edge Loops] 기능은 두 에지 루프를 선택했을 때, 두 에지 루프를 연결해 주는 편리한 기능입니다. 플로팅 윈도우에서 연결 방법과 관련된 설정도 할 수 있습니다.

⑧ 폰을 모두 완성했습니다. 매끄럽게 표현하고 싶다면 와인잔을 만들 때와 마찬가지로 [Shade Smooth]를 선택하고, [Auto Smooth]를 걸어둡니다(이 작업은 아무 때나 해도 상관없습니다)❶.

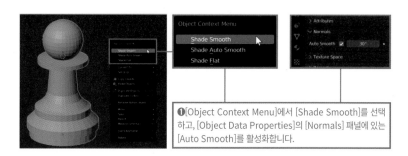

❶[Object Context Menu]에서 [Shade Smooth]를 선택하고, [Object Data Properties]의 [Normals] 패널에 있는 [Auto Smooth]를 활성화합니다.

이어서 룩을 만들겠습니다. 폰과 룩의 모양을 비교해 보면 아래 기둥 부분은 크기만 다르고 거의 비슷해 보입니다. 따라서 폰을 기반으로 룩을 만들겠습니다.

① [Object Mode]로 돌아와서 Grid 오브젝트를 선택한 뒤 [Edit Mode]로 들어갑니다. 이어서 폰을 만들 때와 마찬가지로 룩을 배치할 칸(폰 바로 뒤의 칸)의 페이스를 선택합니다①.

그리고 [Shift] + [S]에서 [Cursor to Selected]를 선택해 3D 커서를 룩을 배치할 위치로 이동합니다②.

①룩을 배치할 칸을 선택합니다.

②[Shift] + [S]에서 [Cursor to Selected]를 실행합니다.

② 폰 오브젝트를 선택하고 [Shift] + [D]를 눌러서 오브젝트를 복제합니다①.

복제하면 곧바로 복제한 오브젝트를 이동하는 모드가 됩니다. 일단은 아무 곳에나 적당하게 배치해 주세요. 이어서 [Shift] + [S]에서 [Selection to Cursor]를 선택해 오브젝트를 이전에 지정했던 3D 커서 위치로 이동합니다.

①폰 오브젝트를 선택하고 [Shift] + [D]로 복제합니다.

②[Shift] + [S]에서 [Selection to Cursor]를 선택해 룩을 3D 커서 위치로 이동합니다.

③ 숫자 패드 [1] 등을 눌러서 프런트 뷰로 전환한 뒤, 이미지의 룩 부분을 이 오브젝트의 위치에 맞게 정확히 맞춥니다①.

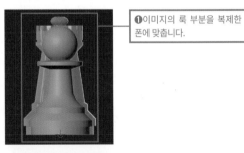

①이미지의 룩 부분을 복제한 폰에 맞춥니다.

④ [Edit Mode]로 전환한 뒤, 룩의 형태에 맞게 아랫부분의 기둥을 제외한 다른 부분을 선택하고 제거합니다①.

여기까지 순서대로 진행했다면 3D 커서가 룩 바닥 중앙에 배치돼 있을 것입니다. 피벗 포인트를 [3D Cursor]로 변경하고 [S]로 확대해서 이미지에 맞게 트레이스합니다②.

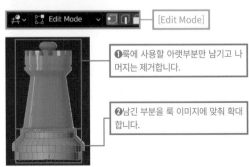

[Edit Mode]

①룩에 사용할 아랫부분만 남기고 나머지는 제거합니다.

②남긴 부분을 룩 이미지에 맞춰 확대합니다.

⑤ 이어서 폰 때와 마찬가지로 [E]로 돌출, [G]로 이동, [S]로 확대/축소를 활용해서 꼭대기 부분까지 트레이스합니다. 중간에 성벽이 들쭉날쭉한 부분은 일단 무시하고, 우선 단순한 형태만 만들어 주세요(오른쪽 이미지 참고)❶.

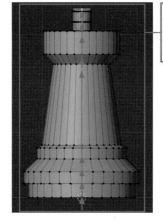

❶ 돌출([E]), 이동([G]), 확대/축소([S])를 활용해 꼭대기 부분까지 트레이스합니다.

🌙 룩 윗부분 만들기①

룩의 윗부분을 보면 성벽 아래에 살짝 파인 홈이 있습니다. 이와 같은 형태는 일단 단순한 형태를 만든 뒤, 에지를 추가하면서 만드는 것이 편합니다. 이번에는 이러한 홈을 만들어 봅시다.

① 오른쪽 그림에 해당하는 위치에 [Ctrl] + [R]로 루프컷을 적용합니다. 루프컷을 적용할 때 마우스 휠을 위아래로 돌리면 루프컷 선의 개수가 바뀝니다. 선이 2개가 되게 마우스 휠을 움직인 뒤, 마우스 왼쪽 클릭으로 확정합니다(이어서 슬라이드 이동도 확정합니다)❶.

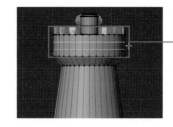

❶[Ctrl] + [R](루프컷)을 적용하면서 마우스 휠을 돌려 선을 2개로 만듭니다.

① 만들어진 2개의 루프 에지를 선택한 상태에서 그대로 [S] → [Z]와 [G] → [Z]를 사용해 홈을 적용할 위치에 루프 에지를 맞춥니다❶.

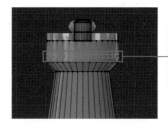

❶[S] → [Z]와 [G] → [Z]를 사용해서 루프 에지를 이미지에 맞게 트레이스합니다.

③ 루프 에지를 홈 위치에 잘 맞췄다면 [E]를 누른 뒤 곧바로 마우스 오른쪽 버튼 클릭으로 이동을 취소하고, [S] → [Shift] + [Z]로 안쪽으로 크기를 줄여서 홈을 만듭니다. 이어서 마우스 왼쪽 버튼 클릭으로 확정합니다❶.

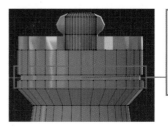

❶[E] → 마우스 오른쪽 버튼 클릭으로 이동을 취소 → [S] → [Shift] + [Z]로 안쪽으로 크기를 줄여서 홈을 만듭니다.

● 축을 2개로 제한하기

이동, 회전, 확대/축소 중에 [X], [Y], [Z]를 누르면 효과를 해당 축으로 제한할 수 있습니다. 그런데 [Shift]와 함께 [X], [Y], [Z]를 누르면 해당 축을 제외한 다른 두 축으로 효과를 제한할 수 있습니다. 이를 사용하면 [Z] 축을 제외한 축으로 확대/축소해서 홈을 만들 수 있습니다.

④ 이어서 가장 위에 살짝 눌린 듯한 구체를 만듭니다. 루프컷과 확
대를 사용해서 만들면 됩니다①.

❶루프컷과 [S](확대)
를 활용해서 맨 위의
구체를 만듭니다.

룩 윗부분 만들기②

이어서 룩에서 가장 어려워 보이는 튀어나온 성벽을 만들어 보겠습니다.

① 시점을 위에서 비스듬히 보는 형태로 바꾸고, 성벽 두께에 맞게
루프컷으로 루프 에지를 추가합니다①.

그리고 [Face Select Mode]로 전환하고, [Alt] + 마우스 왼쪽
버튼 클릭으로 바깥쪽의 페이스를 링 형태로 선택합니다②.

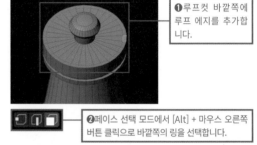

❶루프컷 바깥쪽에
루프 에지를 추가합
니다.

❷페이스 선택 모드에서 [Alt] + 마우스 오른쪽
버튼 클릭으로 바깥쪽의 링을 선택합니다.

② 그리고 헤더 메뉴의 [Select]에서 [Checker Deselect]를 실행
합니다①. 이렇게 하면 방금 선택했던 페이스가 한 칸씩 건너뛰
어지며 선택 해제됩니다. 이어서 [E]를 사용해 위로 돌출하면 완
성입니다②.

● Checker Deselect

[Checker Deselect] 기능은 플로팅 윈도우에서 2개 이상 건
너뛰면서 선택하거나 오프셋을 지정하는 등 다양한 설정을
할 수 있습니다(이번 예제에서는 별도의 설정을 따로 하지 않
아도 괜찮습니다).

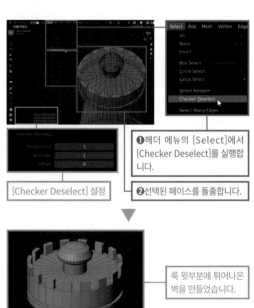

[Checker Deselect] 설정

❶헤더 메뉴의 [Select]에서
[Checker Deselect]를 실행합
니다.

❷선택된 페이스를 돌출합니다.

룩 윗부분에 튀어나온
벽을 만들었습니다.

나이트 만들기

이어서 나이트를 만들겠습니다. 토대 부분을 그대로 사용하는 과정은 폰으로 룩을 만들 때와 같으
므로 따로 설명하지 않겠습니다(68페이지).

토대를 모두 만들었다면 이전과 마찬가지로 [E]를 사용해서 위로 돌출하며 형태를 잡으면 됩니다.
다만 이번에는 단순하게 수직으로 돌출하는 것이 아닙니다. 돌출하고 [G]로 이동시키거나 [R]로 회
전시켜야 합니다.

① [E], [G], [S], [R]을 복합적으로 사용해서 오른쪽과 같이 그림을 트레이스해서 나이트의 형태를 만듭니다①.

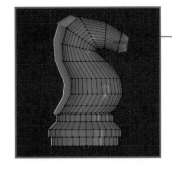

❶돌출([E]), 이동([G]), 확대/축소([S]), 회전([R])을 활용해 트레이스합니다.

포인트
⌄⌄ 이때도 곡선이 급격한 부분은 버텍스를 더 많이 만듭니다. 기본적인 요령은 이전의 유리잔 트레이스(50페이지)와 같습니다. 예를 들어, 그림을 보면 말의 목 부분에서 버텍스가 응집되는 것을 볼 수 있습니다.

② 정면에서 트레이스를 완료했다면 이제 대각선 시점으로 변경해서 폭(Y축)을 조정합니다①.

지금까지 봤던 다른 말들과 다르게 대칭된 형태가 아니므로 작업이 조금 번거롭습니다.

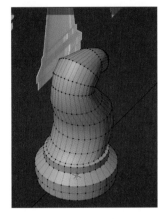

❶ 대각선 시점으로 변경합니다.

③ Y축 방향으로 조금 두껍다는 느낌이 든다면 해당 부분을 [Alt] + 마우스 왼쪽 버튼을 클릭해서 루프 선택하고 [S] → [Y]로 추가로 조정합니다①.

정면에서의 트레이스는 제대로 했었으므로 정면에서의 트레이스 작업이 무너지지 않게 Y 축 방향으로만 축소해 주세요.

이처럼 여러 번 [S] → [Y]하는 것이 조금 귀찮다면 단축키를 사용하지 말고, 왼쪽에 있는 도구 모음에서 [Scale] 🔼 버튼을 선택해 크기 변경 매니퓰레이터를 표시하고, 이 중에서 초록색 핸들(Y축 방향)로 조작하는 것이 좋을 수도 있습니다.

❶[Alt] + 마우스 왼쪽 버튼 클릭으로 루프를 선택하고 [S] → [Y]로 크기를 조정합니다.

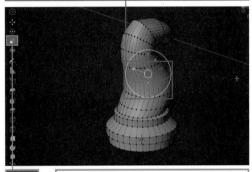

[Scale] 매니퓰레이터는 크기를 각 방향으로 변경할 수도 있습니다.

갈기와 귀 만들기

그럼 이어서 말의 갈기와 귀를 만들어 봅시다.

① 갈기와 귀를 만들 부분의 페이스를 선택합니다①.

[E]로 돌출합니다②.

그리고 이전과 마찬가지로 Y축으로 제한한 축소 등을 사용해서 세부적인 형태를 조정합니다③.

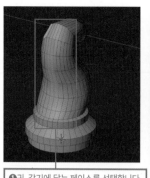
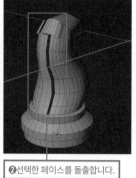
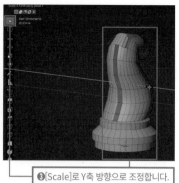

❶귀, 갈기에 닿는 페이스를 선택합니다.　　❷선택한 페이스를 돌출합니다.　　❸[Scale]로 Y축 방향으로 조정합니다.

◖ 입 만들기

다음으로 입을 만듭니다.

❶ [Shift] + [A]로 해당 오브젝트 내부에 큐브를 추가하고, 크기 변경과 이동을 활용해 입 위치에 배치합니다. 마치 큐브를 물고 있는 것처럼 배치하면 됩니다❶.

이어서 나이트 본체 메시를 선택하지 않은 상태, 새로 만든 큐브 메시만 선택한 상태에서 [Ctrl] + [F](또는 헤더 메뉴의 [Face])에서 [Intersect(Boolean)]를 실행합니다❷.

이렇게 하면 "선택하지 않은 메시"에서 "선택한 메시"를 도려내는 형태를 만들 수 있습니다.

❶큐브를 나이트 입 부분에 추가합니다.

나이트의 입이 만들어졌습니다.

❷[Ctrl] + [F](또는 헤더 메뉴의 [Face])에서 [Intersect(Boolean)]를 실행해서 나이트의 입을 만듭니다. 참고로 [Intersect(Boolean)]을 실행했을 때 플로팅 윈도우의 Boolean Operation을 사용해 [Intersect], [Union], [Difference] 모드를 선택할 수 있습니다. 이와 관련된 자세한 설명은 잠시 뒤의 "메모"에서 하겠습니다. 메뉴의 이름은 [Intersect(Boolean)]이지만, 기본적으로는 [Difference] 모드로 조작이 일어나므로 혼동하지 않게 주의해 주세요(만약 다른 모드가 실행된다면 [Difference] 모드로 변경해 주세요).

❷ 그런데 현재 이미지를 보면 턱 끝의 각도가 조금 다르다는 것을 확인할 수 있습니다. 이 끝부분을 [R]로 회전해서 수정하는 방법도 있겠지만, 그러면 Z 방향 길이가 줄어들 것입니다. 이럴 때는 [Shear] 기능을 활용하면 편리합니다. [T]로 나오는 도구 모음 아래에서 큐브가 비스듬하게 있는 아이콘([Shear]) █을 선택하고, 피벗 포인트를 [Active Element] █로 설정합니다❶.

턱 맨 아래쪽 버텍스들을 선택해 두고 [Shear] 매니퓰레이터의 노란색 핸들을 드래그하면 Z축 길이를 유지한 상태로 버텍스 전체를 기울일 수 있습니다❷.

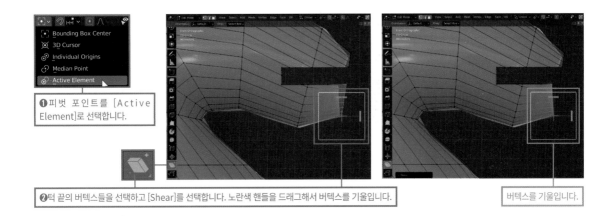

❶ 피벗 포인트를 [Active Element]로 선택합니다.

❷ 턱 끝의 버텍스들을 선택하고 [Shear]를 선택합니다. 노란색 핸들을 드래그해서 버텍스를 기울입니다.

버텍스를 기울입니다.

메모

불리언 기능은 미세하고 복잡한 모델링을 할 때 굉장히 유용한 도구입니다. 이번에 입을 도려내기 위해서 사용한 기능은 [Difference]입니다. 이 이외에도 둘을 결합해서 하나의 메시로 만드는 [Union], 둘이 교차되어 있는 부분만 남기는 [Intersect] 등도 있습니다. 어떤 것을 실행해도 이후에 플로팅 윈도우에서 이를 전환할 수 있습니다. 또한 이 기능은 모디파이어에도 있습니다. 모디파이어를 활용하면 실행 후에도 모디파이어 적용 전의 오브젝트를 조작할 수 있으므로 후수정이 편리합니다.

[Intersect]   [Union]   [Difference]

🌙 비숍 만들기

비숍을 만들겠습니다. 지금까지 했던 내용을 복습한다는 느낌으로 만들어 봅시다. 윗부분에 있는 칼집 모양을 제외한 부분은 추가 설명이 없어도 스스로 만들 수 있을 것으로 생각합니다. 따라서 지금부터는 기본적인 형태를 스스로 만들었다고 가정하고 필요한 부분만 설명하겠습니다.

❶ 윗부분에 있는 칼집 모양은 나이트의 입을 만들 때처럼 불리언을 사용해서 만듭니다. 칼집이 살짝 기울어져 있어서 나이트보다 어렵다는 느낌을 받을 수도 있습니다. 하지만 특별할 것 없이 이전과 같은 방법으로 불리언을 적용하면 됩니다**❶**.

❶윗부분에 큐브를 비스듬히 놓고 [Intersect(Boolean)]를 실행합니다.

윗부분에 칼집 모양을 만들었습니다.

② 끝의 둥근 모양을 룩을 만들 때처럼 만들면 조금 평평해 보일 수도 있습니다. 따라서 추가적인 작업을 해줍시다. 일단 평평한 꼭대기 부분을 선택하고 [Ctrl] + [F](또는 [Face] 메뉴)에서 [Triangulate Faces]를 실행합니다❶.

이렇게 하면 원형에 가까운 N-Gon 페이스가 피자 칼집을 내듯 잘려서 여러 개의 삼각형이 됩니다. 이 중심에 있는 버텍스를 살짝 위로 올려주면 둥근 끝 모양을 만들 수 있습니다❷.

❶[Ctrl] + [F](또는 [Face] 메뉴)에서 [Triangulate Faces]를 실행합니다.

페이스 중심에 버텍스가 추가됩니다.

❷중심의 버텍스를 들어 올립니다.

◖ 퀸 만들기

퀸은 비숍보다 더 간단한 조작으로 만들 수 있는 완전한 회전 대칭성을 갖고 있는 오브젝트입니다. 따라서 자세한 설명을 생략하겠습니다. 지금까지 활용했던 내용을 사용해서 복습한다는 느낌으로 만들어 보세요. 퀸은 디자인에 따라 윗부분에 튀어나온 부분이 있는 경우도 있습니다. 이러한 퀸을 만들고 싶다면 룩을 만들 때 사용했던 [Checker Deselect]를 활용해 주세요.

퀸

(킹 만들기

마지막으로 킹입니다. 대부분 쉽게 만들 수 있을 것처럼 보이지만, 상부에 달린 십자가 모양이 조금 복잡할 것 같습니다. 일단 이 부분을 제외한 모든 부분을 만들어 주세요.

① 십자가의 좌우 부분에 돌출할 페이스를 양쪽 모두 선택합니다❶.

　 왼쪽 도구 모음의 [Extrude] 버튼 █을 길게 누른 뒤 [Extrude Along Normals] █를 선택합니다❷.

　 이 상태에서 표시되는 노란색 핸들 █을 드래그하면 십자가 좌우 부분이 각각의 방향으로 돌출됩니다❸.

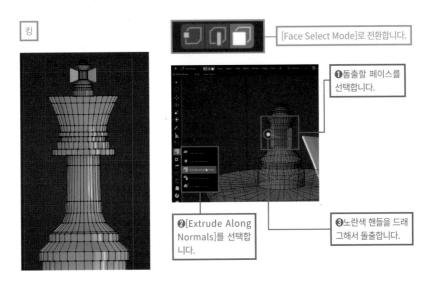

[Face Select Mode]로 전환합니다.

❶돌출할 페이스를 선택합니다.

❷[Extrude Along Normals]를 선택합니다.

❸노란색 핸들을 드래그해서 돌출합니다.

● Extrude Along Normals

[Extrude Along Normals] █는 단축키 [Alt] + [E]로도 실행할 수 있습니다. 기본적인 [Extrude]는 모든 페이스를 같은 방향으로만 돌출합니다. 반면 [Extrude Along Normals]는 법선 방향(각 페이스의 바깥 방향)으로 돌출합니다.

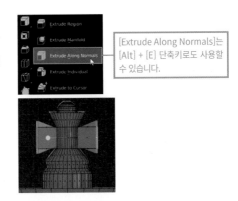

[Extrude Along Normals]는 [Alt] + [E] 단축키로도 사용할 수 있습니다.

② [Extrude Along Normals]로 십자가를 수평 방향으로 늘렸다면 이제 [S] → [Z]로 세로 방향으로 늘려서 이미지에 맞게 트레이스합니다❶.

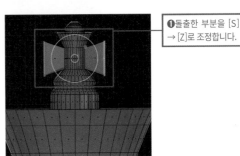

❶돌출한 부분을 [S] → [Z]로 조정합니다.

폰 복제하기

그럼 지금까지 만든 모든 말을 활용해서 체스판 위를 채워봅시다.

① [Object Mode]에서 폰을 선택합니다. 이어서 [Alt] + [D]로 복제한 뒤 옆 칸에 배치합니다. 이를 반복해서 모두 8개의 폰을 배치해 주세요①.

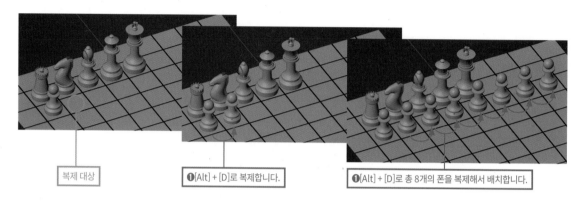

복제 대상

①[Alt] + [D]로 복제합니다.

①[Alt] + [D]로 총 8개의 폰을 복제해서 배치합니다.

포인트

블렌더에는 [Shift] + [D]와 [Alt] + [D]라는 두 가지 종류의 복제 방법이 있습니다. 이번에 사용한 [Alt] + [D]는 '**링크 복제 (Duplicate Linked)**'라는 특수한 복제 방법입니다. 이는 오브젝트의 메시 데이터를 공유하면서 오브젝트를 복제하는 방법입니다. 메시 데이터를 공유하므로 메시 데이터를 공유하고 있는 오브젝트 중에 하나의 메시 데이터를 변경하면 모든 오브젝트에 변경 사항이 반영됩니다. 이러한 링크 복제는 이번 체스 말처럼 모두 똑같은 형태를 갖고 있어야 하는 오브젝트를 복제할 때 적합합니다. 왜냐하면 이후에 디자인을 수정하고 싶은 경우, 모든 오브젝트를 하나하나 수정할 필요 없이 하나만 수정하면 전체에 이를 반영할 수 있기 때문입니다. 따라서 이를 활용하면 디자인 변경에 대한 심리적 저항을 줄일 수 있습니다(하나하나 다 바꿔야 해서 귀찮을 것 같아서 '하지 말자'라는 등의 심리적 저항을 줄일 수 있습니다). 선택한 오브젝트가 링크 복제돼 있는지는 [Properties] 영역의 [Object Data Properties] ▽ 탭에서 확인할 수 있습니다. 가장 위에 있는 슬롯 오른쪽에 '8'처럼 숫자가 표시돼 있다면 동일한 메시 데이터를 8개의 오브젝트에서 공유하고 있다는 의미입니다. [Object Mode]에서 이 숫자를 클릭하면 링크 상태를 해제할 수 있습니다.

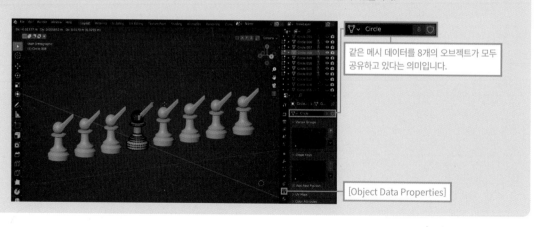

같은 메시 데이터를 8개의 오브젝트가 모두 공유하고 있다는 의미입니다.

[Object Data Properties]

(룩, 나이트, 비숍 복제하기

폰 이외의 말도 복제합시다.

① 폰과 마찬가지로 룩, 나이트, 비숍도 하나씩 [Alt] + [D]로 복제합니다.

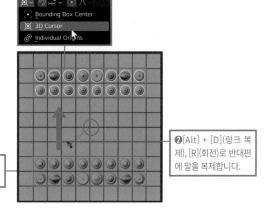

❶각각의 말을 복제합니다.

② 한 쪽에 말을 모두 배치했다면 이제 반대쪽에 말을 배치합시다. 3D 커서를 중앙에 배치하고 피벗 포인트를 [3D Cursor]로 설정한 뒤 지금까지 만든 모든 말을 선택합니다❶.

그리고 [Alt] + [D](링크 복제) → [R](회전, [Ctrl]을 누르면서 회전하면 특정 크기만큼 회전할 수 있습니다)로 반대편에 말을 복제합니다❷.

❶피벗 포인트를 [3D Cursor]로 설정하고 만든 말을 모두 선택합니다.

❷[Alt] + [D](링크 복제), [R](회전)로 반대편에 말을 복제합니다.

③ 체스 말 배치는 기본적으로 킹과 퀸이 서로 같은 열에 있어야 합니다. 따라서 한쪽의 킹과 퀸 위치를 바꾸겠습니다. 새로 만든 반대편의 킹과 퀸 오브젝트를 선택하고 피벗 포인트를 [Median Point]로 설정합니다❶.

이어서 [R] → [Z]로 Z축 회전합니다❷.

❶반대편의 킹과 퀸을 선택하고 피벗 포인트를 [Median Point]로 선택합니다.

180° 회전합니다.

❷[R] → [Z]로 회전합니다.

> **포인트**
> 회전할 때 [Ctrl]을 누르면서 마우스를 이동하면 180°가 딱 떨어지게 회전할 수 있습니다. 또한 회전 조작을 하는 중에 키보드로 '180°'이라고 입력하고 [Enter] 키를 누르면 180°만큼 딱 회전할 수 있습니다.

메모

3D 커서를 3D 공간의 중심으로 다시 옮길 때는 다음과 같은 3가지 방법을 사용할 수 있습니다.

1. [Shift] + [S]에서 [Cursor to World Origin]을 실행합니다.
2. [N]으로 표시되는 사이드바의 [View] 탭에서 [3D Cursor] 항목의 모든 값을 '0'으로 설정합니다.
3. [Shift] + [C]를 누르면 곧바로 3D 커서가 3D 공간의 중심으로 이동합니다(이 기능은 씬에 배치된 모든 오브젝트를 한 시야에 담도록 하는 시점 이동 기능도 포함하고 있습니다).

참고로 오브젝트 전체를 한 시야에 담는 시점 이동 기능만 실행하고 싶다면 [Home] 단축키를 사용합니다.

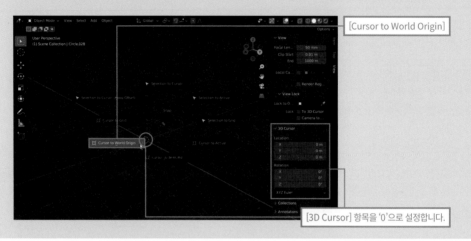

[Cursor to World Origin]

[3D Cursor] 항목을 '0'으로 설정합니다.

▶ 체스판(테두리 부분) 만들기

마지막으로 체스판을 완성하겠습니다.

◑ 체스판 만들기

[Solidify] 모디파이어를 사용해 체스판 테두리를 만들겠습니다.

① 체스판을 선택하고 [Edit Mode]로 전환합니다. 이어서 테두리 칸을 [Alt] + 마우스 왼쪽 버튼 클릭 등으로 선택합니다. 그리고 [P]로 [Separate] 메뉴를 표시하고 [Selection]을 실행합니다**①**.

이렇게 하면 선택했던 페이스가 다른 오브젝트로 분리됩니다.

[Object Mode]로 전환한 뒤 방금 분리한 테두리 오브젝트를 선택합니다**②**.

그리고 [Properties] 영역의 [Modifier Properties] 탭 에서 기존에 추가돼 있던 [Bevel] 모디파이어 패널 오른쪽 위에 있는 ✕ 버튼을 클릭해 모디파이어를 제거합니다**③**.

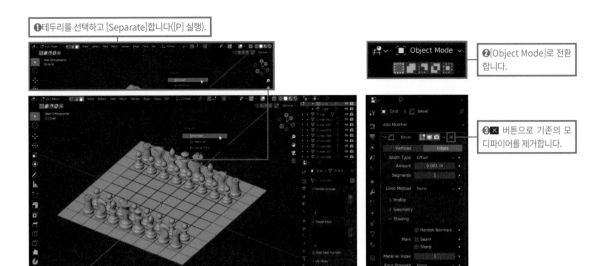

❶테두리를 선택하고 [Separate]합니다([P] 실행).

❷[Object Mode]로 전환합니다.

❸🗙 버튼으로 기존의 모디파이어를 제거합니다.

② 이어서 새로 [Add Modifier]에서 [Solidify]를 선택해 추가합니다❶.

[Solidify]는 오브젝트에 두께를 추가하는 모디파이어입니다. 패널 내부의 [Offset]을 '0'으로 설정하면 메시 앞뒤로 균등하게 두께가 추가됩니다❷.

❶ [Solidify] 모디파이어를 추가합니다.

❷[Offset]을 '0'으로 설정합니다.

완성

체스 세트를 모두 만들어 보았습니다! 계속해서 체스판과 체스 말을 만들고 싶다면 106페이지로 넘어가 주세요!

2-4 정리

지금까지 모델링에 활용했던 도구와 단축키 등을 정리하겠습니다. 복습한다는 느낌으로 살펴보기 바랍니다.

▶ 도구와 단축키 다시 살펴보기

일단 3D 뷰포트 왼쪽에 있는 도구 모음, [Toolbar]는 단축키 [T]로 여닫을 수 있습니다. 이곳에는 모델링에 필요한 여러 도구가 모여 있습니다. [Object Mode]에 비해 [Edit Mode]에서 더 많은 도구가 표시됩니다. 도구 모음 오른쪽 끝에 마우스 커서를 놓으면 마우스 커서가 █로 바뀌며, 이를 드래그해서 도구 모음의 너비를 변경할 수 있습니다. 도구 모음의 너비를 넓히면 각 도구 이름이 오른쪽에 표시됩니다. 추가로 테두리 오른쪽 아래에 삼각형 마크 █가 표시된 항목은 길게 눌렀을 때 다른 유형의 도구를 선택할 수 있습니다.

[Toolbar]

3D 뷰포트 헤더 아래에는 [Tool Settings]가 표시됩니다. 이를 활용해서 도구와 관련된 자세한 설정을 할 수 있습니다.

[Object Mode]에서의 [Toolbar]

[Edit Mode]에서의 [Toolbar]

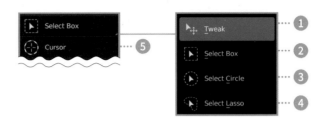

도구 설정	설명	단축키
❶ [Tweak]	마우스 왼쪽 버튼 클릭으로 요소를 선택할 수 있습니다. 그대로 드래그해서 선택한 요소를 이동할 수 있습니다.	[W] (선택 / 선택 해제 변경)
❷ [Select Box]	직사각형 형태로 요소를 선택합니다. [Ctrl]을 누르면서 마우스 왼쪽 버튼을 드래그해서 이미 선택된 부분을 일부 해제할 수도 있습니다.	[W] (선택 / 선택 해제 변경)
❸ [Select Circle]	마우스를 드래그했을 때 그려지는 원으로 요소를 선택합니다. 원을 그린 뒤 마우스 휠을 돌려 원의 크기를 변경할 수 있습니다. [W] 단축키를 눌러 이미 선택된 부분을 일부 해제할 수도 있습니다.	[Ctrl] + 마우스 오른쪽 드래그(선택) [Shift] + [Ctrl]+마우스 오른쪽 드래그(선택 해제) [W] (선택 / 선택 해제 변경)
❹ [Select Lasso]	마우스 드래그로 감싼 범위를 선택합니다.	[Ctrl] + 마우스 오른쪽 드래그(선택) [Shift] + [Ctrl] + 마우스 오른쪽 드래그(선택 해제) [W] (선택 / 선택 제외 변경)
❺ [Cursor]	마우스 왼쪽 버튼으로 클릭한 위치로 3D 커서를 이동합니다. 도구 설정에서 [Surface Project]를 체크했다면 페이스 표면에 3D 커서가 붙습니다.	[Shift] + 마우스 오른쪽 버튼 클릭

포인트

메시 등을 선택할 때는 선택 모드를 다음 중에서 선택할 수 있습니다.

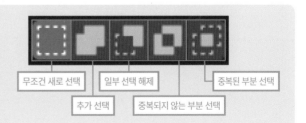

무조건 새로 선택　　일부 선택 해제　　중복된 부분 선택
추가 선택　　중복되지 않는 부분 선택

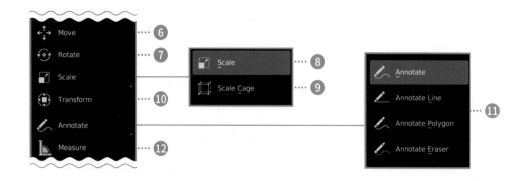

도구 설정	설명	단축키
⑥ [Move]	이동 매니퓰레이터를 표시합니다. 화살표를 드래그해서 한 축으로 이동, 작은 평면을 드래그해서 두 축으로 이동, 흰색 원을 드래그해서 현재 시점을 기준으로 이동할 수 있습니다.	[G]
⑦ [Rotate]	회전 매니퓰레이터를 표시합니다. RGB 색상의 원을 드래그해서 한 축으로 회전, 흰색 원을 드래그해서 현재 시점으로 회전, 다른 부분을 드래그해서 세 축으로 회전할 수 있습니다.	[R] [R] → [R](3축 회전)
⑧ [Scale]	확대/축소 매니퓰레이터를 표시합니다. 각 핸들을 드래그해서 한 축으로 한정해서 확대/축소, 평면을 드래그해서 두 축으로 한정해서 확대/축소, 흰색 원 안을 드래그해서 전체를 확대/축소할 수 있습니다.	[S]
⑨ [Scale Cage]	대상을 감싸는 큐브를 만들고 이 큐브의 각 꼭짓점 등을 드래그해서 확대/축소할 수 있게 합니다.	
⑩ [Transform]	이동, 회전, 확대/축소 매니퓰레이터를 모두 동시에 표시합니다.	
⑪ [Annotate] [Annotate Line] [Annotate Polygon] [Annotate Eraser]	3D 뷰포트 내부의 형식에 맞게 메모를 작성합니다.	[D] + 마우스 왼쪽 드래그(메모) [D] + 마우스 오른쪽 드래그(지우개)
⑫ [Measure]	3D 뷰포트 내부의 길이와 각도 등을 측정합니다.	

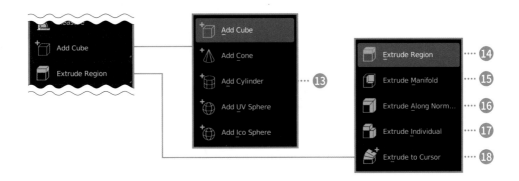

도구 설정	설명	단축키
⑬ [Add Cube] [Add Cone] [Add Cylinder] [Add UV Sphere] [Add Ico Sphere]	드래그해서 밑면의 크기, 이후 높이를 조절해서 큐브, 원뿔, 실린더, UV 구체, Ico 구체를 추가합니다. 이때 추가되는 메시의 각도는 밑면을 배치한 페이스의 노멀(법선) 방향으로 지정됩니다.	
⑭ [Extrude Region]	선택한 요소를 돌출해서 버텍스, 에지, 페이스를 추가합니다. 선택된 항목의 평균 노멀 방향으로 돌출합니다.	[E]
⑮ [Extrude Manifold]	돌출할 때 단순하게 페이스가 이동하는 것처럼 작용합니다(자세한 내용은 다음 페이지 참고)	[Alt] + [E]
⑯ [Extrude Along Normals]	선택한 요소를 돌출해서 버텍스, 에지, 페이스를 추가합니다. 선택한 각 항목의 노멀 방향으로 돌출합니다. 이때 연결된 부분이 있다면 연결해서 돌출합니다.	[Alt] + [E]
⑰ [Extrude Individual]	선택한 요소를 돌출해서 버텍스, 에지, 페이스를 추가합니다. 선택한 각 항목의 노멀 방향으로 돌출합니다. 이때 연결된 부분이 있어도 각각 돌출합니다.	[Alt] + [E]
⑱ [Extrude to Cursor]	선택한 요소를 돌출해서 버텍스, 에지, 페이스를 추가합니다. 마우스 오른쪽 버튼으로 클릭한 위치까지 곧바로 돌출합니다.	[Ctrl] + 마우스 오른쪽 버튼 클릭

Extrude Manifold

[Extrude Manifold]는 일반적인 [Extrude]와 다르게 페이스를 돌출할 때 해당 페이스를 구성하는 에지를 그대로 이동시킵니다. 이 과정에서 [Extrude Manifold]를 적용한 페이스가 오각형 이상의 페이스를 가질 수 있습니다.

반대로 밀어 넣을 때도 에지를 함께 이동시키며 버텍스가 다른 에지에 겹칠 경우 해당 에지 위에 버텍스를 생성하면서 페이스를 밀어 넣습니다. 따라서 [Extrude Manifold]를 적용한 페이스 주변의 페이스에 오각형 이상의 페이스가 생길 수 있습니다.

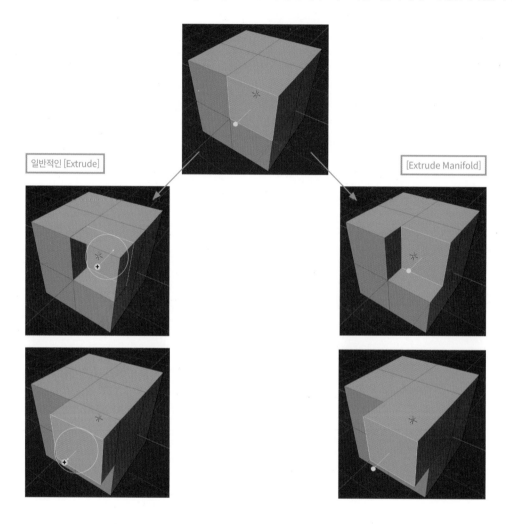

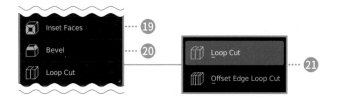

도구 설정	설명	단축키
⑲ [Inset Faces]	선택한 페이스를 축소한 페이스를 기존의 페이스와 연결된 형태로 삽입합니다. [Extrude] 조작에서 이동하지 않고 축소만 한 것과 같은 조작입니다. 도구 설정에서 새로 생성되는 페이스의 깊이를 지정할 수도 있으며, 선택한 페이스 전체를 대상으로 조작할지 개별적인 페이스를 대상으로 조작할지도 선택할 수 있습니다.	[I]
⑳ [Bevel]	한 개의 에지를 두 개의 에지로 분할하면서 두께를 주는 기능입니다. 세그먼트 수(분할하는 에지 수)를 늘리면 양 끝의 에지를 기준으로 타원 형태(Superellipse)로 에지가 배치됩니다. 이러한 형태는 도구 설정 또는 조작 후의 플로팅 윈도우에서 원하는 형태로 변경할 수 있습니다. 추가로 에지뿐만 아니라 버텍스에도 적용할 수 있습니다. 단축키를 사용해서 조작할 경우 마우스 휠을 사용해서 세그먼트 수를 조정할 수 있습니다.	[Ctrl]+[B] (버텍스를 대상으로 조작할 때는 [Shift]+[Ctrl]+[B])
㉑ [Loop Cut] [Offset Edge Loop Cut]	두 에지 루프 사이에 있는 페이스를 분할해서 새로운 에지 루프를 추가하는 기능입니다. 마우스를 클릭한 상태(마우스에서 손가락을 떼지 않은 상태)로 마우스를 드래그하면 에지의 위치를 조정할 수 있습니다. 도구 설정 또는 실행 후의 플로팅 윈도우에서 분할 수를 설정할 수도 있습니다. 단축키를 사용해서 조작할 경우 마우스 휠을 사용해서 분할 수를 조정할 수 있습니다.	[Ctrl]+[R]

도구 설정	설명	단축키
㉒ [Knife] [Bisect]	[Knife]는 에지와 페이스 위의 원하는 부분에 버텍스를 새로 추가할 수 있는 기능입니다. 여러 페이스에 걸쳐 [Knife] 조작을 하면 에지가 걸쳐져 있는 모든 부분에 버텍스가 생성됩니다. 조작 후에 [Enter]로 버텍스 추가를 확정할 수 있으며 [Esc]로 취소할 수 있습니다. [Bisect]는 선택한 페이스를 마우스 왼쪽으로 드래그해서 두 개로 분할하는 기능입니다. 도구 설정에서 [Clear Inner] 또는 [Clear Outer]를 선택해서 분할된 두 페이스 중 하나를 제거할 수 있습니다. 만약 둘 다 선택할 경우 에지만 남습니다. [Fill]에 체크하면 분할된 부분 안쪽을 페이스로 채울 수 있습니다[13].	[K]
㉓ [Poly Build]	폴리 빌드는 [Ctrl] + 마우스 왼쪽 버튼 클릭으로 버텍스를 추가합니다. 또한 버텍스를 선택한 상태에서 [Ctrl] + 마우스 왼쪽 버튼 클릭으로 해당 버텍스에서 에지를 당겨서 새로운 버텍스를 추가할 수 있습니다. 그리고 에지 근처에서 [Ctrl] + 마우스 왼쪽 버튼을 클릭하면 페이스를 추가할 수 있습니다. [Shift] + 마우스 왼쪽 버튼 클릭으로 메시를 제거할 수 있으며, 버텍스 근처에서 마우스 왼쪽 버튼을 클릭해서 버텍스를 이동할 수도 있습니다. 에지 근처에서 마우스 왼쪽 버튼을 클릭하면 에지를 [Extrude]해서 페이스를 추가하는 것과 같은 조작을 할 수 있습니다. 도구 설정에서 [Create Quads]에 체크하면 삼각형 페이스의 에지 근처에서 [Ctrl] + 마우스 왼쪽 버튼을 클릭했을 때 사각형 페이스가 만들어집니다(기존의 삼각형 페이스와 새로 만들어지는 삼각형 페이스가 자동으로 합쳐집니다).	[Ctrl] + 마우스 왼쪽 버튼 클릭(버텍스와 페이스 추가) [Shift] + 마우스 왼쪽 버튼 클릭(메시 요소 제거, 버텍스 이동)
㉔ [Spin] [Spin Duplicates]	선택한 요소를 도구 설정에서 설정한 스탭 수, 각도만큼 3D 커서를 중심으로 회전해서 복제, 연결합니다.	[Alt]+[E]

---

12 역주: [Bisect] 조작을 할 때의 화살표 방향에 따라서 안쪽 부분(Inner)와 바깥쪽 부분(Outer)이 결정됩니다. 또한 [Fill]은 분할선이 연결되어 하나의 루프를 이룰 때만 동작합니다.

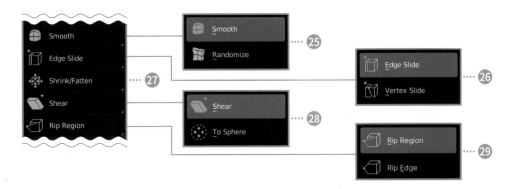

도구 설정	설명	단축키
(25) [Smooth] [Randomize]	[Smooth]는 선택한 요소를 전체적으로 둥글게 변형합니다. [Randomize]는 선택한 요소를 전체적으로 흐트러뜨립니다.	
(26) [Edge Slide] [Vertex Slide]	[Edge Slide]는 선택한 에지를 연결된 페이스 표면에 따라서 슬라이드합니다. [Vertex Slide]는 선택한 버텍스를 연결된 에지 표면에 따라서 슬라이드합니다.	[G] → [G]
(27) [Shirink/Flatten]	선택한 요소를 노멀(법선)에 따라 이동합니다. [Push/Pull]은 선택된 요소와 관계없이 에지를 확대/축소합니다.	[Alt] + [S]
(28) [Shear] [To Sphere]	[Shear]은 선택한 요소를 선택한 축 방향으로 변형합니다. 흰색 부분을 잡으면 현재 시점을 기준으로 변형합니다. [To Sphere]는 선택한 요소 전체를 구체처럼 변형합니다.	Shear: [Shift] + [Ctrl] + [Alt] + [S] To Sphere: [Shift] + [Alt] + [S]
(29) [Rip Region] [Rib Edge]	[Rip Region]은 선택한 에지를 떼어냅니다(버텍스를 분리합니다). 버텍스가 선택된 경우 버텍스와 연결된 두 에지를 떼어냅니다. 이때 떼어지는 방향은 마우스 커서의 위치에 따라 다릅니다. [Rib Edge]도 비슷하게 버텍스(또는 에지)를 떼어냅니다. 다만 이때 사이에 빈 공간이 생기는 것이 아니라 사이에 페이스가 채워집니다.	[Rip Region] [Rib Edge]

메모

도구를 조작할 때 블렌더 인터페이스의 푸터를 확인해 보면 단축키가 표시되는 것을 볼 수 있습니다. 여기에 표시되는 키를 누르면 현재 작업하고 있는 도구의 효과를 변경하거나 효과를 추가할 수 있습니다. 이를 활용하면 복잡한 변형도 할 수 있으므로 모델링을 더 효율적으로 할 수 있습니다. 하지만 단축키가 너무 많기 때문에 이 책에서 모든 기능을 소개할 수는 없습니다. 조작할 때 푸터를 살펴보며 어떤 효과가 있는지 직접 테스트하고 확인해 보기 바랍니다.

푸터에 표시되는 단축키

▶ 3D 뷰포트 복습

3D 뷰포트 헤더에는 모델링에 필요한 다양한 항목들이 표시돼 있습니다(다음 이미지는 [Edit Mode] 상태에서의 헤더입니다).
너무 많은 항목이 있으므로 이번 장에서 사용한 항목만 정리하겠습니다.

▶ 3D 뷰포트 헤더

	설명	단축키
①	모드를 선택합니다. 이번 장에서는 [Object Mode]와 [Edit Mode]만 사용해 보았습니다.	[Tab]
②	메시 요소 선택 모드를 선택합니다. 버텍스, 에지, 페이스를 선택하는 모드로 전환할 때 사용합니다. [Shift]를 누르면서 버튼을 누르면 여러 모드를 동시에 활성화할 수도 있습니다.	[1][2][3](숫자 패드가 아닌 일반 숫자 키입니다. [Emulate Numpad]를 활성화한 경우 사용할 수 없습니다.)
③	3D 뷰포트 헤더 메뉴입니다. 지금까지 단축키를 활용해서 실행했던 모든 조작이 여기에 들어있습니다. 어떤 도구가 있는지 어떤 단축키를 사용했는지가 기억나지 않는다면 여기에서 찾을 수 있습니다. 각각의 상세 메뉴 오른쪽에 단축키가 적혀있으므로 자주 사용하는 기능이라면 단축키를 기억해서 사용하는 것이 작업 효율을 높일 수 있습니다.	[Ctrl] + [V](버텍스 선택 모드) [Ctrl] + [E](에지 선택 모드) [Ctrl] + [F](페이스 선택 모드) ※
④	다양한 조작을 할 때, 그 기준점을 어떤 것으로 설정할지 선택합니다.	[.]
⑤	가려져서 보이지 않는 부분의 메시를 표시할 때 사용합니다.	[Alt] + [Z]
⑥	3D 뷰포트의 셰이딩 방식([Shading])을 전환할 때 사용합니다. 이번 장에서는 [Wireframe]과 [Solid]만 다루었습니다.	[Z]

※: 각각의 단축키는 Vertex, Edge, Face의 앞 글자를 딴 것입니다.

특정 메뉴 항목에서 마우스 오른쪽 버튼을 클릭하면 [Add to Quick Favorites]이라는 항목이 나옵니다. 이를 눌러 명령어를 즐겨찾기(favorites)에 추가하면 [Q]를 눌렀을 때 바로 표시됩니다. 반대로 즐겨찾기에서 제거하고 싶을 때는 [Q]로 열리는 메뉴에서 마우스 오른쪽 버튼을 클릭한 뒤 제거합니다. 자주 사용하는 기능이라면 단축키를 설정하는 것이 좋습니다. 그리고 단축키를 외우기 어렵거나 누르기 어려운 상황에는 이러한 '즐겨찾기' 기능을 활용하면 좋습니다.

마우스 오른쪽 버튼을 클릭했을 때 [Assign Shortcut]이라는 항목도 있습니다. 이를 활용하면 새로운 단축키를 할당할 수 있습니다. 하지만 블렌더는 이미 너무 많은 단축키를 할당하고 있어서 새로 할당할 만한 단축키가 없습니다. 또한 이후 업데이트로 추가되는 새로운 기능의 단축키가 직접 할당한 단축키와 충돌될 가능성도 있으므로 새로 단축키를 설정하는 것은 추천하지 않습니다.

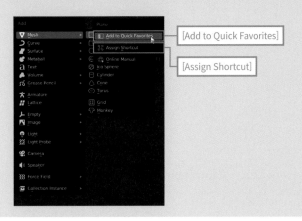

▶ 모디파이어 복습

모디파이어는 오브젝트에 '어떤 절차적인 변형'을 가하는 기능입니다. 모디파이어를 직역하면 **수정한다**라는 의미입니다. 항상 원래 메시 상태로 되돌릴 수 있으므로 **비파괴적 모델링**이라고도 부릅니다.

래스터 이미지와 벡터 이미지의 관계처럼 실제로 기록해야 하는 버텍스 정보가 줄어드는 경향이 있으므로 모디파이어를 활용해서 모델링하는 것이 데이터 용량을 줄이는 데 도움을 줄 수 있습니다. 또한 이후에 설명하는 '애니메이션'을 만들 때도 모디파이어의 값들을 활용해서 굉장히 특수한 형태의 애니메이션을 만들 수도 있습니다. 모디파이어 패널의 오른쪽 위에 있는 ☑ 마크를 눌렀을 때 표시되는 메뉴에서 모디파이어를 [Apply](적용)해서 모디파이어로 변형한 형태를 실제 메시에 반영할 수 있습니다. 다만 이는 파괴적인 모델링이므로 되돌리지 못할 수도 있습니다.

표시한 것들은 이번 장에서 다룬 모디파이어입니다.

4.X버전부터는 [Add Modifier]를 눌렀을 때, 카테고리로 구분되어 표시되며, 해당 카테고리 내부로 들어가야 모디파이어를 선택할 수 있습니다.

Chapter 03

머티리얼 설정하기

2장에서 만든 모델에 색과 질감을 적용해 봅시다. 모델링만큼 기억해야 하는 것이 많지는 않습니다. 블렌더는 굉장히 현실적인 질감부터 비현실적인 질감(애니메이션과 추상화 등)까지 굉장히 폭 넓은 질감을 구현할 수 있습니다. 일단 기본적인 것부터 차근차근 만들어 봅시다.

표면에 '색'을 칠하는 작업이야!

3-1

물범 표면 그리기

물범 캐릭터의 3D 모델 표면에 그림을 그리는 방법을 살펴보겠습니다.

▶ UV 맵핑하기

블렌더는 그림을 jpeg 또는 png와 같은 평면 이미지 데이터로 저장합니다. 따라서 2D 평면 위의 어떤 부분이 3D 모델의 어떤 부분에 대응되는지를 연결해야 합니다. 이를 **UV 맵핑**(UV Mapping)이라고 부릅니다. 예를 들어 정육면체 주사위를 만드는 종이 공예를 생각해 봅시다. UV 맵핑은 오른쪽 그림과 같은 주사위의 전개도를 만드는 작업과 비슷합니다.

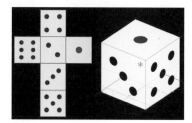

◐ UV 맵핑 편집을 위한 에디터로 변경하기

UV 편집 전용 화면 구성으로 변경합시다.

① 블렌더 화면에서 가장 위에 있는 헤더의 [UV Editing]을 클릭합니다❶.

이렇게 하면 UV 맵핑과 관련된 에디터가 화면에 배치된 구성으로 바뀝니다(원래 화면 구성으로 돌아가려면 [Layout]을 클릭합니다).

❶[UV Editing]을 클릭합니다.

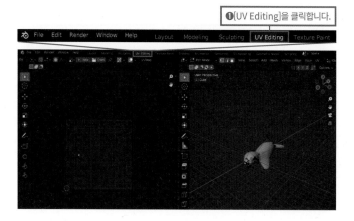

② 화면 중앙에 배치된 3D 뷰포트에서 모델을 선택하고 [Edit Mode]로 전환합니다. 그리고 메시를 선택한 상태로 [U](또는 3D 뷰 포트 헤더 메뉴의 [UV])에서 [Unwrap]을 실행합니다①.

이렇게 하면 화면 왼쪽에 배치된 [UV Editor](이하 'UV 에디터') 영역에서 선택한 메시가 자동으로 잘려 전개되는 모습을 확인할 수 있습니다. UV 에디터 헤더 메뉴에 있는 [+ New] 버튼을 클릭하면 전개된 메시에 대해 새로운 텍스처 이미지를 만들 수 있습니다②.

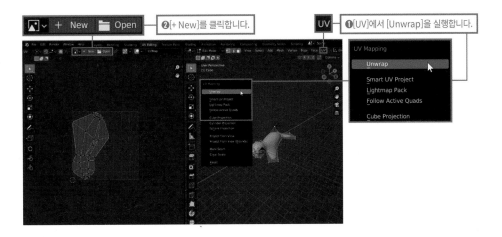

② [+ New]를 클릭합니다.　　　　　UV　① [UV]에서 [Unwrap]을 실행합니다.

③ [+ New] 버튼을 눌러서 열리는 [New Image] 화면에서 [Generated Type]을 [UV Grid]로 설정한 뒤 [OK]를 클릭합니다①. 이렇게 하면 체크 모양의 이미지가 만들어져서 메시 아래에 배치되는 것을 확인할 수 있습니다.

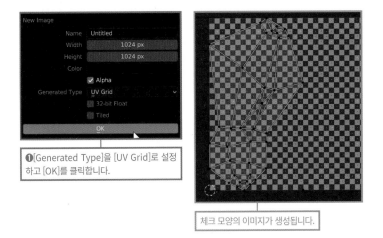

① [Generated Type]을 [UV Grid]로 설정하고 [OK]를 클릭합니다.

체크 모양의 이미지가 생성됩니다.

◖ 3D 모델에 이미지 적용하기

그럼 방금 만든 이미지를 3D 모델에 적용해서 확인해 봅시다.

① 일단 오른쪽의 [Properties] 영역 왼쪽 탭에서 [**Material Properties**] █를 클릭합니다(만약 이때 머티리얼이 아예 없다면 [+ New] 버튼을 눌러서 머티리얼을 새로 생성해 주세요)**①**.

[Surface] 패널 내부에 있는 [Surface]는 기본적으로 [Principled BSDF]입니다. 이를 클릭하고 [Remove]를 누릅니다([Remove]가 표시되지 않는다면 마우스 휠을 위아래로 회전시켜 확인해 보세요)**②**.

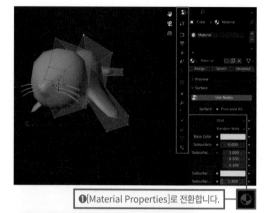

①[Material Properties]로 전환합니다.

②[Principled BSDF]를 클릭하고 [Remove]를 선택합니다.

② 해당 부분이 [None]으로 바뀌면 다시 클릭합니다. 이어서 [Emission]을 선택합니다**①**.

이렇게 하면 그림자가 생기지 않는 머티리얼을 만들 수 있습니다. 텍스처 작업을 할 때는 표면에 불필요한 음영이 보이지 않는 것이 좋으므로 [Surface]를 이렇게 설정해 보았습니다.

①[Surface]에 [Emission]을 설정합니다.

③ 이어서 [Color] 항목 왼쪽에 있는 ◙를 클릭하고 [Image Texture]를 클릭합니다**①**.

이렇게 하면 항목 바로 아래에 [+ New], [Open] 등의 버튼이 표시됩니다. 여기에서 왼쪽에 있는 █를 클릭했을 때 표시되는 풀다운 메뉴에서 UV 에디터에 표시되고 있는 이미지 이름(책과 똑같이 진행했다면 'Untitled')을 선택합니다**②**.

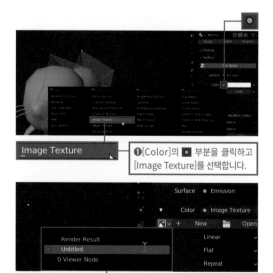

Image Texture

①[Color]의 ◙ 부분을 클릭하고 [Image Texture]를 선택합니다.

②█를 클릭하고 'Untitled' 이미지를 선택합니다.

④ 이제 3D 뷰포트 헤더의 가장 오른쪽에 있는 ⌄ 버튼(만약 화면 너비가 좁아서 표시되지 않는다면 헤더 위에 마우스 커서를 놓고 마우스 휠을 돌려서 찾아주세요)을 클릭하고 [Lighting]을 [Flat]으로, [Color]를 [Texture]로 변경합니다❶.

이렇게 하면 3D 모델의 표면에 체크 모양이 적용되는 것을 확인할 수 있습니다.

❶ ⌄ 를 클릭하고 [Lighting]을 [Flat]으로, [Color]를 [Texture]로 변경합니다.

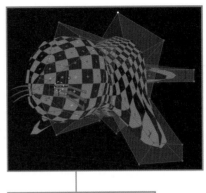

3D 모델 표면에 체크 모양이 적용됩니다.

UV 에디터에서 메시 움직이기

이 상태에서 화면 왼쪽에 있는 **UV 에디터**에서 메시를 움직여 봅시다.

❶ 화면 왼쪽의 UV 에디터에서 메시를 편집하는 조작은 3D 뷰포트의 [Edit Mode]에서 메시를 조작하는 방법과 거의 같습니다. [A]로 전체 선택, 마우스 왼쪽 버튼 클릭으로 버텍스 선택, [G], [R], [S]로 이동, 회전, 확대/축소 등을 할 수 있습니다❶.

UV 에디터에서 메시를 움직여 보면 곧바로 오른쪽의 3D 뷰포트에 적용된 텍스처가 함께 움직이는 것을 확인할 수 있습니다. 이것이 UV 맵핑입니다. 그리고 UV 에디터에 표시된 메시를 **UV 맵**(UV Map)이라고 부릅니다.

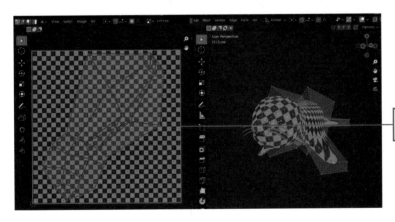

❶ [A]로 전체 선택, 마우스 왼쪽 버튼 클릭으로 버텍스 선택, [G], [R], [S] 등을 할 수 있습니다.

여러 버텍스를 움직이다 보면 UV 에디터의 어떤 메시가 3D 모델의 어떤 부분에 대응되는지 알 수 있을 것입니다. 그런데 위치에 따라서 메시에 텍스처가 너무 응집된 부분, 텍스처가 너무 넓게 퍼져있는 부분, 엉켜있는 부분, 평면적으로 제대로 펼쳐지지 않은 것 같다고 느껴지는 부분이 있지 않나요? 특히 물범의 앞지느러미와 꼬리지느러미에 이런 부분이 집중되어 있습니다. 이처럼 물통 모양의 부분(한 부분만 뚫려있는 원통)은 자동 [Unwrap]만으로 UV 맵이 잘 만들어지지 않습니다. 자동으로 '전개'까지는 해주어도 '잘라서 전개'까지는 해주지 않는 것입니다. 따라서 '잘라서'라는 부분을 우리가 직접 해줘야 합니다.

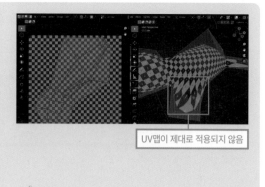

UV맵이 제대로 적용되지 않음

텍스처 잘라서 전개하기

① 3D 모델 쪽에서 **에지 선택 모드**([Edge Selection Mode])로 전환하고, 앞지느러미와 뒷지느러미가 나오는 부분의 에지를 각각 링 형태로 모두 선택합니다❶.

그리고 [Ctrl] + [E](또는 헤더 메뉴의 [Edge])에서 [Mark Seam]을 실행합니다❷.

에지 선택 모드([Edge Selection Mode])

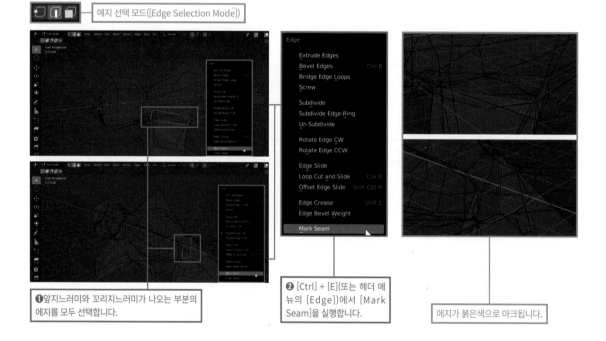

❶앞지느러미와 꼬리지느러미가 나오는 부분의 에지를 모두 선택합니다.

❷ [Ctrl] + [E](또는 헤더 메뉴의 [Edge])에서 [Mark Seam]을 실행합니다.

에지가 붉은색으로 마크됩니다.

② 이어서 다시 한번 메시를 모두 선택하고 [U]에서 [Unwrap]을
실행합니다. UV 맵을 보면 앞지느러미와 꼬리지느러미에 해당
하는 메시가 다른 위치에 배치되는 것을 확인할 수 있습니다(참
고로 UV 에디터에 체크무늬가 표시되면 전개 상태를 보기 어려
우므로 책에서는 체크무늬를 잠시 숨겨두겠습니다)❶.

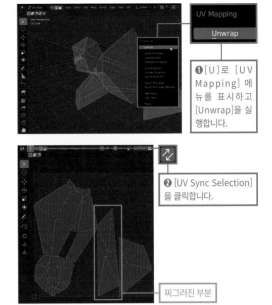

UV Mapping

Unwrap

❶[U]로 [UV
Mapping] 메
뉴를 표시하고
[Unwrap]을 실
행합니다.

이어서 UV 에디터 헤더 왼쪽 끝에 있는 [UV Sync Selection]
(화살표 2개가 비스듬하게 서로 반대 방향을 가리키는 아이콘
⟋⟍)을 클릭해 주세요❷.

이렇게 하면 버텍스의 대응 상태를 더욱 쉽게 알 수 있습니다.
현재 시점에서도 아직 UV 맵에 찌그러진 것 같은 형태가 보입
니다. 찌그러진 부분의 버텍스를 선택해 보면 3D 모델의 앞지느
러미와 꼬리지느러미 끝부분이라는 것을 알 수 있습니다.

❷ [UV Sync Selection]
을 클릭합니다.

찌그러진 부분

● [UV Sync Selection] 모드

[UV Sync Selection] 모드⟋⟍는 UV 에디터의 메시 선택 상태를 3D 뷰포트의 모델과 동기화하는 기능입니다. 따라서 UV 에디
터에서 버텍스를 선택하면 곧바로 3D 뷰포트에서도 버텍스가 선택됩니다.

③ 이번에는 앞지느러미, 꼬리지느러미를 물통 모양으로 봤을
때 물통을 세로로 자르는 에지를 선택하고, [Mark Seam]
합니다❶.

그리고 다시 [Unwrap]을 실행해 보면 이번에는 전개가 제
대로 되는 것을 확인할 수 있습니다.

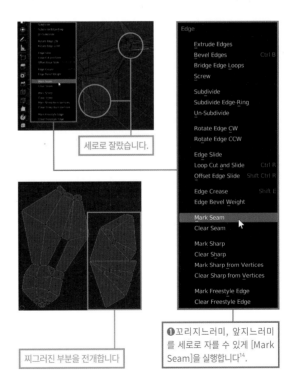

Edge

Extrude Edges
Bevel Edges   Ctrl B
Bridge Edge Loops
Screw

Subdivide
Subdivide Edge-Ring
Un-Subdivide

Rotate Edge CW
Rotate Edge CCW

Edge Slide
Loop Cut and Slide   Ctrl R
Offset Edge Slide   Shift Ctrl R

Edge Crease   Shift E
Edge Bevel Weight

Mark Seam
Clear Seam

Mark Sharp
Clear Sharp
Mark Sharp from Vertices
Clear Sharp from Vertices

Mark Freestyle Edge
Clear Freestyle Edge

세로로 잘랐습니다.

> **포인트**
>
> 이처럼 UV 맵핑은 '전개해 본다' → '이상한 부분을
> 잘라본다([Mark Seam])' → '전개해 본다' → …를 반복합니
> 다. 즉 '심(Seam)'을 어디에 넣어야 하는지 찾는 과정이라 할
> 수 있습니다. 그런데 처음부터 심을 한꺼번에 넣으면 관리가
> 어려우므로 자는자는 숫자를 늘려가면서 적당한 전개 상태를
> 찾는 것이 좋습니다.

❶꼬리지느러미, 앞지느러미
를 세로로 자를 수 있게 [Mark
Seam]을 실행합니다[14].

찌그러진 부분을 전개합니다

---

13 역주: [Unwrap]을 위한 메시를 선택할 때는 찌그러진 부분만 선택한 뒤 [Unwrap]해도 되고 전체를 선택한 뒤 [Unwrap]해도 됩니다. 다만 복잡한 모델을
UV 맵핑할 때는 '제대로 전개해줄 알고 미세 조정까지 다 했는데 안 된 부분이 있었다'라는 상황을 마주하게 됩니다. 이럴 때는 제대로 전개되지 않은 찌그러
진 부분만 [Unwrap]하는 것이 좋습니다. 전체를 선택하고 [Unwrap]하면 미세 조정했던 것까지 모두 초기화되기 때문입니다.

④ 수염을 구성하는 메시도 완전하게 닫힌 큐브 형태로 만들었으
므로 제대로 전개되지 않았습니다. 따라서 수염 가닥 3개 모두
에 세로로 **심을 넣어** 제대로 **전개**되게 수정합니다. ❶

이렇게 UV 맵핑을 완료했습니다.

❶ 수염 부분의 메시에 [Mark Seam]을
실행합니다.

수염 부분의 메시를
전개합니다.

흰색 텍스처 적용하기

지금까지의 작업을 확인하기 위해서 임시로 사용했던 체크무늬 텍스처를 제거하겠습니다.

① UV 에디터 헤더에 있는 이미지 이름 오른쪽의 버튼 ✕을 클릭하면 표시된 이미지와 UV 맵과의 링크를 해제할 수 있습니다(다
만 이를 누른다고 곧바로 3D 모델에서 체크무늬가 사라지는 것은 아닙니다)❶.

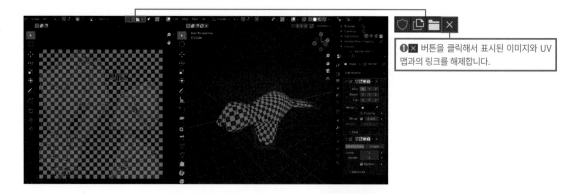

❶✕ 버튼을 클릭해서 표시된 이미지와 UV
맵과의 링크를 해제합니다.

② 다시 UV 에디터 헤더에서 [+ New]를 클릭해 이미지를 새로 만
듭니다❶.

[New Image] 플로팅 윈도우가 나오면 이번에는 [Color] 오른
쪽의 박스를 클릭해서 색을 흰색으로 변경합니다. 그리고 [OK]
를 클릭합니다. 참고로 이때 [Generated Type]은 따로 변경하
지 않고 [Blank]를 그대로 사용합니다❷.

이렇게 하면 UV 에디터의 메시 아래에 흰색 이미지가 배치됩니다.

❶UV 에디터 헤더에서
[+ New]를 클릭합니다.

❷[Color]는 흰색으로,
[Generated Type]은
[Blank]로 유지하고 [OK]를
클릭합니다.

③ 이어서 화면 오른쪽 [Properties] 영역의 [Material Properties] 탭 📄에 들어갑니다. [Surface] 패널 내부에 있는 Untitled.001 항목의 📄를 클릭합니다. UV 에디터 헤더에 표시되는 파일 이름(책과 똑같이 진행했다면 'Untitled.001')을 선택합니다❶.

이렇게 하면 3D 모델에 흰색 텍스처가 적용되며 텍스처 이미지를 그릴 준비가 완료됐다고 할 수 있습니다.

❶[Material Properties] 탭 → [Surface] 패널 내부의 Untitled.001 에 있는 📄를 클릭하고 UV 에디터 헤더의 이미지를 선택합니다.

흰색 텍스처가 적용됩니다.

텍스처 페인팅하기

지금부터는 텍스처 페인트를 사용해서 물범의 얼굴을 그려보겠습니다.

🌊 텍스처 페인트 사용해 보기

① 블렌더 화면 가장 위에 있는 헤더에서 [Texture Paint]를 클릭합니다. 이렇게 하면 영역 구성이 바뀝니다. 왼쪽에는 텍스처 이미지를 페인트 할 수 있는 [Image Editor](이하 '이미지 에디터'), 중앙에는 3D 모델 표면에 직접 페인팅 할 수 있는 [Texture Paint] 모드가 설정된 3D 뷰포트가 표시됩니다.

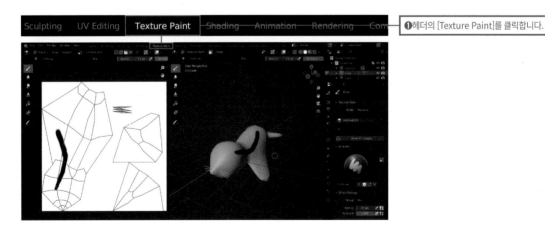

❶헤더의 [Texture Paint]를 클릭합니다.

② 기본적으로 브러시의 색은 흰색입니다. 색을 검은색으로 변경합시다. 화면 오른쪽 [Properties] 영역의 [Color Picker]에서 오른쪽 세로로 긴 슬라이더를 아래로 내리면 검은색으로 변경할 수 있습니다❶.

그리고 '이미지 에디터 위의 텍스처' 또는 '3D 뷰포트의 모델' 위를 마우스 왼쪽 버튼으로 드래그해 보세요❷.

일반적인 페인트 소프트웨어처럼 검은색 선이 그려질 것입니다. 그리고 한쪽 영역에서 그린 내용이 다른 쪽에도 동기화되어 반영됩니다.

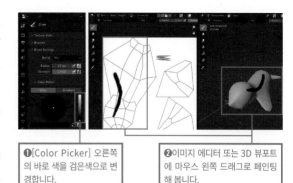

❶[Color Picker] 오른쪽의 바로 색을 검은색으로 변경합니다.

❷이미지 에디터 또는 3D 뷰포트에 마우스 왼쪽 드래그로 페인팅해 봅니다.

● 텍스처 페인팅 관련 도구와 설정

블렌더는 페인트와 관련된 여러 가지 도구를 제공해 줍니다.

이번에 모든 내용을 사용하지는 않을 것이므로 간단하게 소개만 하겠습니다. 이미지 에디터 또는 3D 뷰포트 왼쪽 도구 모음을 보면 [Draw], [Soften], [Smear], [Clone], [Fill], [Mask]가 있습니다.

브러시와 관련된 설정은 화면 오른쪽 [Properties] 영역의 [Active Tool] 탭 █에서 합니다. [Brush Settings] 항목의 [Blend]로 브러시 합성 모드를 선택합니다. 브러시는 기본적으로 [Radius]와 [Strength]를 설정할 수 있습니다. 그리고 오른쪽에 있는 버튼으로 (태블릿을 사용할 경우) 펜의 필압과 관련된 설정도 할 수 있습니다. 추가로 [Radius]는 [F], [Strength]는 [Shift] + [F] 단축키로도 변경할 수 있습니다. 아래에 있는 [Falloff] 항목에서는 브러시의 기본적인 형태를 설정할 수 있습니다. 브러시 중심에서 바깥으로 향하는 그러데이션 정도를 커브를 사용해 변경할 수 있습니다. 커브는 직접 만들 수도 있고, 위에 있는 버튼을 눌러 프리셋에서 선택해 사용할 수도 있습니다.

페인트 도구 모음

[Properties] 영역에 있는 브러시 설정

텍스처 페인트로 물범 얼굴 그리기

텍스처 페인트를 사용해서 물범의 얼굴을 그려봅시다. 일단 연습이
므로 조금 이상하게 그려진다고 걱정하지 마세요. 또한 회색 브러
시를 크게 설정하고 배 주변을 칠해서 음영을 표현해 보겠습니다.

회색 브러시로 음영을 표현합니다.

① 수염 메시의 검은색 부분을 칠할 때는 3D 뷰포트가 아니라 UV 에디터에서 칠하는 것이 더 편합니다. 프로퍼티 영역에서
[Modifier Properties] 탭🔧으로 변경하고 [Subdivision] 모디파이어의 [Levels Viewport]를 '2'로 올려 완성 형태를 보면서
텍스처를 그립니다①.

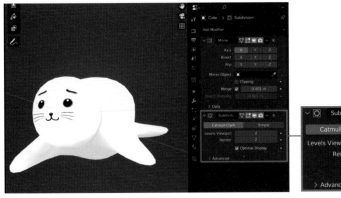

❶ [Levels Viewport]
를 '2'로 설정합니다.

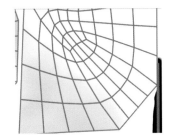

● 텍스처 이미지 데이터 저장하기

블렌더는 텍스처 이미지 데이터를 .blend 파일 외부에 따로 저장합니다. 기본적으로 png와 jpeg 등의 이미지 파일을 외부에
배치하고, 이를 블렌더가 참조하는 형태로 텍스처를 표현합니다. 따라서 .blend 파일을 저장하는 것만으로는 텍스처 데이터가
저장되지 않습니다. 이미지 데이터는 반드시 개별적으로 저장해야 합니다. 텍스처를 수정한 후에 .blend 파일만 저장하고 블렌
더를 종료하려고 하면 [Save changes before closing? Save 1 modified image(s)]라는 대화상자가 표시됩니다.

이때 [Save 1 modified image(s)]라는 체크박스에 체크하고 [Save]를 누르면 텍스처 이미지 데이터를 .blend 파일 내부에 '팩(pack)'해서(안에 넣어서) 저장해 줍니다. 다른 방법으로는 블렌더 헤더 메뉴에 있는 [File]에서 [External Data] 〉 [Pack Resources]를 실행하면 마찬가지로 이미지 데이터를 .blend 파일 내부에 팩(pack)할 수 있습니다.

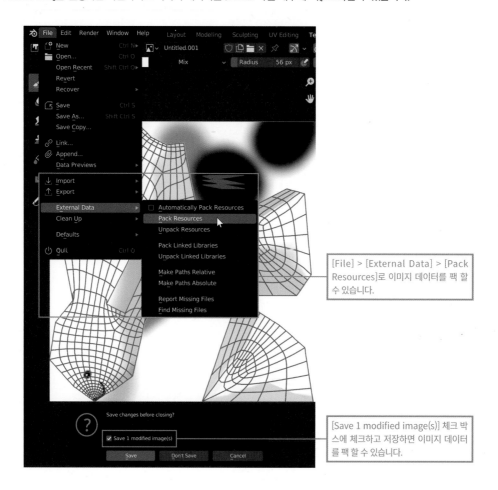

[File] > [External Data] > [Pack Resources]로 이미지 데이터를 팩 할 수 있습니다.

[Save 1 modified image(s)] 체크 박스에 체크하고 저장하면 이미지 데이터를 팩 할 수 있습니다.

이렇게 '팩'된 이미지 데이터를 .blend 파일 외부에 내보내려면 이미지 에디터 헤더 메뉴의 [Save As]를 누르고 파일 브라우저를 사용해서 원하는 디렉터리에 이미지 파일을 저장하면 됩니다. 추가로 이미지 에디터 헤더 또는 [Material Properties] ◐에서 이미지 이름 오른쪽 세 번째에 있는 아이콘이 🗐(상자 안에 종이 두 장이 들어 있는 아이콘)으로 되어 있으면 해당 이미지가 .blend 파일 내부에 팩 되어 있다는 의미입니다. 이 아이콘을 클릭하면 팩을 해제할 수 있는 플로팅 윈도우가 열립니다. 여기에서 저장 위치를 지정하면 팩이 해제되며 외부 파일을 참조하는 형태로 변경됩니다.

이렇게 텍스처 이미지를 일반적인 파일 형식으로 외부에 저장하면 블렌더가 아닌 다른 페인트 소프트웨어에서 이미지를 수정할 수 있습니다. 참고로 일반적인 3D 소프트웨어에서는 .blend 파일(3D 모델 관련 내용)과 이미지 파일(텍스처 이미지 파일)을 별도의 파일로 관리합니다. 블렌더는 파일 관리의 편의성을 위해서 팩 처리를 자동으로 해주다 보니 오히려 초보자 입장에서는 헷갈릴 수도 있습니다. 그래도 이를 잘 활용하면 '**파일 관리**'와 '**외부 프로그램을 사용한 이미지 수정**'을 모두 적절하게 할 수 있게 될 것입니다.

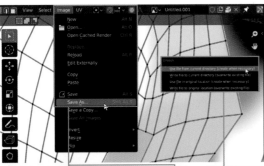

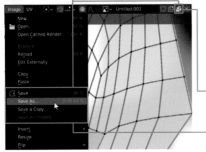

Unpack

Use file from current directory (create when necessary)
Write file to current directory (overwrite existing file)
Use file in original location (create when necessary)
Write file to original location (overwrite existing file)

이미지 저장 위치를 지정해서 파일을 참조하는
형태로 변경하면 팩을 해제할 수 있습니다.

이미지 데이터가 .blend 파일 내부에 팩 되
어 있다는 의미입니다.

원하는 디렉터리에 저장하면 파일을 외부에
내보낼 수 있습니다.

3-2

📁샘플 내려받기_samplefile/Chapter3/3-2

와인잔 머티리얼

이어서 오른쪽 그림처럼 와인잔에 머티리얼을 설정해 봅시다.

머티리얼 적용하기

머티리얼을 사용해서 이전에 만들었던 와인잔에 유리 질감을 적용해 봅시다.

◀ 사전 준비

일단 기본적인 머티리얼을 적용하겠습니다.

① [Properties] 영역을 [Material Properties] 탭◯으로 변경합니다(만약 머티리얼이 설정되어 있지 않다면 [+ New] 버튼을 눌러서 새로운 머티리얼을 만들어주세요)①.

3D 뷰포트 헤더 오른쪽에 있는 [Viewport Shading]을 오른쪽에서 두 번째에 있는 [Material Preview] 모드로 변경합니다②.

① [Material Properties]
탭으로 변경합니다.

② [Material Preview]
모드로 변경합니다.

머티리얼 설정 변경하기

[Material Properties] ▣의 [Surface] 패널에서는 머티리얼(모델 표면의 질감)을 변경할 수 있습니다. 이번 3D 모델은 광원에서 나오는 빛의 각도에 따라 변화하는 그림자 등을 표현할 수 있게 [Principled BSDF]를 그대로 사용하겠습니다. Principle은 '기본적인'이라는 의미입니다. 따라서 [Principled BSDF]는 블렌더에서 가장 기본적인 머티리얼 타입이라고 할 수 있습니다. [Principled BSDF]에는 다양한 파라미터가 있으며, 이 파라미터를 조작하는 것만으로도 대부분의 질감을 재현할 수 있습니다.

① 그럼 와인잔의 유리 질감을 만들어 봅시다. [Roughness] 파라미터를 '0'으로, [Transmission] 파라미터를 '1.0'으로 변경합니다. 이렇게만 해도 유리 같은 질감을 만들 수 있습니다❶.

이외에도 다양한 파라미터가 있지만, 이와 관련된 내용은 이번 장의 마지막 부분에서 설명하겠습니다.

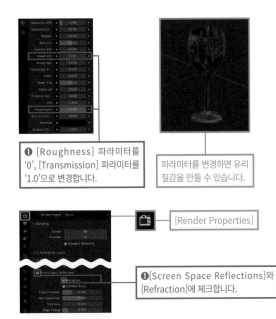

❶ [Roughness] 파라미터를 '0', [Transmission] 파라미터를 '1.0'으로 변경합니다.

파라미터를 변경하면 유리 질감을 만들 수 있습니다.

② 지금 상태로도 와인잔 같은 느낌이 나지만, 현재 상태에서는 '와인잔 이외의 다른 모델이 옆에 있을 때 유리잔에 해당 모델이 반사되어 비치는 모습'을 표현할 수 없습니다. 표시와 관련된 처리가 무거워지더라도(느려지더라도) 해당 표현이 필요하다면 [Properties] 영역에서 디지털카메라 뒷모습의 아이콘▣([Render Properties])에 있는 [Screen Space Reflections]에 체크하고 해당 항목 내부의 [Refraction]에도 체크합니다❶.

이어서 [Material Properties]▣로 돌아와 [Settings] 항목 내부의 [Screen Space Refraction]에도 체크합니다 ❷.

[Render Properties]

❶[Screen Space Reflections]와 [Refraction]에 체크합니다.

[Material Properties]

❷ [Screen Space Refraction]에 체크합니다.

유리잔에 배경이 반사되어 보입니다

3-3 체스 세트 질감 만들기

다양한 질감 만들기

와인잔 예제에서 유리 질감만 만들어봤으므로 이번 체스 세트를 만들 때는 다양한 질감을 만들어서 사용해 보겠습니다.

● 머티리얼과 렌더링

블렌더에는 [EEVEE]와 [Cycles]라는 두 가지 종류의 렌더 엔진이 있습니다. 머티리얼을 다루다가 렌더링 이야기를 하게 되었는데요. 머티리얼과 렌더링은 굉장히 밀접한 관계가 있기 때문에 지금 간단하게 설명하도록 하겠습니다.

[EEVEE]는 현실에 있는 빛의 특성을 모방해서 재현하는 렌더 엔진입니다. 표시가 매우 가벼우므로(빠르므로) 실시간으로 움직이는 3D 모델에 적합합니다. 반면 [Cycles]는 물리적인 계산식을 사용해서 빛의 특성을 실제에 가깝게 재현하는 렌더 엔진입니다. 표시가 무겁지만(오래 걸리지만), 현실적인 표현 등 EEVEE로는 할 수 없는 다양한 표현을 할 수 있습니다.

기본적으로는 EEVEE가 설정돼 있으므로 지금까지 만들었던 물범과 와인잔은 모두 EEVEE 렌더 엔진을 기반으로 하는 머티리얼을 사용한 것입니다. 이번 체스 세트는 Cycles를 활용해 봅시다.

> **메모**
>
> 렌더 엔진 선택 드롭다운 메뉴에는 [Workbench]라는 항목도 있습니다. 이 [Workbench]는 정확하게 말하면 렌더 엔진이 아닙니다. 이는 3D 뷰포트 내부에서 [Z]를 눌렀을 때 전환할 수 있는 [Solid] 표시와 완전히 같습니다. 따라서 [Workbench]를 선택하면 머티리얼 프리뷰 표시 자체가 없어지며 [Rendered] 표시와 [Solid] 표시가 같아집니다([Solid] 표시 때는 여러 오버레이 표시가 있으므로 조금 다르기는 합니다).
>
> 결국 렌더 엔진을 [EEVEE] 또는 [Cycles]로 설정한 상태에서 [Solid] 표시를 사용하면 [Workbench]를 [Rendered]로 표시할 때와 차이가 없습니다. 그래서 굳이 렌더 엔진을 [Workbench]로 설정해서 사용할 필요는 없습니다.

[Workbench] 선택 시

🌜 렌더 엔진을 Cycles로 설정하기

그럼 렌더 엔진을 Cycles로 전환하고 간단한 설정을 해 봅시다.

① [Properties] 영역의 [Render Properties] 탭🖼️에서 [Render Engine]을 [Cycles]로 변경합니다①.

그리고 [Sampling] 〉 [Viewport]의 [Max Samples]를 '16' 정도까지 내리고 [Denoise]에 체크합니다②.

①[Render Properties] 내부의 렌더 엔진을 [Cycles]로 변경합니다.

②[Sampling] > [Viewport]의 [Max Samples]를 '16'으로 설정하고 [Denoise]에 체크합니다.

> **포인트**
> [Max Samples] 설정은 사양이 높지 않은 컴퓨터를 사용하고 있을 때 처리가 너무 무거워지지 않게(느려지지 않게) 부하를 낮추는 설정입니다. 만약 강력한 GPU를 탑재하고 있다면 '1024'를 그대로 사용해도 괜찮습니다.

② 이어서 3D 뷰포트 헤더 가장 오른쪽에 있는 [Viewport Shading]을 [Rendered]로 클릭합니다①.

이렇게 하면 3D 뷰포트의 오브젝트가 처음에는 노이즈가 끼는 것처럼 표시됩니다.

①[Viewport Shading]을 [Rendered]로 전환합니다.

오브젝트 표시에 약간의 노이즈가 포함됩니다.

> **포인트**
> 참고로 파일을 저장한 다음 블렌더를 종료하고 다시 실행하면 [Viewport Shading]이 [Solid]로 돌아갑니다. 이는 [Rendered] 표시가 기본적으로 무거운 처리이므로 실행 시 과부하를 피하기 위한 조치입니다.

🌜 말에 머티리얼 추가하기

지금부터 설명하는 대부분의 조작은 EEVEE 때와 크게 다르지 않습니다.

① 일단 아무 오브젝트나 선택합니다. 책에서는 폰 오브젝트를 선택하겠습니다①.

[Properties] 영역의 [Material Properties] 탭🔴에서 [Surface] 패널을 표시해 둡니다. 만약 머티리얼이 따로 없는 경우 [+ New] 버튼을 눌러서 머티리얼을 새로 만듭니다②.

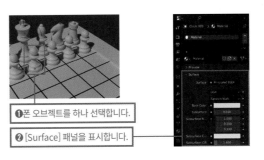

①폰 오브젝트를 하나 선택합니다.

②[Surface] 패널을 표시합니다.

② [Subsurface] 값을 '0.7' 정도로 설정하고 [Subsurface Color] 오른쪽의 흰색 박스를 클릭해서 하늘색으로 설정해 둡니다❶.

모든 폰이 전체적으로 유백색 반투명한 질감으로 바뀝니다.

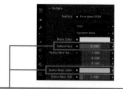

모든 폰이 유백색 질감으로 바뀝니다.

❶[Subsurface]를 '0.7', [Subsurface Color]를 하늘색으로 설정합니다.

③ 그리고 폰 이외의 다른 말을 모두 선택하고 마지막으로 [Shift]를 눌러 폰을 하나 추가합니다(폰을 '액티브' 상태로 만들면 됩니다)❶.

이 상태에서 [Ctrl] + [L]를 눌러서 나오는 [Link/Transfer Data] 메뉴에서 [Link Materials]를 실행합니다❷.

이렇게 하면 방금 설정한 머티리얼이 모든 말에 적용됩니다.

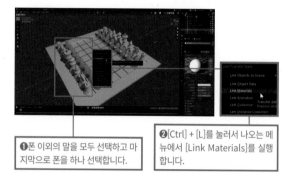

❶폰 이외의 말을 모두 선택하고 마지막으로 폰을 하나 선택합니다.

❷[Ctrl] + [L]를 눌러서 나오는 메뉴에서 [Link Materials]를 실행합니다.

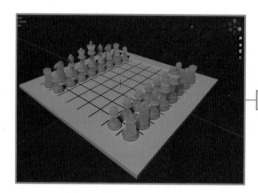

모든 말에 머티리얼이 적용됩니다.

🌑 상대편 폰의 머티리얼 변경하기

상대편 말에는 다른 머티리얼을 할당해야 할 것입니다. 하지만 현재 모든 폰을 [Duplicate Linked]를 이용해 링크 복제했으므로 머티리얼을 변경하면 모든 폰의 머티리얼이 동시에 바뀌어 버립니다. 이대로는 서로 다른 머티리얼을 할당할 수 없습니다.

⬤ [Alt] + [D] 로 복제한 오브젝트

모델링 챕터에서 폰을 복제할 때 [Shift] + [D]가 아닌 [Alt] + [D]를 사용해서 복제했던 것을 기억하나요? 이러한 링크 복제로 만든 오브젝트들은 메시 데이터뿐만 아니라 머티리얼 데이터까지 모두 공유합니다. 한쪽 폰 머티리얼을 모두 동일하게 설정할 때는 따로 머티리얼을 설정하지 않아도 된다는 장점이 있습니다. 하지만 상대편 말을 다른 머티리얼로 변경하고 싶으면 어떻게 해야할까요? 즉 '메시 데이터 공유'는 유지하고 '머티리얼 데이터 공유'만 해제하고 싶다면 어떻게 해야 할까요?

① 상대편 폰 오브젝트를 하나 선택합니다①.

그리고 [Material Properties] 탭 ⬛의 머티리얼 이름 오른쪽에 있는 🔽 마크를 클릭한 뒤 [Object]를 선택합니다②.

이렇게 하면 머티리얼 연결 대상이 메시에서 오브젝트로 바뀝니다.

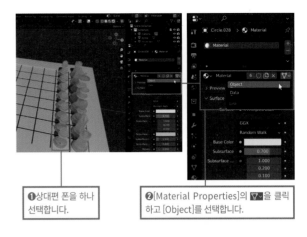

❶상대편 폰을 하나 선택합니다.

❷[Material Properties]의 🔽을 클릭하고 [Object]를 선택합니다.

② 머티리얼 공유가 해제되었으므로 이제 [+ New]로 새로운 머티리얼을 만듭니다①.

그리고 이전 와인잔처럼 [Roughness]를 '0.0', [Transmission]을 '1.0'으로 설정해서 유리 질감으로 만들어 봅시다②.

❶새로운 머티리얼을 만듭니다.

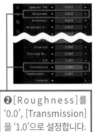

❷[Roughness]를 '0.0', [Transmission]을 '1.0'으로 설정합니다.

> **포인트**
>
> 와인잔을 만들 때는 유리의 굴절을 표현하기 위해서 [Screen Space Refraction]과 관련된 설정을 했었습니다. Cycles는 건너편의 머티리얼을 확인할 수 있는 것은 기본이고, 유리가 이중으로 겹쳐져 있는 모습도 제대로 표현됩니다(EEVEE를 사용했던 와인잔 때는 와인잔 가장자리 부분에서 안쪽 유리가 표시되지 않았습니다).

폰에 적용한 머티리얼을 다른 말에도 설정하기

이전에 언급한 과정에 따라서 폰에 적용한 질감을 다른 말에도 적용하겠습니다.

① 상대편 쪽에서 방금 머티리얼을 설정했던 폰 이외의 모든 말을 선택합니다①.

그리고 이전처럼 🔽 마크를 클릭하고, 이번에는 [Alt]를 누르면서 [Object]를 클릭합니다②.

이렇게 하면 선택된 모든 상대편 말 오브젝트가 같은 머티리얼을 공유하게 됩니다.

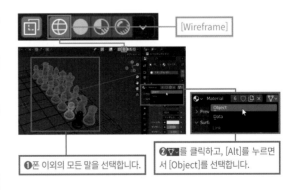

[Wireframe]

❶폰 이외의 모든 말을 선택합니다.

❷🔽를 클릭하고, [Alt]를 누르면서 [Object]를 선택합니다.

> **포인트**
>
> 블렌더에서는 [Alt]를 누르면서 조작해서 선택 중인 모든 오브젝트에 동일한 효과를 적용할 수 있습니다.

② 그대로 [Shift]를 누르면서 상대편에서 새로운 머티리얼을 적용했던 폰을 추가로 선택합니다①.

그리고 [Ctrl] + [L]에서 [Link Materials]를 실행하면 상대편의 모든 말에 유리 머티리얼이 적용됩니다②.

①머티리얼을 설정한 폰을 추가 선택합니다.

② [Link Materials]를 실행합니다.

상대편 말이 모두 유리 질감으로 바뀝니다.

체스판에 머티리얼 적용하기

이제 체스판에 머티리얼을 설정하겠습니다.

① 격자가 적용된 체스판을 선택하고, [Material Properties] ◉를 확인해 보면 이미 머티리얼 슬롯이 2개 만들어져 있습니다. 그리고 두 번째 머티리얼 슬롯에 머티리얼이 있는 것을 볼 수 있습니다. 이 상태에서 오른쪽에 있는 ➕ 버튼을 클릭해서 머티리얼 슬롯을 추가합니다①.

그리고 세 번째 슬롯을 선택하고, [+ New] 버튼을 클릭해서 새로운 머티리얼을 만듭니다.

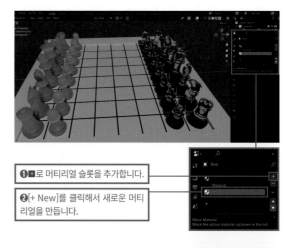

①➕로 머티리얼 슬롯을 추가합니다.

②[+ New]를 클릭해서 새로운 머티리얼을 만듭니다.

② 이번에는 이 체스판을 거울과 같은 질감으로 만들어 보겠습니다. 머티리얼의 [Surface] 패널에서 [Metalic]을 '1.0', [Roughness]를 '0.0'으로 변경합니다①.

다만 이 시점에서는 머티리얼 파라미터를 변경해도 3D 뷰포트 위의 오브젝트에 어떠한 변화도 일어나지 않습니다.

①[Metalic]을 '1.0', [Roughness]를 '0.0'으로 변경합니다.

③ 머티리얼 슬롯이 여러 개 있을 경우 해당 슬롯의 머티리얼을 오브젝트의 어떤 부분에 할당할 것인지 지정해야 합니다. 체스판을 선택하고 [Edit Mode]로 전환한 뒤 [Face Select Mode]로 모든 페이스를 선택합니다. 그리고 3D 뷰포트 메뉴의 [Select]에서 [Checker Deselect]를 실행합니다❶.

[Face Select Mode]로 전환합니다.

❶[Select] 메뉴에서 [Checker Deselect]를 실행합니다.

④ 이렇게 하면 선택했던 페이스가 체크무늬 형태로 선택 해제됩니다. 그대로 [Material Properties] 🔵의 머티리얼 슬롯 아래에 있는 [Assign]을 클릭합니다❶.

그러면 선택된 체크 형태의 부분이 거울 질감으로 바뀝니다. 과정에 따라서 진행했다면 거울 질감이 적용되지 않은 페이스에는 첫 번째 머티리얼 슬롯이 할당돼 있을 것입니다.

❶[Assign]을 클릭합니다.

⑤ 따라서 첫 번째 머티리얼 슬롯을 선택하고 [+ New] 버튼으로 머티리얼을 생성하면 해당 칸에 머티리얼을 설정할 수 있습니다.

그리고 이전 머티리얼과 마찬가지로 [Metalic]을 '1.0', [Roughness]를 '0.0'으로 변경해서 거울 질감처럼 만듭니다. 다만 이번에는 [Base Color]를 어두운색으로 설정해 검은색 거울 질감이 되게 해주세요❶.

❶[Metalic]을 '1.0', [Roughness]를 '0.0'으로 변경합니다. 또한 베이스 컬러를 어두운색으로 설정합니다.

◖ 체스판 가장자리에 머티리얼 적용하기

그럼 체스판 가장자리에 머티리얼을 적용해 봅시다.

① [Object Mode]에서 가장자리 오브젝트를 선택하고 지금까지와 같은 방법으로 머티리얼을 만듭니다. 이어서 [Metalic]을 '1.0', [Roughness]를 '0.3', [Base Color]를 주황색으로 설정해서 금속 질감을 만듭니다①.

이 시점에서는 EEVEE 때와 비교해서 외관이 좋지 않다는 느낌을 받을 수도 있습니다. 하지만 외관은 이후에 렌더링을 다룰 때 크게 개선되므로 걱정하지 말아 주세요.

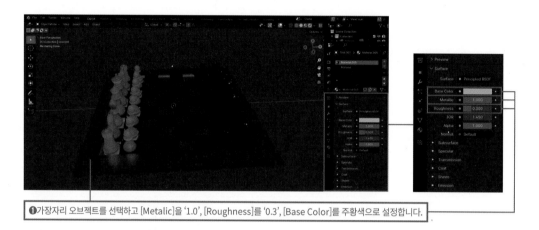

❶가장자리 오브젝트를 선택하고 [Metalic]을 '1.0', [Roughness]를 '0.3', [Base Color]를 주황색으로 설정합니다.

3-4 정리

이번 절에서는 3장에서 다루었던 머티리얼을 복습하겠습니다. 다음 장으로 넘어가기 전에 확실하게 정리하도록 합시다.

머티리얼 조작 복습

이번 절에서는 머티리얼 생성과 추가 등 머티리얼과 관련된 조작을 복습하겠습니다.

머티리얼 슬롯

일단 [Material Properties] 가장 위에는 머티리얼 슬롯이 목록으로 표시되는 프레임이 있습니다. 블렌더에서 오브젝트에 머티리얼을 추가하려면 일단 머티리얼 슬롯을 만들어야 합니다. 머티리얼 슬롯을 만들면 슬롯 내부에 머티리얼을 만들고 활용할 수 있습니다.

슬롯 시스템을 활용하므로 하나의 오브젝트에 여러 머티리얼을 할당할 수 있습니다([Edit Mode]에서 페이스 단위로 머티리얼을 지정할 수 있습니다).

위 이미지에서 오른쪽에 있는 ➕➖ 버튼으로 머티리얼 슬롯을 추가할 수 있습니다. 그리고 아래 있는 🔺🔻 버튼으로 슬롯 내부에서 선택하고 있는 머티리얼의 위치를 변경할 수 있습니다. [+ New] 버튼으로 선택하고 있는 머티리얼 슬롯에 머티리얼을 추가할 수 있습니다. 그 왼쪽에 있는 머티리얼 버튼 🔘으로 기존에 만들었던 머티리얼을 현재 머티리얼 슬롯에 추가할 수 있습니다. 오른쪽에 있는 🔽 버튼은 선택하고 있는 오브젝트의 머티리얼 링크를 [Object] 또는 [Data](메시 데이터) 중에서 선택할 수 있습니다. 아래에 있는 버튼들은 [Edit Mode]에서만 표시됩니다. [Assign]은 현재 머티리얼을 선택하고 있는 페이스에 적용합니다. [Select]로 선택하고 있는 머티리얼이 할당된 페이스를 3D 뷰포트 위에서 선택할 수 있습니다. 그리고 [Deselect]로 선택하고 있는 머티리얼이 할당된 페이스만 3D 뷰포트위에서 선택 해제할 수 있습니다.

[Principled BSDF]

[Principled BSDF]는 블렌더에서 가장 기본적인 머티리얼입니다. 각 파라미터에 대해서 설명하겠습니다.

▶ [Principled BSDF]의 각 파라미터

번호	이름	설명
①	Base Color	기본색을 설정합니다. 박스를 클릭하면 컬러 휠 플로팅 윈도우가 열립니다. RGB, HSV, Hex 값으로 색을 지정할 수도 있습니다.
②	Subsurface	표면 아래의 산란을 재현합니다. 풀어서 설명하면 빛이 표면 안쪽으로 조금 들어와서 내부에서 퍼지는 것을 재현하는 것입니다. 사람의 피부, 대리석, 콜로이드(우유 등의 탁한 액체)의 산란 등을 구현할 때 사용합니다.
③	Subsurface Radius	빛이 표면 아래에서 산란하는 평균 거리를 RGB 별로 지정합니다.
④	Subsurface Color	표면 아래에서 산란할 때의 기본색을 지정합니다.
⑤	Subsurface IOR	표면 아래에서 산란할 때의 굴절률을 지정합니다(Cycles만).
⑥	Subsurface Anisotropy	표면 아래에서 산란할 때의 이방성[14]을 지정합니다(Cycles만).
⑦	Metalic	'1'로 지정하면 완전한 금속처럼 거울 반사하는 질감이 됩니다. '1'과 '0' 사이의 값을 지정하면 금속과 비금속을 섞은 느낌이 됩니다.
⑧	Specular	금속광택에서 볼 수 있는 하이라이트를 추가합니다. '12.5'가 완전 반사입니다.
⑨	Specular Tint	하이라이트에서 베이스 컬러가 보이는 정도입니다.
⑩	Roughness	표면의 미세한 굴곡을 재현합니다.
⑪	Anisotropic	큐티클과 헤어라인 가공처럼 거울 표면 반사 같은 이방성을 재현합니다(Cycles만).
⑫	Anisotropic Rotation	이방성 방향을 설정합니다(Cycles만).
⑬	Sheen	벨벳 소재 같은 윤곽 부근의 반사를 재현합니다.
⑭	Sheen Tint	윤곽 반사에서 베이스 컬러가 보이는 정도입니다.
⑮	Clearcoat	기존의 모든 요소에 추가적인 흰색 스펙큘러를 추가합니다.
⑯	Clearcoat Roughness	클리어 코트 부분의 미세한 굴곡을 재현합니다.
⑰	IOR	전파 굴절률을 설정합니다.

14 역주: 물질 내부에서 여러 방향으로 빛이 퍼질 때 빛의 산란 거리가 같으면 '등방성이 높다'라고 표현합니다. 반면 방향에 따라서 빛의 산란 거리가 달라지면 '이방성이 높다'라고 표현합니다.

번호	이름	설명
⑱	Transmission	투과될 때의 굴절을 재현합니다.
⑲	Transmission Strength	미세한 굴곡으로 인한 전파 때의 산란을 재현합니다(Cycles만).
⑳	Emission	발광색을 설정합니다.
㉑	Emission Strength	발광 강도를 설정합니다.
㉒	Alpha	불투명도를 설정합니다.

머티리얼 설정 복습

다음 표에서 설정과 관련된 내용을 확인해 주세요. 여기에서 설명하는 추가적인 설정 항목은 EEVEE를 기준으로 합니다.

▶ 머티리얼 설정

번호	이름	설명
❶	[Backface Culling]	메시 페이스에는 앞면과 뒷면이 있습니다. 앞면만 표시하고 렌더링하고 싶을 때 체크합니다.
❷	[Blend Mode]	알파 혼합 방법을 설정합니다. [Opaque]를 설정하면 알파 값을 낮춰도 투과하지 않습니다. [Alpha Clip]은 클립 역치를 기반으로 완전한 투명인지 완전한 불투명인지를 구분합니다. [Alpha Hashed]는 디더링(노이즈)으로 반투명을 표시합니다. [Alpha Blend]는 노이즈 없이 예쁘게 반투명을 표현하지만, 렌더링 순서에 문제가 있거나 복잡한 형태에서는 이상하게 렌더링 될 수 있습니다.
❸	[Shadow Mode]	알파가 설정된 페이스에서 떨어지는 그림자를 렌더링하는 방법을 설정합니다. [None]은 그림자를 렌더링하지 않습니다. [Opaque]는 알파 값을 고려하지 않습니다. [Alpha Hashed]와 [Alpha Blend]는 [Blend Mode]와 같습니다.
❹	[Screen Space Refraction]	[Transmission]이 '0'이 아닐 경우 레이 트레이싱을 사용해서 굴절을 표현합니다. 이는 안쪽 페이스를 렌더링해서 계산에 시간이 오래 걸리며 [Screen Space Reflections](116페이지)와 [Ambient Occlusion](151페이지)을 표현할 수 없게 됩니다.
❺	[Refraction Depth]	[Transmission]에서 대상의 두께를 고려하게 됩니다.

번호	이름	설명
⑥	[Subsurface Translucency]	안쪽에 있는 광원에서 흘러나오는 빛을 재현합니다.
⑦	[Pass Index]	머티리얼에 번호를 붙이고, 이외의 다양한 기능에서 이를 활용할 수 있게 합니다.

렌더 프로퍼티

[Render Properties] 탭█에도 머티리얼과 밀접하게 관련된 항목들이 있습니다. [Render Engine]에는 [Eevee]와 [Cycles]라는 두 가지 종류의 렌더 엔진이 있습니다. 각 렌더 엔진에 따라 머티리얼이 표현할 수 있는 범위가 달라집니다([Workbench]는 미리 보기 전용이므로 최종적인 렌더링에서는 사용하지 않습니다[15]

[Eevee]는 출력 속도가 굉장히 빠르며 실시간 렌더링에 특화되어 있습니다. 참고로 [Eevee]에서 [Screen Space Reflections]에 체크하면 거울과 같이 반사가 높은 오브 젝트에 반사되는 물체가 표시됩니다. 또한 [Refraction]에 체크하면 굴절도 표현할 수 있습니다. 두 가지 모두 컴퓨터 부하가 크므로 기본적으로는 비활성화되어 있습니다.

[Cycles]는 전문적인 용어로 '물리 기반 패스 트레이서(physically-based path tracer)'라고 부르고, 정확하고 품질 좋은 렌더링 결과를 제공합니다. [Cycles]는 강력한 GPU를 탑재한 환경에 적합합니다. [Cycles]는 기본적으로 물리적인 현상을 대부분 재현하므로 특별한 설정 없이도 반사와 굴절을 표현할 수 있습니다.

---

15 역주: [Viewport Shading]을 [Solid]로 변경했을 때와 같은 결과를 냅니다.

애니메이션 추가하기

3D 모델을 만들었으므로 이제 움직임을 추가해 봅시다. 2D 그림과 다르게 3D는 적은 작업으로 모델을 자유롭게 움직일 수 있습니다. 블렌더는 오브젝트를 움직이는 방법이 매우 많습니다. 이번 장에서는 그중에서 대표적인 3가지 방법을 살펴보겠습니다.

역시
3D CG는
움직여야 해!

📁샘플 내려받기_samplefile/Chapter4/4-1

오브젝트 애니메이션

일단 오브젝트를 움직이는 기본적인 방법부터 알아보겠습니다. 지금까지와 다르게 체스 세트 예제를 먼저 진행하겠습니다.

▶ 체스 세트 애니메이션

그럼 체스 말을 움직이는 설정을 진행해 보겠습니다.

☾ 폰 움직이기

폰을 움직이는 애니메이션을 만들겠습니다.

① 움직이고 싶은 폰 오브젝트 하나를 선택합니다. 아무것이나 선택해도 괜찮습니다**①**.

이 상태에서 [I]를 눌렀을 때 나오는 [Insert Keyframe Menu]에서 [Location]을 선택합니다**②**.

이렇게 하면 [N]을 눌렀을 때 표시되는 사이드바에서 [Item] 〉 [Transform] 〉 [Location] 또는 [Properties] 영역의 [Object Properties] 탭에 있는 [Transform] 〉 [Location] 값이 노란색으로 표시됩니다. 이는 현재 프레임(블렌더에서의 시간)에 키프레임이 만들어졌다는 의미입니다.

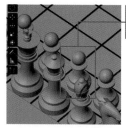

❶움직이고 싶은 폰을 하나 선택합니다.

❷[I]를 눌러서 나오는 [Insert Keyframe Menu]에서 [Location]을 선택합니다.

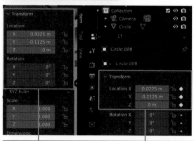

[Item] 탭의 [Transform] > [Location]
[Object Properties] 탭의 [Transform] > [Location]

● 키프레임

키프레임(Keyframe)이란 블렌더에서 애니메이션의 기준점이 되는 시간적 위치를 의미합니다. 조금 표현이 어려운데요. '이 오브젝트는 이 시간에 이 위치에 있어야 한다'를 나타내는 것으로 생각해 주세요.

3D 뷰포트 아래의 [Timeline] 영역(이후 '타임라인 영역')는 1장(10페이지)에서 잠깐 언급했던 것처럼 시간과 관련된 조작을 하는 부분입니다. 초기 상태에서는 '파란색 상자 내부'와 '[Start] 왼쪽에 있는 숫자'가 '1'로 되어 있을 것입니다. 이는 현재 프레임이 '1'이라는 것을 의미합니다. 즉 우리는 방금 전의 조작을 통해서 '1' 프레임에 폰의 위치를 기록한 것입니다.

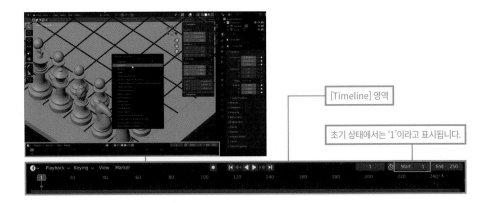

[Timeline] 영역

초기 상태에서는 '1'이라고 표시됩니다.

② 이어서 파란색 상자 부분을 마우스 오른쪽으로 드래그해서 현재 프레임을 이동시켜 보세요❶.

프레임 '1' 이외의 위치로 이동하면 이전에 노란색으로 표시됐던 [Transform] 〉 [Location]이 초록색으로 바뀝니다.

노란색은 현재 프레임에 키프레임이 추가돼 있다는 의미입니다. 그리고 초록색은 현재 프레임 이외의 위치에 키프레임이 추가돼 있다는 의미입니다.

그럼 파란색 상자 부분을 '40' 위치까지 이동합니다. 참고로 [Start] 왼쪽에 있는 숫자를 직접 '40'으로 입력해도 '40' 프레임으로 이동할 수 있습니다❷.

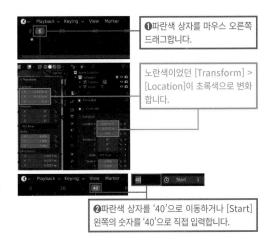

❶파란색 상자를 마우스 오른쪽 드래그합니다.

노란색이었던 [Transform] 〉 [Location]이 초록색으로 변화합니다.

❷파란색 상자를 '40'으로 이동하거나 [Start] 왼쪽의 숫자를 '40'으로 직접 입력합니다.

③ 이 상태에서 선택하고 있는 폰 오브젝트를 두 칸 앞으로 이동합니다❶.

그리고 이전과 마찬가지로 [I]를 눌렀을 때 나오는 [Insert Keyframe Menu]에서 [Location]을 선택합니다❷.

이렇게 하면 프레임 1~40까지 폰 오브젝트가 두 칸 앞으로 이동하는 애니메이션이 만들어집니다.

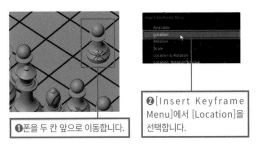

❶폰을 두 칸 앞으로 이동합니다.

❷[Insert Keyframe Menu]에서 [Location]을 선택합니다.

④ [Timeline] 헤더 가장 왼쪽에 있는 [End] 값을 '60'으로 변경하고 [Space]를 누르거나 ▶ 버튼을 눌러보세요❶.

파란색 상자가 자동으로 왼쪽에서 오른쪽으로 이동하면서 폰 오브젝트가 이동하는 애니메이션이 재생될 것입니다. 중지하려면 다시 한번 [Space]를 누르거나 ❚❚ 버튼을 클릭합니다.

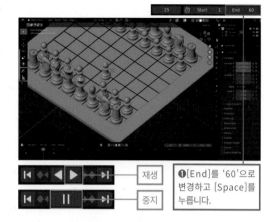

재생

중지

❶[End]를 '60'으로 변경하고 [Space]를 누릅니다.

키프레임 조작하기

포인트

3D 뷰포트와 타임라인의 경계에 마우스 커서를 두고 위로 드래그해 보세요. 타임라인 영역이 세로로 넓어지고, 주황색 마름모 아이콘◆이 보일 것입니다. 이는 키프레임이 추가된 위치를 나타냅니다. 이 아이콘을 직접 이동시켜서 직관적으로 키프레임의 위치를 변경할 수도 있습니다.

키프레임이 추가된 위치를 나타냅니다.

① 키프레임의 위치를 변경하려면 오브젝트 등의 조작과 마찬가지로 마우스 왼쪽 버튼 클릭으로 선택하고 [G]를 누르고 마우스를 이동하면 됩니다. 키프레임 '40' 위치에 있는 마름모를 '20' 위치로 이동한 뒤 다시 [Space]로 애니메이션을 재생해 보세요 ❶.

이전과 비교해서 2배의 속도로 폰 오브젝트가 이동할 것입니다.

❶키프레임을 '20'의 위치로 이동합니다.

② 추가로 타임라인 위에서 [Ctrl] + [Tab]을 누르면 [Graph Editor] 영역(이하 '그래프 에디터')으로 전환할 수 있습니다❶.

● [Graph Editor] 영역

그래프 에디터에서는 앞에서 타임라인에 마름모 형태로 표시돼 있던 키프레임 아이콘 ◆이 베지어 커브 위에 배치돼 표시됩니다. 이를 활용하면 키프레임 사이의 보간 곡선을 확인하거나 편집할 수 있습니다. 만약 영역의 확대/축소 상태로 곡선이 잘 보이지 않는다면 숫자 패드에서 [Home]을 눌러보세요. 전체가 한번에 보이게 확대/축소 상태가 바뀝니다.

❶ 타임라인에서 [Ctrl] + [Tab]을 누르면 [Graph Editor] 영역으로 전환됩니다.

③ 그럼 곡선을 한번 편집해 봅시다. 일단 초록색 커브에 있는 두
정점을 [A]로 모두 선택합니다①.

그리고 [V]를 눌러서 표시되는 [Set Keyframe Handle Type]
메뉴에서 [Vector]를 선택하면 커브가 직선이 됩니다②.

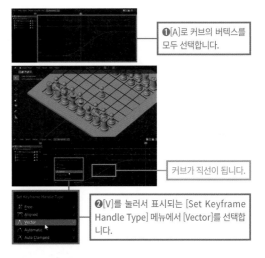

①[A]로 커브의 버텍스를
모두 선택합니다.

커브가 직선이 됩니다.

②[V]를 눌러서 표시되는 [Set Keyframe
Handle Type] 메뉴에서 [Vector]를 선택합
니다.

④ 이 상태에서 다시 [Space]를 눌러 재생해 봅시다①.
이전과 다르게 속도가 일정하게 움직이는 것을 볼 수 있을 것입
니다. 이처럼 보간 커브를 직접 편집하면 키프레임 사이의 움직
임 보간을 제어할 수 있습니다.

원래대로 돌리려면 [V]를 눌러 표시되는 [Set Keyframe
Handle Type] 메뉴에서 [Auto Clamped]를 선택합니다.

① [Space]를 눌러
재생합니다.

[Auto Clamped]를 눌러 원래
상태로 돌아옵니다.

🕹 폰을 더 움직여 보기

그럼 폰에 추가적인 움직임을 부여해 봅시다.

① 그래프 에디터에서 다시 [Ctrl] + [Tab]을 누르면 타임라인으로
돌아옵니다①.

그리고 현재 프레임을 '30'으로 이동한 후 [I]를 눌렀을 때 나오
는 [Insert Keyframe Menu]에서 이번에는 [Available]을 선택
합니다②.

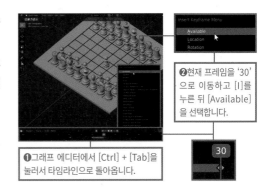

②현재 프레임을 '30'
으로 이동하고 [I]를
누른 뒤 [Available]
을 선택합니다.

①그래프 에디터에서 [Ctrl] + [Tab]을
눌러서 타임라인으로 돌아옵니다.

⬤ [Available]

[Available]은 기존 채널을 의미합니다. 이미 입력된 채널(현재 예제에서는 [Location])로 키프레임을 추가한다는 것입니다. 이
렇게 하면 기존 20프레임에 추가했던 키프레임과 이번에 추가한 키프레임 사이에 어두운 주황색 띠가 추가됩니다. 이는 이 범
위에서 채널 값에 변화가 없다는 의미입니다.

② 다시 '40' 프레임으로 이동하고 폰을 한 칸 앞으로 더 전진한 뒤 마찬가지로 [Available]로 키프레임을 추가합니다❶.

❶ '40' 프레임으로 이동하고 폰을 한 칸 앞으로 이동한 뒤 [Available]을 실행합니다.

이 상태에서 [Space]로 재생해 보면 폰이 2칸 앞으로 전진한 뒤 잠시 후 다시 1칸 앞으로 전진하는 애니메이션을 볼 수 있습니다.

포인트

애니메이션 사이에 잠시 멈추는 시간을 넣어야 애니메이션에 느낌이 생깁니다. 주황색 띠는 이러한 느낌이 어디에 존재하는지 쉽게 확인하는 데 도움을 줍니다.

◖ 비숍 움직이기

이어서 비숍을 움직여 봅시다.

① 이전의 폰과 비슷한 방법으로 진행하면 됩니다. 이번에는 40프레임에 키프레임을 추가해서 초기 위치를 설정합니다❶.

이어서 60프레임으로 이동하고 비숍을 대각선 왼쪽 앞으로 한 칸 움직인 다음, 해당 위치에 키프레임을 추가합니다❷.

이 상태에서 [Space]를 눌러서 재생하면 폰이 2칸→1칸 전진한 뒤 비숍이 대각선으로 이동하는 일련의 애니메이션이 만들어집니다.

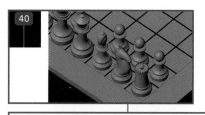

❶ '40' 프레임에 키프레임을 추가해 초기 위치를 설정합니다.

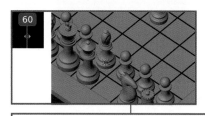

❷ '60' 프레임으로 이동하고 비숍을 대각선 왼쪽 앞으로 이동한 뒤, 키프레임을 한 번 더 추가합니다.

◖ 키프레임 내역 확인하기

타임라인에서 키프레임을 나타내는 마름모 아이콘 ◆은 현재 선택한 오브젝트의 키프레임만 표시합니다. 폰과 비숍을 모두 선택하고, 타임라인을 확인해 보면 두 오브젝트의 키프레임을 나타내는 마름모 아이콘을 모두 확인할 수 있습니다.

① 이 상태에서 타임라인 왼쪽 위에 있는 작은 마크 ▉를 클릭해 보세요①.

이렇게 하면 마름모 아이콘◆이 어떤 요소의 것인지 목록으로 표시해 주는 영역이 나옵니다.

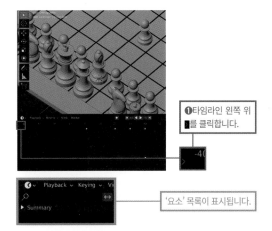

❶타임라인 왼쪽 위 ▉를 클릭합니다.

'요소' 목록이 표시됩니다.

② 이어서 '요소' 왼쪽의 ▶ 마크를 클릭하면 내역 목록이 열리며, 각 오브젝트의 이름과 함께 해당 오브젝트의 어떤 요소에 대한 키프레임인지 확인할 수 있는 목록이 표시됩니다①.

여기에서 [Object Transforms]는 해당 오브젝트의 트랜스폼과 관련된 키프레임이 추가돼 있다는 의미입니다.

트랜스폼에 키프레임이 추가돼 있으면 [Object Transforms]가 표시됩니다.

❶키프레임 내역을 확인할 수 있습니다.

키프레임 상세 확인하기

① [Object Transforms] 왼쪽의 ▼ 마크를 클릭해서 목록을 열어보면 [X Location], [Y Location], [Z Location] 형태로 어떤 트랜스폼에 대한 키프레임인지 자세하게 살펴볼 수 있습니다.

그럼 한번 폰 오브젝트를 선택하고 [I]를 누른 다음 [Rotation]을 선택해 회전 키프레임을 추가해 봅시다①.

이렇게 하면 [Object Transforms] 항목에 [X Euler Rotation], [Y Euler Rotation], [Z Euler Rotation]이 추가됩니다.

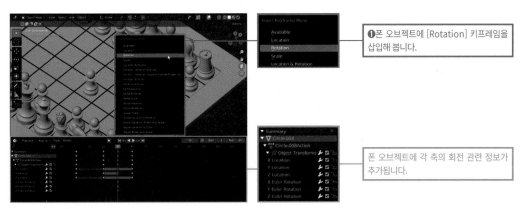

❶폰 오브젝트에 [Rotation] 키프레임을 삽입해 봅니다.

폰 오브젝트에 각 축의 회전 관련 정보가 추가됩니다.

② 마찬가지로 [Scale]도 키프레임으로 추가해 보면 [X Scale], [Y Scale], [Z Scale]이 추가됩니다. 이처럼 [Object Transforms] 항목에서는 위치, 회전, 확대/축소 관련 키프레임을 각각 자세하게 확인하고 조정할 수 있습니다❶.

❶폰 오브젝트에 [Rotation] 키프레임을 삽입해 봅니다.

폰 오브젝트에 각 축의 확대/축소 관련 정보가 추가됩니다.

③ 다시 [Ctrl] + [Tab]으로 그래프 에디터로 전환합니다❶. 모든 항목의 키프레임 보간 곡선을 자유롭게 편집할 수 있습니다. 현실적인 체스 애니메이션에는 필요 없는 요소일 수도 있지만, 회전과 확대/축소 등 여러 가지 키프레임을 추가해 보고 다양한 동작을 확인해 보세요.

❶[Ctrl] + [Tab]으로 그래프 에디터로 전환합니다.

● 그래프 에디터에서 커브 조작하기

그래프 에디터에서 커브를 조작하는 방법을 설명하겠습니다. 커브의 각 키프레임에는 베지어 곡선을 만들기 위한 핸들이 있습니다. 이 핸들 타입은 [V]를 눌렀을 때 표시되는 [Set Keyframe Handle Type] 메뉴로 변경할 수 있습니다.

[Free]로 설정하면 좌우의 핸들을 독립적으로 움직일 수 있습니다. [Align]으로 설정하면 좌우 핸들이 일직선으로 함께 움직입니다. [Vector]로 설정하면 좌우 핸들이 각각 이웃한 키프레임을 똑바로 향하게 됩니다. [Automatic]으로 설정하면 좌우를 일직선으로 만들면서 이웃한 핸들에 따라서 자동으로 각도와 길이를 조정합니다. [Auto Clamped]는 핸들을 수평하게 만들면서 이웃한 핸들에 따라서 자동으로 길이를 조정합니다. 선택하고 있는 키프레임에 대해 변경이 적용되며 여러 개를 선택하고 동시에 변경할 수도 있습니다. 기본적으로는 [Auto Clamped]로 설정돼 있습니다.

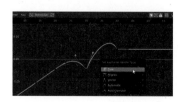

● [Set F–Curve Extrapolation]

[Shift] + [E]로 표시되는 [Set F–Curve Extrapolation] 메뉴에서는 커브 범위 밖에서의 동작을 설정할 수 있습니다. 기본값으로는 [Constant Extrapolation]이 설정돼 있습니다. [Linear Extrapolation]으로 변경하면 설정한 애니메이션의 마지막 움직임을 계속 등속으로 이어 하는 움직임을 만들 수 있습니다. 예를 들어, 일정한 방향으로 이동하거나 회전하는 움직임을 무한하게 반복하고 싶을 때 활용할 수 있습니다. [Make Cyclic(F–Modifier)]는 처음 키프레임과 마지막 키프레임 사이의 움직임을 계속 반복합니다. 이를 제거하고 싶을 때는 [Clear Cyclic(F–Modifier)]를 선택합니다. 이러한 변경은 선택하고 있는 커브에 이뤄지며, 한꺼번에 여러 설정을 변경할 수도 있습니다.

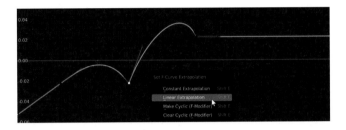

● [Bounce]

그래프 에디터 오른쪽 위에 있는 ◀ 마크(또는 [N])를 클릭하면 그래프 에디터 전용 사이드바를 열 수 있습니다. 여기에서 [F–Curve] 탭에 있는 [Active Keyframe] 패널의 [Interpolation] 풀다운 메뉴를 열면 베지어 커브 이외의 보간 방식도 선택할 수 있습니다. 예를 들어 [Bounce]를 선택하면 마치 공이 튀기는 것 같은 동작을 자동으로 만들 수 있습니다. 이외에도 관성으로 움직이다가 멈추는 것 같은 동작을 하는 [Back], 고무가 늘어났다가 다시 수축하는 동작을 하는 [Elastic] 등 직접 만들기 어려운 미세한 움직임도 보간 곡선을 활용하면 간단하게 사실적으로 만들 수 있습니다.

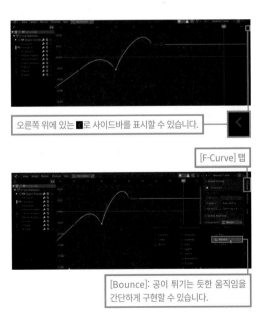

오른쪽 위에 있는 ◀로 사이드바를 표시할 수 있습니다.

[F-Curve] 탭

[Bounce]: 공이 튀기는 듯한 움직임을 간단하게 구현할 수 있습니다.

　　체스판을 움직이면서 그 위에 있는 말을 개별적으로 이동하게 만들고 싶다면 각각의 체스말에 체스판의 움직임과 말의 움직임을 함께 부여해야 할 것입니다. 이와 같은 애니메이션은 만들기 굉장히 힘듭니다. 이럴 때는 **페어런팅(Parenting)** 기능을 활용하면 좋습니다.

체스 말 오브젝트와 체스판 오브젝트를 모두 선택한 상태에서 부모로 설정하고 싶은 오브젝트(현재 예에서는 체스판)를 액티브 상태(연한 주황색)로 설정해 둡니다. 그리고 [Ctrl] + [P]로 표시되는 [Set Parent To] 메뉴에서 [Object]를 선택합니다. 이렇게 하면 '부모'로 지정한 오브젝트를 움직였을 때, 그 '자식'으로 설정된 모든 오브젝트가 함께 움직입니다. '자식'에 추가적인 움직임을 만들면 '부모'를 기준으로 상대적인 움직임이 구현됩니다. 따라서 체스판을 움직이면서 그 위에 있는 말을 개별적으로 이동하게 만들 때, 체스 말에 체스판의 움직임을 별도로 구현하지 않아도 괜찮습니다.

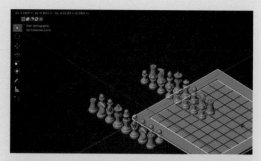

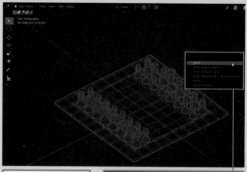

[Ctrl] + [P]로 [Set Parent To] 메뉴를 표시할 수 있습니다.

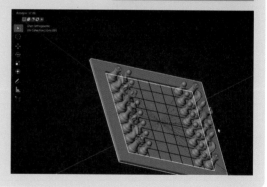

📁 샘플 내려받기 _samplefile/Chapter4/4-2

아마튜어 애니메이션

물범 모델을 움직여 봅시다. 이번에는 체스 말처럼 오브젝트 단위로 움직이는 단순한 방법이 아니라, 동물처럼 팔다리를 접는 움직임을 구현해 보겠습니다.

▶ 리깅

물범의 팔다리를 움직이려면 일단 골격을 만들어야 합니다. 모든 3D CG 소프트웨어에서 사람과 동물을 움직이려면 이처럼 골격을 넣는 작업부터 시작합니다. 이를 **리깅(Rigging)**이라고 부릅니다. 그리고 블렌더는 이 골격에 해당하는 오브젝트를 **아마튜어(Armature)**라고 부릅니다.

◖ 아마튜어 추가하기

① [Object Mode]에서 [Shift] + [A]로 [Add] 메뉴를 표시하고 [Armature]를 선택합니다①.

이렇게 하면 3D 커서 위치에 길쭉한 팔면체 끝에 작은 구체가 달린 오브젝트가 추가됩니다(만약 3D 커서가 다른 곳에 있어서 중앙에 만들어지지 않았다면 오브젝트를 선택하고 [Alt] + [G]로 중앙으로 옮겨주세요). 그 다음 [Properties] 영역의 막대 인간 형태 아이콘 탭([Object Data Properties]) 🏃 내부에서 [Viewport Display] 패널을 열고 [In Front]에 체크해 봅시다②.

이렇게 하면 메시 오브젝트에 가려지는 아마튜어 오브젝트를 확인하면서 작업할 수 있습니다.

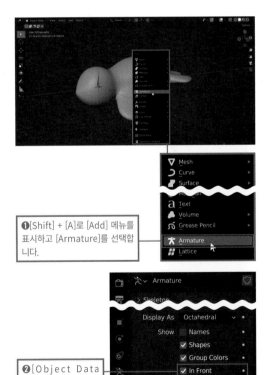

❶[Shift] + [A]로 [Add] 메뉴를 표시하고 [Armature]를 선택합니다.

❷[Object Data Properties]에서 [In Front]에 체크합니다.

아마튜어 오브젝트를 선택하고 [Tab]을 눌러 [Edit Mode]로 전환합니다. 아마튜어 오브젝트를 구성하는 길쭉한 팔면체를 **본 (Bone)**이라고 부릅니다. 그리고 기본적인 상태에서 위쪽에 있는 구체를 **테일**, 아래쪽의 구체를 **헤드**라고 부릅니다. 본은 오브젝트 또는 메시처럼 [G], [R], [S]로 이동, 회전, 확대/축소할 수 있습니다. 다만 본은 특수한 성질을 갖고 있어서 '본을 선택한 경우'와 '헤드와 테일을 선택한 경우'의 기본적인 조작 형태가 조금 다릅니다.

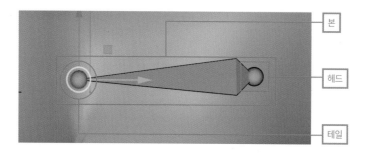

① 일단 오른쪽에서 보는 시점(숫자 패드 [3])으로 전환한 다음, 헤드를 선택하고 [G]로 물범의 몸체 중앙으로 이동합니다. 그리고 테일을 선택하고 물범의 목 근처로 이동합니다❶.

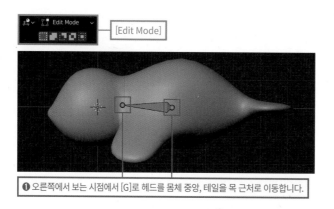

❶ 오른쪽에서 보는 시점에서 [G]로 헤드를 몸체 중앙, 테일을 목 근처로 이동합니다.

② 테일을 선택한 상태에서 [E]로 돌출하면 새로운 본이 추가됩니다. 이를 곧바로 이동해서 물범 얼굴의 끝 위치에 맞춥니다❶.

마찬가지로 처음 본을 선택하고 [E]로 돌출해서 이번에는 꼬리 지느러미 시작 위치에 맞춥니다❷.

이제 팔다리 본을 좌우 대칭으로 만들 것이므로 뷰포트 영역 오른쪽 위에 있는 ⊠ 버튼을 클릭해서 X축 대칭 모드로 설정합니다❸.

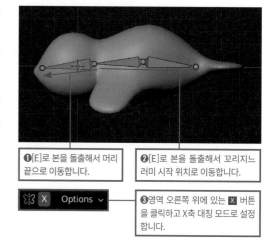

❶[E]로 본을 돌출해서 머리 끝으로 이동합니다.

❷[E]로 본을 돌출해서 꼬리지느러미 시작 위치로 이동합니다.

❸영역 오른쪽 위에 있는 ⊠ 버튼을 클릭하고 X축 대칭 모드로 설정합니다.

③ 위에서 보는 시점(숫자 패드 [7])으로 변경하고 [Shift] + [E]로 꼬리지느러미를 돌출해서 오른쪽 끝으로 테일을 이동시킵니다. 미러 모드를 설정했으므로 오른쪽만 만들면 왼쪽도 자동으로 만들어집니다(이미지는 쉽게 볼 수 있게 대각선에서 보는 시점으로 했지만, 직접 할 때는 위에서 보는 시점으로 작업하는 것이 편합니다) ❶.

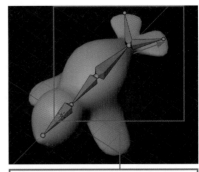

❶위에서 보는 시점으로 변경하고, [Shift] + [E]로 돌출하고, 꼬리지느러미 방향으로 테일을 이동합니다.

> **포인트**
>
> 이처럼 좌우 대칭으로 본을 작성할 때는 X축 대칭 모드를 설정하고 [Shift] + [E]로 돌출해야 합니다. 중요한 내용이므로 꼭 기억해 주세요[16].

④ 마찬가지의 방법으로 앞지느러미 전용 본을 만듭니다.

목 위치에 있는 본의 테일을 선택하고, [Shift] + [E]로 앞지느러미 시작 위치까지 본을 만듭니다. 이어서 [E]로 앞지느러미 끝부분까지 한 번 더 본을 만듭니다❶.

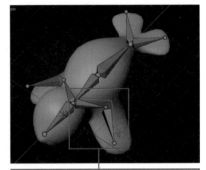

❶[Shift] + [E]로 앞지느러미 방향으로 테일을 만듭니다.

---

16 역주: [Shift] + [E]로 돌출하면 새로 생성되는 본에 'Bone_L.001', 'Bone_R.001' 형태의 이름이 붙습니다. 이렇게 이름이 붙어야 이후에 설정이 쉬우므로 [Shift] + [E]로 돌출하는 것입니다.

⑤ 위에서 보는 시점만으로는 Z축 위치를 맞출 수 없으므로 오른쪽에서 보는 시점(숫자 패드 [3])으로 전환해서 조정합니다. 각각의 테일이 꼬리지느러미 끝, 앞지느러미 시작 위치, 앞지느러미 끝에 맞게 조정해 주세요❶.

이렇게 리깅을 완료했습니다.

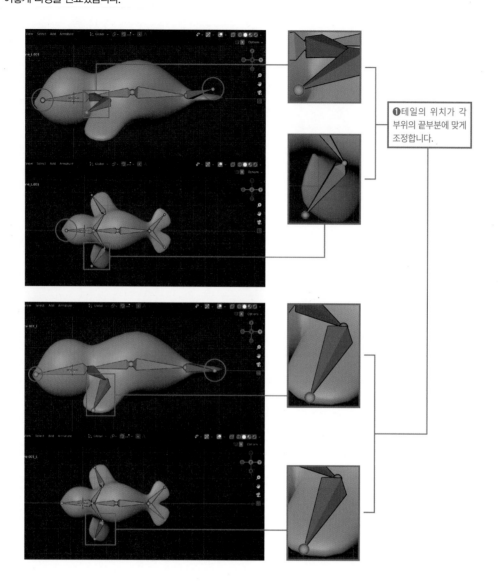

❶테일의 위치가 각 부위의 끝부분에 맞게 조정합니다.

▶ 스키닝

아마튜어를 만든 것만으로는 캐릭터를 움직일 수 없습니다. 아마튜어와 메시 오브젝트를 연결하는 작업이 필요합니다. 이를 스키닝(Skinning)이라고 부릅니다.

자동으로 웨이트 페인트하기

① [Tab]으로 [Object Mode]로 전환하고, [Shift]를 누른 상태에서 물범 오브젝트와 아마튜어 오브젝트를 차례로 선택합니다①. [Ctrl] + [P]로 표시되는 [Set Parent To] 메뉴에서 [With Automatic Weights]를 선택합니다②.

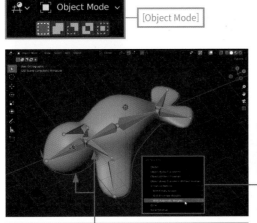

❶[Shift]를 누르고 물범 오브젝트와 아마튜어 오브젝트를 차례대로 선택합니다.

❷[Ctrl] + [P]로 표시되는 [Set Parent To] 메뉴에서 [With Automatic Weights]를 선택합니다.

② 물범 오브젝트를 선택하고, [Properties] 영역에 있는 [Modifier Properties] 탭 🔧을 확인하면 새로 [Armature] 모디파이어가 추가된 것을 볼 수 있습니다.

바로 위에 기존에 추가했던 [Subdivision Surface] 모디파이어가 있는데, 아마튜어 모디파이어보다 [Subdivision Surface] 모디파이어가 먼저 실행되면 부하가 커집니다. 따라서 아마튜어 모디파이어 패널 오른쪽 위에 있는 점 8개 아이콘을 드래그해서 [Mirror] 모디파이어와 [Subdivision Surface] 모디파이어 사이로 옮깁니다②.

모디파이어는 이처럼 자유롭게 순서를 변경할 수 있습니다.

❶[Modifier Properties] 탭에 [Armature] 모디파이어가 추가됐습니다.

❷점 8개 아이콘을 드래그해서 [Mirror] 모디파이어와 [Subdivision Surface] 모디파이어 사이로 이동합니다.

③ 아마튜어 오브젝트를 선택하고, 헤더 왼쪽 끝에 있는 풀다운 메뉴에서 [Pose Mode]로 전환합니다([Ctrl] + [Tab]으로 전환해도 됩니다)❶.

이렇게 하면 본 표시가 변환되며, 선택했을 때 파란색으로 표시됩니다.

이 상태에서 [R]로 본을 회전시켜 보면 물범 캐릭터가 함께 움직이는 것을 확인할 수 있을 것입니다❷.

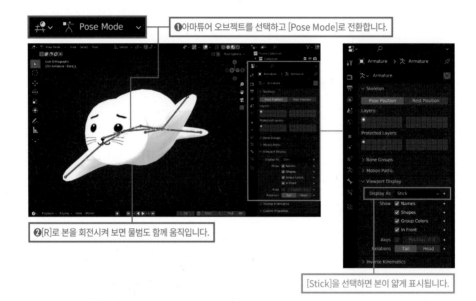

❶아마튜어 오브젝트를 선택하고 [Pose Mode]로 전환합니다.

❷[R]로 본을 회전시켜 보면 물범도 함께 움직입니다.

[Stick]을 선택하면 본이 얇게 표시됩니다.

> **포인트**
>
> 본을 기본적인 팔면체 상태로 표시하면 본이 캐릭터를 가려서 캐릭터가 잘 보이지 않을 수 있습니다. 이때는 [Properties] 영역의 [Object Data Properties] 탭 🏃에서 [Viewport Display] 패널을 열고 [Display As] 풀 다운 메뉴에서 [Stick]으로 전환해 보세요. 다만 이 표시는 헤드와 테일이 어느 쪽인지 알 수 없다는 단점이 있으므로 필요에 따라서 적절하게 전환하며 사용해 주세요.

🌙 포즈 모드에서 키프레임 추가하기

포즈 모드에서는 본 단위로 키프레임을 추가할 수 있습니다. 이를 활용하면 캐릭터 애니메이션을 만들 수 있습니다.

① 일단 본을 모두 선택한 상태에서 [Alt] + [R]을 눌러서 회전을 리셋합니다. 그다음 [I]로 [Insert Keyframe Menu]를 표시한 뒤 [Rotation]을 선택합니다❶.

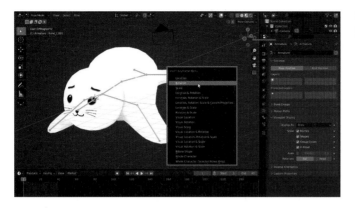

❶본을 모두 선택한 상태에서 [Alt] + [R]을 눌러 회전을 리셋하고 [Insert Keyframe Menu]에서 [Rotation]을 선택합니다.

② 1프레임에 기본 포즈를 추가했으므로 이제 40프레임으로 이동합니다. 이어서 같은 방법으로 [Rotation]에 키프레임을 추가합니다❶.

포즈를 따로 변경하지 않았으므로 1프레임과 40프레임에 같은 포즈가 기록됐습니다. 이제 타임라인 헤더의 [End]를 '40'으로 설정해서 프레임 전체 길이를 변경합니다❷.

❶40프레임에 [Rotation] 키프레임을 추가합니다.

❷타임라인 헤더의 [End]를 '40'으로 변경합니다.

③ 이어서 20프레임으로 이동해서 포즈를 만듭시다. 어떤 포즈라도 상관없습니다. 일단 간단하게 좌우 대칭 포즈를 만들어 보겠습니다. 얼굴 부분의 본과 하반신 부분의 본이 위로 올라가게 회전합니다. 그리고 앞지느러미와 꼬리지느러미 본은 오른쪽 절반에 해당하는 본만 선택하고, 위로 올라가게 회전합니다❶.

❶20프레임으로 이동하고 얼굴, 하반신, 앞지느러미, 꼬리지느러미가 위로 올라가게 [R]로 회전합니다.

④ 이 상태에서 오른쪽 부분의 본만 선택하고 [Ctrl] + [C]로 본을
복사합니다. 곧바로 [Shift] + [Ctrl] + [V]를 누르면 왼쪽 부분의
본에 방금 선택했던 본의 포즈가 복사됩니다(일반적인 포즈 붙
여넣기는 [Ctrl] + [V]인데, 이와 다른 조작입니다).

모든 본을 선택하고 [Rotation] 키프레임을 추가합니다❷.

이제 재생해 보면 몸을 뒤로 젖혔다가 되돌아오는 애니메이션
을 반복합니다❸.

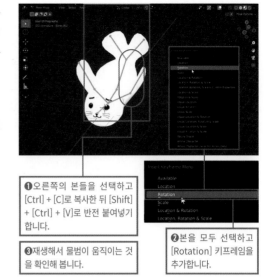

❶오른쪽의 본들을 선택하고
[Ctrl] + [C]로 복사한 뒤 [Shift]
+ [Ctrl] + [V]로 반전 붙여넣기
합니다.

❷본을 모두 선택하고
[Rotation] 키프레임을
추가합니다.

❸재생해서 물범이 움직이는 것
을 확인해 봅니다.

4-3

셰이프키 애니메이션

지금까지 체스 말로 오브젝트 애니메이션, 물범 캐릭터로 아마튜어 애니메이션을 만들어 보았습니다. 이번에는 또 다른 방법으로 와인잔 애니메이션을 만들어 봅시다.

▶ 셰이프 키 기능을 사용한 애니메이션

[Shape Keys] 기능을 사용해서 애니메이션을 만들어 봅시다. 일단 와인잔 파일을 엽니다.

◀ [Propotional Editing] 사용하기

① [Object Mode]에서 와인잔 오브젝트를 선택합니다. [Properties] 영역의 [Object Data Properties] ▼에서 [Shape Keys] 패널 오른쪽 위에 있는 ➕ 버튼을 2번 클릭합니다. 이렇게 하면 목록 내부에 [Basis], [Key 1]이라는 이름의 셰이프키가 만들어집니다.

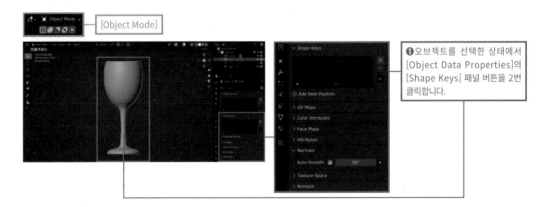

[Object Mode]

❶오브젝트를 선택한 상태에서 [Object Data Properties]의 [Shape Keys] 패널 버튼을 2번 클릭합니다.

② 이 목록에서 아래쪽의 [Key 1]을 선택하고 와인잔을 [Edit Mode]로 전환합니다❶.

이제 메시를 변형시킬텐데 조금 특수한 변형 기능을 사용해 보겠습니다. 헤더 중앙에 있는 동그라미 안에 점이 그려진 아이콘 [Propotional Editing] ◉을 클릭해 활성화합니다(단축키 [O])❷.

이를 활성화하고 버텍스를 움직이면 선택한 버텍스를 중심으로 주위의 정점도 함께 이동합니다.

[Toggle X-Ray]

❷[Propotional Editing] ◉ 아이콘을 클릭합니다.

❶[Key 1]을 선택하고 [Edit Mode]로 전환합니다.

포인트

숫자 패드 [1]로 정면 시점으로 두고, 헤더 오른쪽에 있는 두 사각형이 겹쳐 있는 아이콘 █의 버튼(또는 [Alt] + [Z])으로 [Toggle X-Ray]를 설정해 두면 작업을 편리하게 할 수 있습니다.

③ 그럼 시험 삼아서 와인잔 위에 있는 버텍스 2개를 선택하고 이동해 봅시다❶.

이동할 때 커서 주변에 회색 원이 표시되는데, 이는 [Propotional Editing]의 변형 반경을 나타냅니다. 기본적으로 이 원의 중심에서 멀어질수록 변형되는 힘이 부드럽게 감쇄되어 덜 이동합니다. 이를 사용해서 서양 배 모양(보르도 형태[17]라고 합니다)에서 역삼각형 모양(소서 형태라고 합니다)으로 변형시킵니다.

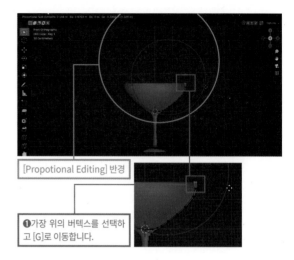

[Propotional Editing] 반경

❶가장 위의 버텍스를 선택하고 [G]로 이동합니다.

④ 그리고 [Tab]을 눌러 [Object Mode]로 돌아옵니다. 그런데 오브젝트가 변형 전의 형태로 돌아와 버리는 것을 볼 수 있습니다❶.

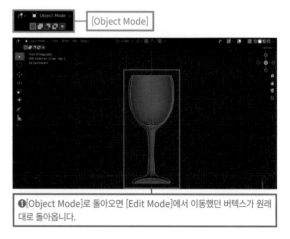

[Object Mode]

❶[Object Mode]로 돌아오면 [Edit Mode]에서 이동했던 버텍스가 원래대로 돌아옵니다.

⑤ 현재 변형은 셰이프 키 중에서 [Key 1]에 기록돼 있습니다. [Key 1]을 선택한 상태에서 그 아래에 있는 [Value]를 마우스 드래그해서 오른쪽으로 이동해 숫자를 1,000까지 올려보세요❶.

숫자가 변화하면서 와인잔의 형태가 바뀌는 것을 확인할 수 있을 것입니다.

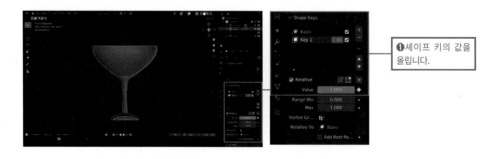

❶셰이프 키의 값을 올립니다.

---

17 역주: 와인잔의 모양을 나타내는 표현입니다.

● 셰이프 키

셰이프 키는 변형 전 메시 형태(베이스)에서 변형 후 형태(셰이프 키)로 각각의 버텍스가 직접 이동합니다. 이때 그 영향도는 [Value]로 지정합니다. 이를 활용하면 오브젝트 트랜스폼과 아마튜어로는 구현할 수 없는 세부적인 변형 애니메이션을 구현할 수 있습니다. 다만 기존에 존재하는 버텍스가 이동하는 것이므로 버텍스 수를 늘리거나 줄이는 등의 변형은 구현할 수 없다는 것에 주의해 주세요.

[Value]를 변경한 뒤 [Value]에 마우스 커서를 올리고 [I]를 누르면(또는 오른쪽에 있는 마름모 아이콘 ◆를 클릭하면) 현재 키 프레임에 셰이프 키 변형이 저장됩니다. 이를 활용하면 애니메이션을 만들 수 있습니다.

4-4

카메라 애니메이션

샘플 내려받기 _samplefile/Chapter4/4-4

지금부터는 카메라 애니메이션을 다루겠습니다. 카메라 애니메이션을 위해서는 카메라로 찍을 대상이 필요하므로 이전에 만들었던 물범 캐릭터를 활용해서 내용을 진행하겠습니다.

▶ 카메라

지금까지 따로 언급하지 않았지만, 블렌더를 실행한 직후 3D 뷰포트를 보면 카메라 오브젝트가 만들어져 있습니다. 사각뿔 형태에 ▲가 붙어 있는 것이 카메라입니다.

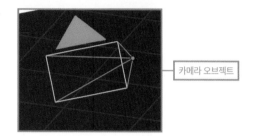

카메라 오브젝트

◖ 카메라 조작 방법

애니메이션을 설명하기 전에 카메라를 조작하는 기본적인 방법을 살펴보겠습니다.

❶ 3D 뷰포트 오른쪽에 있는 카메라처럼 생긴 아이콘 🎥(또는 숫자 패드 [0])을 클릭하면 3D 뷰포트가 카메라 시점으로 전환됩니다. 그리고 카메라에서 보이는 부분 이외의 부분은 어둡게 표시됩니다❶.

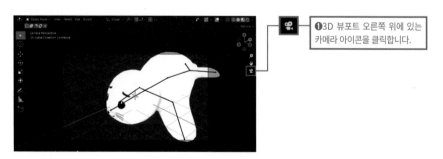

❶3D 뷰포트 오른쪽 위에 있는 카메라 아이콘을 클릭합니다.

● 카메라 오브젝트

카메라 오브젝트도 일반적인 오브젝트와 마찬가지로 [G], [R], [S]로 이동, 회전, 확대/축소할 수 있습니다. 추가로 카메라 시점에서는 밝은 부분과 어두운 부분의 경계를 마우스 왼쪽 버튼으로 클릭해서 카메라 오브젝트를 선택할 수 있습니다. 그리고 [G] → [Z] → [Z]로 이동하면 돌리(카메라가 피사체에 접근하는 움직임)를 할 수 있습니다. 편리한 단축키이므로 기억하는 것을 추천합니다(참고로 팬은 [R] → [Y] → [Y], 틸트는 [R] → [X] → [X], 팬과 틸트를 동시에 하고 싶다면 [R] → [R]을 사용합니다).

② 카메라 오브젝트를 선택한 상태에서 [Properties] 영역에 있는 카메라 모양의 아이콘 탭([Object Data Properties] ■)으로 이동하면 카메라와 관련된 설정이 나옵니다. 여기에서 [Lens] 패널에 있는 [Focal Length]를 '100mm'로 설정해 봅시다❶.

카메라가 망원 렌즈를 낀 것처럼 바뀌는 것을 확인할 수 있습니다.

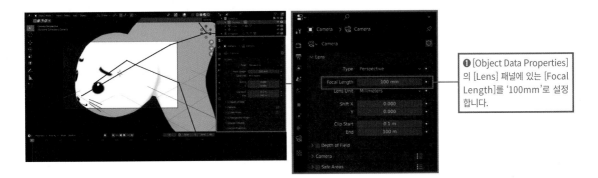

❶ [Object Data Properties]
의 [Lens] 패널에 있는 [Focal Length]를 '100mm'로 설정합니다.

▶ 카메라 애니메이션

카메라 오브젝트도 일반적인 메시 오브젝트처럼 오브젝트 트랜스폼으로 키프레임 애니메이션을 만들 수 있습니다. 하지만 실제로 해보면 굉장히 어렵게 느껴질 것입니다. 일반적으로 카메라는 특정 오브젝트를 계속 바라보면서 움직이거나 대상 주변을 회전합니다. 이를 일반적인 오브젝트 트랜스폼으로 구현하기는 굉장히 어렵습니다. 그래서 조금 다른 기능을 활용해야 합니다.

◀ [Track To] 제약 추가하기

카메라 움직임을 구현할 때 많이 활용하는 [Track To] 제약 기능을 사용해 봅시다.

① 카메라 오브젝트를 선택한 상태에서 [Properties] 영역의 카메라 아이콘 바로 위에 있는 [Object Constraint Properties] ■로 이동합니다❶.

❶ [Object Constraint Properties]로 이동합니다.

② [Add Object Constraint] 풀 다운 메뉴를 엽니다. 여기에서 [Track To]를 선택합니다❶.

❶ [Add Object Constraint]에서 [Track To]를 선택합니다.

③ 추가된 [Track To] 제약 패널 내부의 [Target] 오른쪽란을 클릭하고, 물범 오브젝트 이름(책과 같게 진행했다면 'Cube')을 선택합니다❶.

이 상태에서 카메라 오브젝트를 움직여 보세요. 항상 물범 오브젝트를 향해서 자동으로 회전하는 모습을 확인할 수 있을 것입니다.

❶[Track To] 제약 패널 내부의 [Target]에 'Cube'를 지정합니다.

카메라 오브젝트를 이동해도 항상 물범 오브젝트를 향합니다.

커브 추적 애니메이션

카메라 제어와 관련된 기능을 하나 더 살펴보겠습니다.

① 블렌더의 가장 위에 있는 헤더에서 [Animation]을 클릭하면 블렌더의 화면 구성이 애니메이션에 적합한 형태로 바뀝니다(원래대로 돌리고 싶다면 [Layout]을 클릭합니다) ❶.

이 구성에서는 왼쪽에 카메라에서 보는 시점, 중앙에 일반적인 시점으로 3D 뷰포트가 배치돼 있습니다. 그래서 두 시점을 동시에 확인하면서 작업을 진행할 수 있습니다.

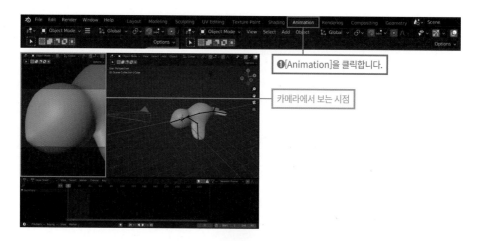

❶[Animation]을 클릭합니다.

카메라에서 보는 시점

② 3D 뷰포트에서 [Shift] + [A]로 [Add] 메뉴를 표시하고 [Curve] 〉 [Bezier]를 추가합니다. 이렇게 하면 3D 커서 위치에 얇은 선 형태의 오브젝트가 추가됩니다❶.

포인트

만약 물범 오브젝트에 겹쳐서 보이지 않는다면 [Alt] + [Z]를 눌러 [Toggle X-Ray]를 활성화합니다.

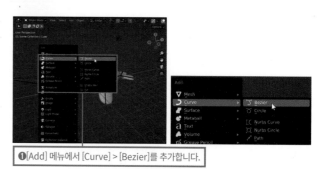

❶[Add] 메뉴에서 [Curve] > [Bezier]를 추가합니다.

커브 오브젝트

[Curve] 〉 [Bezier]로 추가한 오브젝트를 '**커브 오브젝트**'라고 부르며 메시 오브젝트와 다르게 베지어 곡선으로 구성된 오브젝트입니다.

③ 이 커브 오브젝트를 선택한 상태로 [Tab]을 눌러서 [Edit Mode]로 전환해 봅시다. 커브 오브젝트를 베지어 핸들로 조작할 수 있는 상태가 됩니다❶.

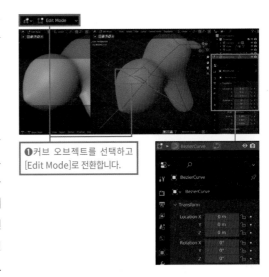

❶커브 오브젝트를 선택하고 [Edit Mode]로 전환합니다.

커브의 구성 요소

이러한 핸들도 메시의 버텍스와 마찬가지로 [G], [R], [S]로 이동, 회전, 확대/축소할 수 있습니다. 또한 본처럼 핸들의 양쪽 끝, 중앙 부분을 개별적으로 선택할 수 있으며, 선택에 따라 트랜스폼 할 때의 동작이 조금씩 다릅니다. 중앙에 있는 버텍스를 선택하면 해당 버텍스의 핸들도 함께 선택되며 [R]로 회전, [S]로 확대/축소해서 양쪽 핸들을 함께 움직일 수도 있습니다. 핸들이 향하는 각도에 따라서 버텍스들을 연결하는 커브의 곡선 형태가 달라집니다. 이 버텍스 사이의 커브를 **세그먼트 (Segment)**라고 부릅니다.

④ 그럼 이제 커브 오브젝트의 버텍스를 물범 오브젝트의 앞쪽으로 이동하고, 물범 오브젝트 앞쪽에 호를 그리는 형태로 변형합니다❶.

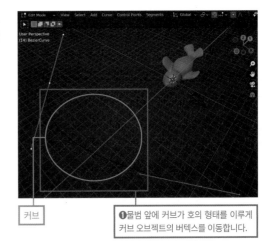

커브

❶물범 앞에 커브가 호의 형태를 이루게 커브 오브젝트의 버텍스를 이동합니다.

⑤ [Tab]을 눌러 [Objcct Mode]로 돌아온 다음 [Shift]를 누르면서 카메라 오브젝트→커브 오브젝트 순서로 선택합니다. 이어서 [Ctrl] + [P]로 [Set Parent To] 메뉴를 표시한 뒤 [Follow Path]를 선택합니다❶.

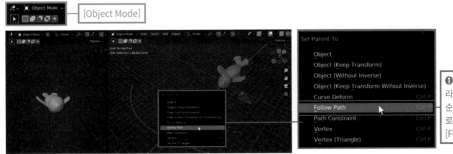

[Object Mode]

❶ [Shift]를 누르면서 카메라 오브젝트, 커브 오브젝트 순서로 선택하고 [Ctrl] + [P]로 [Set Parent To] 메뉴에서 [Follow Path]를 선택합니다.

⑥ 그리고 카메라 오브젝트를 선택하고, 3D 뷰포트 헤더의 [Object]에서 [Clear] 〉 [Origin]을 실행하면 카메라의 위치가 커브 오브젝트의 세그먼트를 따라 움직이게 됩니다①.

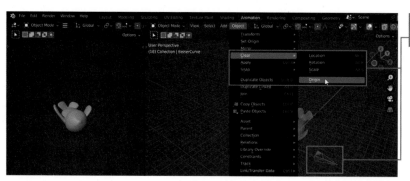

❶카메라 오브젝트를 선택하고 [Object]에서 [Clear] > [Origin]을 실행합니다.

⑦ 커브 오브젝트를 선택하고 [Properties] 영역의 커브 모양의 아이콘 🟦 탭([Object Data Properties])을 선택합니다. 이어서 [Path Animation] 패널의 [Frames]를 '40'으로 설정합니다. 이어서 [Space]로 애니메이션을 재생해 봅시다①.

1프레임부터 40프레임에 걸쳐 카메라 오브젝트가 커브를 따라서 움직이고, 카메라는 항상 물범을 향할 것입니다.

포인트

왼쪽에 있는 카메라 시점에서 3D 뷰포트를 확인해 보세요. 만약 물범이 카메라에서 너무 가깝거나 멀다는 느낌이 든다면 커브 오브젝트의 [Edit Mode]로 전환해서 버텍스와 핸들을 움직여 물범이 카메라 화각 안에 잘 들어오게 해주세요.

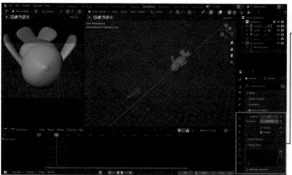

❶[Path Animation] 패널의 [Frames]을 '40'으로 설정합니다.

완성

카메라의 움직임을 완성해 보았습니다. 이와 같은 [Track To] 제약과 [Follow Path] 조합은 자연스러운 카메라 움직임을 만들 때 중요하면서도 기본적인 테크닉이므로 기억해 주세요.

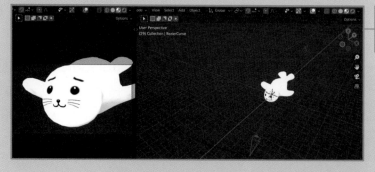

3D 뷰포트의 세이딩을 [Rendered] (150페이지 참고)로 전환해서 동작을 확인합니다.

렌더링

지금까지 3D 뷰포트에 표시된 모델은 어디까지나 '미리보기 모드'로 표시된 것이었습니다. 이는 표시 관련 처리를 빠르게 할 수 있게 처리 일부를 생략해서 보여줍니다. 이와 반대로 화질을 우선하고, 최대한 예쁘게 최적의 출력을 얻는 과정을 '렌더링'이라고 부릅니다. 렌더링은 3D CG 작업의 마지막 과정이라고 할 수 있습니다.

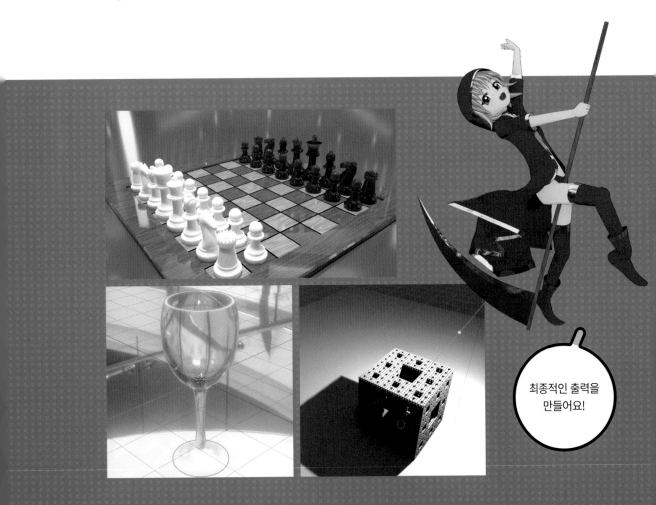

최종적인 출력을
만들어요!

5-1

📁 샘플 내려받기_samplefile/Chapter5/5-1

물범 렌더링

▶ 렌더링과 관련된 조작

이번 절에서는 이전 장에서 만들었던 물범 캐릭터에 애니메이션과 카메라 워크를 적용한 파일을 예로 사용하겠습니다. 블렌더는 [F12]를 눌러서 렌더링할 수 있습니다.

◑ 기본적인 렌더링과 저장

그럼 기본적인 렌더링 흐름을 살펴봅시다.

① [F12]를 누르면 카메라 시점, 렌더링 전용으로 설정한 이미지 크기와 화질로 이미지가 만들어집니다. 그리고 이는 별도의 윈도우에 표시됩니다**①**.

이러한 렌더링 결과를 표시하는 전용 윈도우의 헤더 메뉴에 있는 [Image]에서 [Save]([Alt] + [S]) 또는 [Save As]([Shift] + [Alt] + [S])로 이미지를 저장할 수 있습니다.

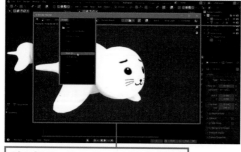
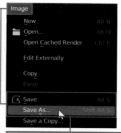

①[F12]로 Blender Render 윈도우를 표시합니다.

②[Image]의 [Save] 또는 [Save As]로 파일로 저장합니다.

② 저장할 때는 블렌더 파일 브라우저가 열리며, 이 화면의 왼쪽 부분에서 디렉터리를 선택하고, 오른쪽 부분에서 저장 형식을 설정합니다**①**.

[File Format]으로 파일 형식을 선택할 수 있으며, 선택한 형식에 따라서 그 아래에 설정 항목이 달라집니다. 아래 입력란에 파일 이름을 입력하고, 바로 오른쪽에 있는 [Save As Image]를 클릭하면 파일이 저장됩니다**②**.

①왼쪽 목록에서 디렉터리, 오른쪽 부분에서 파일 형식을 지정합니다.

②파일 이름을 입력하고 [Save As Image]로 저장합니다.

렌더링과 관련된 주요 설정 항목을 소개하겠습니다.

● 렌더

[Properties] 영역의 디지털 카메라처럼 생긴 아이콘 📷 탭([Render Properties])에서 **[Sampling]** 패널에 있는 **[Render]**는 기본적으로 '64'로 설정되어 있습니다. 이는 렌더링 샘플링 수(품질)를 의미합니다.

현재 컴퓨터의 성능이 좋지 않다면 처음 렌더링할 때는 숫자를 조금 낮게 설정해두는 것이 좋습니다. 그리고 '이제 화질을 올려서 확인해 봐야겠'라는 생각이 들 때 이 수치를 다시 되돌려서 렌더링하는 것이 좋습니다.

[Film] 패널의 [Transparent]에 체크하면 렌더링한 이미지에서 오브젝트가 없는 부분이 투명하게 설정됩니다. 이렇게 투명한 부분은 png처럼 알파 값을 갖고 있는 파일 형식으로 저장해야 유지되므로 주의해 주세요.

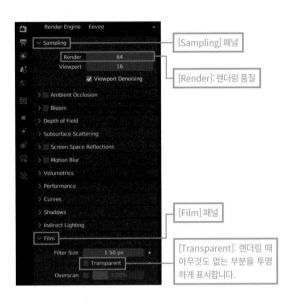

[Sampling] 패널

[Render]: 렌더링 품질

[Film] 패널

[Transparent]: 렌더링 때 아무것도 없는 부분을 투명하게 표시합니다.

● 렌더링 해상도

[Render Properties] 탭 아래에 프린터가 그려진 아이콘 🖨 탭([Output Properties])에서 **[Format]** 패널에 있는 **[Resolution]**으로 렌더링 이미지의 가로세로 픽셀 수 등을 설정할 수 있습니다.

[X](가로), [Y](세로)를 각각 설정할 수 있습니다. 아래의 **[%]**는 지정한 픽셀 수를 기준으로 하는 비율로 출력 크기를 지정할 수 있습니다. 예를 들어, 대략적인 렌더링을 확인해 보고 싶지만, 제대로 렌더링하기에는 시간이 너무 오래 걸린다 싶을 때가 있습니다. 이때는 [%]를 줄여서 렌더링 크기를 줄여 렌더링 결과를 빠르게 확인해 볼 수 있습니다.

[Format] 패널

[Resolution]: 픽셀 수를 [X](가로), [Y](세로)로 각각 설정할 수 있습니다. [%]는 지정한 픽셀 수를 기준으로 하는 비율로 출력 크기를 지정할 수 있습니다.

● [Output] 설정

[Frame Rate] 풀다운 메뉴에서는 동영상 출력 시 1초에 몇 프레임을 재생할지 지정할 수 있습니다.

[Frame Range] 패널의 **[Frame Start]**와 **[End]**로는 어떤 프레임부터 어떤 프레임까지 렌더링할지를 지정할 수 있습니다(동영상을 출력하는 경우). 참고로 이는 타임라인 헤더에 있던 것과 같은 것이므로 서로 연동됩니다. [Output] 패널 가장 위에 있는 부분에서는 동영상 출력 시 파일을 어디에 출력할지 파일 브라우저로 지정할 수 있습니다. 상대 위치로도 지정할 수 있습니다.

[Frame Rate]: 1초에 재생할 프레임 수를 지정할 수 있습니다.

[Frame Range] 패널: 렌더링할 범위를 지정할 수 있습니다.

동영상을 출력할 위치를 지정할 수 있습니다.

[File Format]: 파일 형식을 지정할 수 있습니다.

그 아래에 있는 [Output]에서는 렌더링 이미지를 저장할 때, 파일 브라우저 오른쪽에 있었던 항목처럼 출력 파일의 형식을 지정할 수 있습니다. 또한 해당 형식과 관련된 설정도 할 수 있습니다. [Transparent] 렌더링을 설정한 경우, 여기에서 [RGBA]를 지정해야 알파 값을 적용해서 파일로 출력할 수 있습니다.

[File Format]과 관련된 조작

① [File Format] 풀다운 메뉴를 열었을 때, 가장 오른쪽에 있는 항목 3개가 동영상 형식입니다. 이 외의 것을 선택하고 애니메이션 렌더링을 하면 연속 화상[18]으로 출력됩니다. 그럼 [FFmpeg Video]를 선택해 보겠습니다❶.

동영상 파일 형식　❶파일 형식에서 [FFmpeg Video]를 선택합니다.

② [FFmpeg Video]를 선택하면 아래에 [Encoding]을 설정하는 항목이 나타납니다.

이 항목 오른쪽에 있는 3개의 선 모양이 있는 아이콘 을 클릭하면 미리 설정된 인코딩 프리셋들이 표시됩니다. 여기에서 프리셋을 선택하면 인코딩 설정이 자동으로 입력됩니다.

최근에는 [H264 in MP4]가 많이 사용되므로 잘 모르겠다면 [H264 in MP4]를 선택해 사용해 주세요.

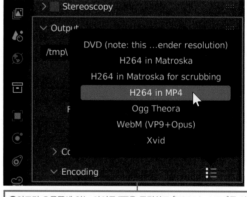

❶인코딩 오른쪽에 있는 아이콘 을 클릭하고 [H264 in MP4]를 선택합니다.

③ 동영상에 음성을 추가하고 싶다면 아래의 [Audio]도 설정해야 합니다. [Audio Codec] 풀다운 메뉴에서 목적에 맞는 코덱을 선택하면 됩니다. 잘 모르겠다면 [MP3], [AAC]를 선택해 사용해 주세요❶.

❶[Audio Codec] 풀다운 메뉴에서 음성 형식을 지정합니다.

18　역주: 연속 화상이란 프레임 하나하나를 이미지로 출력하는 것을 의미합니다.

● 동영상 렌더링

동영상 렌더링은 블렌더 가장 위의 헤더 메뉴에 있는 [Render]에서 [Render Animation](또는
단축키 [Ctrl] + [F12])으로 실행합니다.

◖ 동영상에 음성을 추가하는 조작

① 동영상에 음성을 추가하고 싶다면 타임라인 헤더 가장 왼쪽에 있는 풀 다운 메뉴에서 [Video Sequencer]를 선택합니다①.
이렇게 하면 타임라인이 [Video Sequencer]로 바뀝니다.

② [Video Sequencer]를 선택하고, 헤더 메뉴에서 [Add] 〉 [Sound]를 선택하면 파일 브라우저가 나옵니다. 파일 브라우저에서
원하는 음성 파일을 선택합니다①.

③ 또는 [Video Sequencer] 영역 내부에 음성 파일 아이콘을 드래그 앤드 드롭해 삽입합니다❶.

이렇게 하면 [Video Sequencer] 영역 내부에 청록색 띠가 추가됩니다.

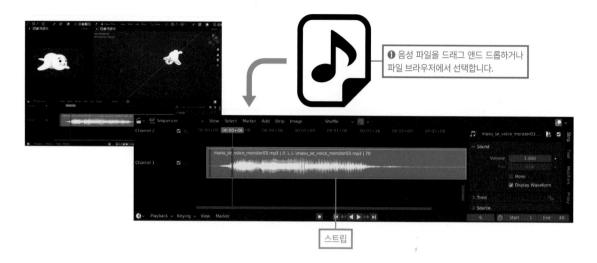

❶ 음성 파일을 드래그 앤드 드롭하거나 파일 브라우저에서 선택합니다.

스트립

● 스트립

동영상 또는 음성의 길이를 가로축으로 표현한 것을 '**스트립(Strip)**'이라고 부릅니다. 스트립은 [G] 등으로 움직여서 프레임 내부에서 어느 부분부터 재생할지 편집할 수 있습니다. [N]을 누르면 3D 뷰포트와 마찬가지로 사이드바가 표시되며, [Strip] 탭의 [Sound] 패널에 있는 [Display Waveform]에 체크하면 스트립 내부에 음성 파형을 표시할 수 있습니다. 이를 통해 어떤 프레임에서 소리가 나는지 시각적으로 확인하면서 편집할 수 있습니다.

[Space]를 눌러서 애니메이션을 재생하면 여기에 배치한 음성도 재생됩니다(음성 파일은 예제 파일 내부에 들어 있으니 활용해 주세요).

와인잔 렌더링

이번에는 와인잔을 사용해 렌더링과 관련된 내용을 살펴보겠습니다. 다만 이번에는 배경 전용으로 사용할 특수한 이미지가 필요하므로 이를 구하는 방법부터 설명하겠습니다.

▶ 와인잔에 배경 만들기

3D 공간에 배경을 설정하려면 360도 모든 방향을 찍은 이미지가 필요합니다. 따라서 일반적인 사진기로 촬영한 일반적인 이미지로는 부족합니다. 일반적으로 3D 소프트웨어에서는 '**등장방형도법**(Equidistant Cylindrical Projection)'이라는 맵핑 방법으로 360도 풍경을 평면 이미지로 변환한 이미지를 활용합니다. 블렌더도 이를 사용합니다.

◀ 배경 이미지 구하기

스마트폰 등으로도 360도 촬영한 이미지를 만들 수 있습니다. 그래도 더 좋은 화질로 촬영한 이미지를 내려받을 수 있는 사이트를 소개하겠습니다. 바로 등장방형도법 이미지를 CC0 라이선스※로 공개하고 있는 'PolyHeaven(https://polyhaven.com/hdris)'이라는 사이트입니다. 여기에서 어떤 이미지를 선택해서 사용해도 상관없습니다.

　　※제삼자가 저작권에 의해 어떠한 제한도 받지 않는 라이선스입니다. 따라서 자유롭게 자신의 작품에 활용해도 괜찮습니다.

① 이 사이트에서는 다운로드 할 때 이미지의 크기와 형식을 선택할 수 있습니다**①**.

　사용하는 환경의 성능이 좋지 않다면 4K 이하의 사이즈를 선택해 주세요. 형식은 [HDR], [EXR] 중 아무것이나 사용해도 상관없습니다.

①사용하고 싶은 이미지를 선택하고 4K 이하의 크기로 다운로드합니다.

URL PolyHaven (https://polyhaven.com/hdris)

배경 이미지 설정하기

① 와인잔 파일을 열고, 프로퍼티 영역의 지구본 아이콘 ■([World Properties])에서 [Surface] 패널 내부의 [Color] 왼쪽에 있는
노란색 원 아이콘 ●을 클릭합니다. 이어서 [Environment Texture]를 선택합니다❶.

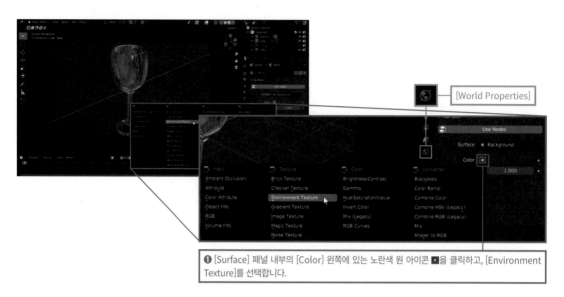

❶ [Surface] 패널 내부의 [Color] 왼쪽에 있는 노란색 원 아이콘 ●을 클릭하고, [Environment
Texture]를 선택합니다.

② 이렇게 했을 때 나타나는 [Open] 버튼으로 파일 브라우저를 열고, 이전에 다운로드한 등장방형도법 이미지를 읽어 들입니다❶.

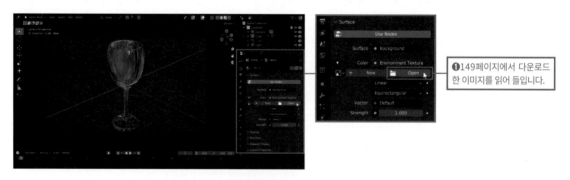

❶149페이지에서 다운로드
한 이미지를 읽어 들입니다.

③ 3D 뷰포트 헤더의 가장 오른쪽에 있는 구체 아이콘 ●를 클릭하면(또는 [Z]를 누른 뒤 [Rendered]) 방금 읽어 들인 배경이 배
치된 상태로 3D 공간을 확인할 수 있습니다. 이는 렌더링 결과와 같은 상태입니다❶.

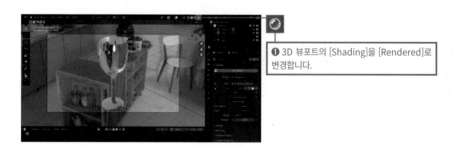

❶ 3D 뷰포트의 [Shading]을 [Rendered]로
변경합니다.

EEVEE 렌더링에서 자주 사용하는 기능

이외에도 EEVEE 렌더링에서 자주 사용하는 몇 가지 기능을 소개하겠습니다.

● 블룸 (Bloom)

[Render Properties] 탭 📷의 [Bloom]에 체크하고, 해당 패널 내부의 파라미터를 조정하면 화면 내부에서 지정한 명도보다 높은 명도를 가진 픽셀 주변에 빛이 추가되어 글로우 효과가 만들어집니다. 눈 부신 빛을 표현하고 싶을 때 유용하게 활용할 수 있습니다.

블룸(Bloom), 밝게 빛나는 눈 부신 빛을 표현합니다.

● 앰비언트 어클루전 (Ambient Occlusion)

이외에도 자주 사용하는 기능으로 **앰비언트 어클루전**이 있습니다. 이는 와인잔처럼 투명한 모델에는 적합하지 않으므로 따로 준비한 모델을 사용해 설명하겠습니다.

[Render Properties] 탭 📷의 [Ambient Occlusion]에 체크하고, 해당 패널 내부의 파라미터를 조정하면 모델의 '차폐(구석진 부분)'를 판정하고, 차폐된 공간이 어두워지는 효과를 실시간으로 추가해 줍니다. 이것만으로도 현실감이 크게 향상되므로 현실감 있는 렌더링을 목표로 할 때는 반드시 활용하는 효과입니다.

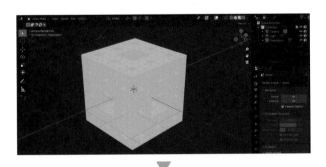

앰비언트 어클루전(AO)에 체크하면 차폐를 판정하고 효과를 추가합니다.

5-3

체스 세트 렌더링하기

샘플 내려받기_samplefile/Chapter5/5-3

체스 세트를 렌더링해 봅시다. 이번에는 와인잔을 렌더링할 때 사용했던 EEVEE가 아니라 Cycles를 사용해 보겠습니다. 일부 설정 항목이 조금 다릅니다.

▶ Cycles 렌더링 엔진의 특징

Cycles는 EEVEE와 비교해서 설정해야 하는 항목이 적습니다. Cycles의 가장 큰 특징은 디노이즈(denoise)의 존재입니다. Cycles는 '현실의 물리 상수들을 충실하게 재현해서 사용자가 별도의 설정을 하지 않아도 고도의 실시간 렌더링 결과를 얻을 수 있게 하자'는 설계 사상을 기반으로 만들어진 렌더링 엔진이라고 할 수 있습니다. 이는 광원에서 방출되는 광자가 렌더링 대상 오브젝트의 표면에서 반사되어 카메라로 향하는 길을 시뮬레이션해서 이미지를 만들어 냅니다. 렌더링 설정에서 **샘플 수**는 그 빛이 지나가는 길의 수라고 생각하면 됩니다.

● 디노이즈

이와 같은 형태로 렌더링하므로 Cycles는 EEVEE와 다르게 렌더링 결과에 입자 형태의 노이즈가 발생합니다. 그래서 Cycles로 렌더링할 때는 [Render Properties] 탭💻의 [Render] 패널 내부에 있는 [Max Samples]가 중요한 파라미터가 됩니다. 이 값이 클수록 노이즈가 적어지고 디테일이 정확해지지만, 반대로 계산 부하가 크게 오릅니다. 성능이 어중간한 컴퓨터로는 복잡한 씬을 렌더링하는 것이 불가능할 정도이므로 이에 대한 대책으로 **디노이즈(Denoise)**라는 기능을 함께 제공합니다.

디노이즈

광자 주사(빛 입자의 경로를 시뮬레이션하는 것)로 대상의 형태를 정확하게 잡는 샘플링과 다르게 **디노이즈**는 렌더링된 2차원 이미지 결과에 있는 노이즈를 줄이기만 합니다. 따라서 실제 디테일은 부정확할 수 있습니다. 일단 저부하 설정으로 렌더링해 보고, 렌더링 시간이 어느 정도 걸렸는지 확인해 보세요. 그리고 결과의 디테일과 렌더링 시간을 고려해서 [Max Samples]와 [Denoise]를 적당하게 설정해서 사용하기 바랍니다.

● [Device] 설정

만약 컴퓨터에 강력한 그래픽 카드가 탑재되어 있다면 [Render] 탭💻의 [Device] 풀다운 메뉴에서 [GPU Compute]를 선택해 렌더링할 경우 렌더링 속도가 대폭 향상됩니다. 그럼 와인잔과 같은 방법으로 배경 이미지를 설정하고, 렌더링 해 봅시다.

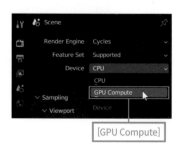

[GPU Compute]

의사적으로 빛을 재현하는 EEVEE와 다르게 Cycles는 '좁은 위치일수록 빛이 도달하기 어려우므로 어두워진다'는 현실적인 빛의 특징을 그대로 재현합니다. 따라서 Cycles는 앰비언트 오클루전을 따로 설정할 필요가 없어서 관련 항목이 없습니다.

완성

최대한 많은 종류의 머티리얼 설정을 보여드리고자 금과 유리처럼 체스 세트에 사용되지 않을 것 같은 텍스처를 활용해서 조금은 체스 세트 같지 않은 느낌이 있습니다.

조금 더 체스 세트답게 머리티얼을 설정한다면 다음과 같이 구성해 볼 수 있습니다. 이를 구현하려면 나무 재질을 위해 머티리얼과 관련된 조금 더 어려운 기능을 활용해야 합니다. 이는 다음 장에서 설명하겠습니다.

5-4 라이팅

이번 절에서는 블렌더의 라이팅에 관해 설명합니다.

▶ 라이트 오브젝트

처음 만들었던 물범 캐릭터는 라이트에 의해서 생기는 그림자를 텍스처 위에 직접 그려보았습니다. 두 번째 와인잔과 세 번째 체스 세트는 배경에 이미지를 배치하는 방법으로 만들었으므로 배경의 명암이 라이트를 대신했습니다. 그래서 라이트를 따로 만들 필요가 없었던 것입니다. 하지만 예를 들어 애니메이션 느낌의 렌더링을 목표로 하는 경우, 배경 이미지를 사용하지 않고 3D만으로 렌더링하고 싶은 경우 등에는 라이트를 따로 만들어서 사용해야 합니다. 블렌더를 처음 실행했을 때 카메라 오브젝트와 함께 공중에 떠 있는 '이중선으로 감싸진 원 오브젝트'가 바로 **라이트 오브젝트**입니다. 책에서는 라이트와 관련된 설정을 확실하게 볼 수 있게 멩거 스펀지를 배치하고, 여기에 라이트를 주어 설명합니다. 직접 테스트해 볼 때는 다른 오브젝트로 테스트해 봐도 괜찮습니다.

라이트 오브젝트

◑ 라이트 오브젝트 설정하기

① **라이트 오브젝트**는 [Shift] + [A]의 [Light]에서 추가할 수 있습니다❶.
라이트 오브젝트는 여러 개 배치할 수도 있습니다.

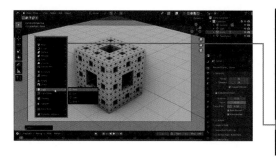

라이트 오브젝트의 종류(자세한 내용은 155페이지 참고)

❶[Shift] + [A]의 [Add] 메뉴에서 라이트 오브젝트를 추가합니다.

❷ 배경에 아무 이미지를 적용하지 않은 상태에서 3D 뷰포트 헤더의 가장 오른쪽에 있는 구체 아이콘◎([Rendered])으로 전환하면 라이트의 효과를 확인할 수 있습니다❶.

아래에 바닥을 배치해 두면 오브젝트에서 떨어지는 그림자도 확인할 수 있으므로 추가해 보겠습니다❷.

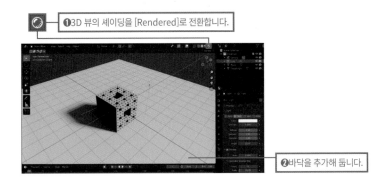

❶3D 뷰의 셰이딩을 [Rendered]로 전환합니다.

❷바닥을 추가해 둡니다.

라이트의 종류

라이트는 **포인트(Point)**, **썬(Sun)**, **스팟(Spot)**, **영역(Area)**으로 4가지 종류가 있습니다. 이는 라이트를 추가할 때도 선택할 수 있고, 추가 후에도 변경할 수 있습니다. 추가 후에 변경하고 싶다면 라이트 오브젝트를 선택하고, [Properties] 영역의 전구 아이콘◎ 탭([Object Data Properties])에서 [Light] 패널에 있는 버튼을 누르면 됩니다. 각 종류를 정리해 보면 다음과 같습니다.

▪ 포인트

한 점에서 모든 방향으로 방출하는 광원입니다.

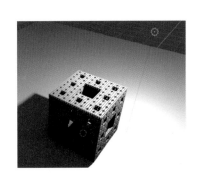

라이트의 종류를 변경합니다.

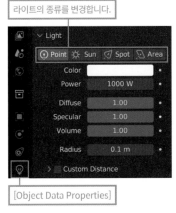

[Object Data Properties]

포인트는 [Cube Size]의 영향을 받습니다.

[Soft Shadows]에 체크를 해제하면 선명한 그림자가 만들어집니다.

- **썬**

  씬 전체에 평행하게 빛을 방출하는 태양을 시뮬레이션하는 광원입니다.

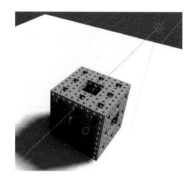  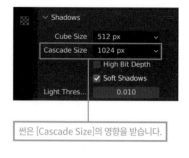

썬은 [Cascade Size]의 영향을 받습니다.

- **스팟**

  한 점에서 원뿔 형태로 빛을 방출하는 광원입니다.

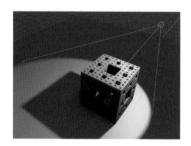  

스팟은 [Cube Size]의 영향을 받습니다.

- **에리어**

  면적을 가진 광원에서 방출되는 빛을 시뮬레이션하는 광원입니다.

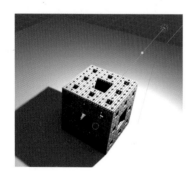  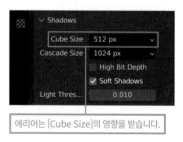

에리어는 [Cube Size]의 영향을 받습니다.

[Properties] 영역의 [Render Properties] 탭■에 있는 [Shadows] 패널에서 각 라이트로 만들어지는 그림자의 해상도를 설정할 수 있습니다. [Cube Size]는 **포인트, 스팟, 영역**에 영향을 주고, [Cascade Size]는 **썬**에 영향을 줍니다. [Soft Shadows]의 체크를 해제하면 흐림 효과가 적용되지 않은 선명한 그림자가 만들어집니다.

Chapter
06

▼

[실습] 캐릭터 만들기

지금까지는 블렌더를 처음 공부하는 초보자가 블렌더의 기능들을 공부하면서 중간에 좌절하지 않게 하려고 어려운 부분을 제외하고 설명했습니다. 이번 장부터는 지금까지 생략했던 내용들과 함께 여러 테크닉을 함께 설명하면서 인간 형태의 캐릭터를 만들어 보겠습니다.

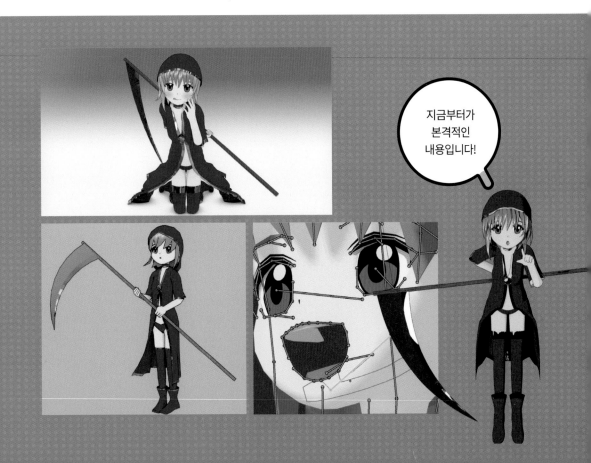

지금부터가
본격적인
내용입니다!

블렌더 화면 구성하기

지금까지는 예제를 만들어 보면서 블렌더의 영역 구성 변경 등을 간단하게 사용해 봤습니다. 이번 장에서는 영역을 직접 구성하는 방법을 알아보겠습니다. 이를 잘 활용하면 작업할 때 필요한 기능을 훨씬 쉽게 사용할 수 있을 것입니다.

▶ 자유롭게 화면 구성하기

3D 뷰포트와 타임라인 경계에 마우스 커서를 놓고 위아래로 드래그하면 영역의 크기를 변경할 수 있습니다. 이는 4장 애니메이션 부분(120페이지)에서도 간단하게 언급했었습니다. 이번 절에서는 이와 관련된 내용을 조금 더 자세하게 살펴보겠습니다.

영역 크기 변경하기

블렌더는 3D 뷰포트와 타임라인뿐만 아니라 모든 영역과 영역 사이에 마우스를 놓고 드래그해서 크기를 변경할 수 있습니다.

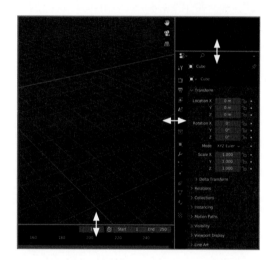

마우스 오른쪽 버튼 클릭으로 영역 분할하기

또한 이러한 영역 경계에 마우스 커서를 놓고 마우스 오른쪽 버튼을 클릭하면 [Area Options] 메뉴가 열리는데 여기에서 [Vertical Split] 또는 [Horizontal Split]을 선택하면 분할선이 표시됩니다. 이 상태에서 마우스를 움직이고 클릭하면 원하는 형태로 영역을 분할할 수 있습니다. 예를 들어 3D 뷰포트 안쪽에 분할선을 넣으면 3D 뷰포트가 2개로 분할됩니다.

① 영역을 수직 방향으로 분할합니다**❶**.

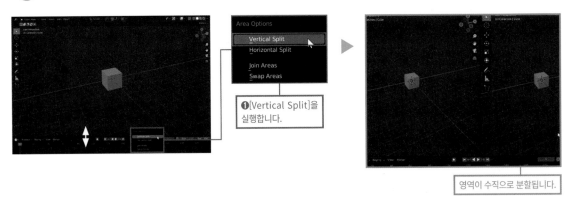

❶[Vertical Split]을
실행합니다.

영역이 수직으로 분할됩니다.

② 영역을 수평 방향으로 분할합니다**❶**.

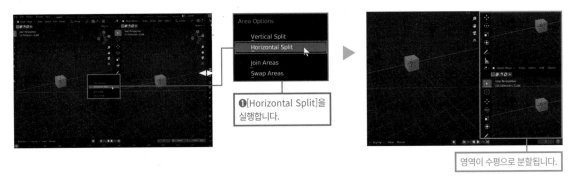

❶[Horizontal Split]을
실행합니다.

영역이 수평으로 분할됩니다.

◀ 드래그해서 영역 분할하기

모든 영역의 네 꼭짓점 부분은 마우스 커서를 올렸을 때 마우스 커서가 십자 형태로 변화합니다. 이러한 십자 형태에서 수직 또
는 수평 방향으로 마우스를 드래그하면 해당 방향으로 영역을 분할할 수 있습니다.

① 예를 들어 3D 뷰포트 네 꼭짓점 부분에 마우스를 클릭하고, 3D 뷰포트 안쪽으로 가로 방향으로 마우스를 드래그하면 수직 분
할선이 생깁니다. 또한 세로 방향으로 이동하면 수평 분할선이 생깁니다**❶**.

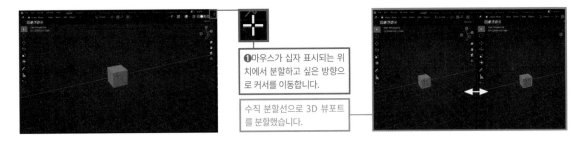

❶마우스가 십자 표시되는 위
치에서 분할하고 싶은 방향으
로 커서를 이동합니다.

수직 분할선으로 3D 뷰포트
를 분할했습니다.

◖ 영역 결합

분할한 영역을 다시 원래대로 되돌리는 방법은 다음과 같습니다.

① 마우스 커서가 십자 모양이 됐을 때 영역 바깥쪽으로 드래그합니다. 또는 레이어 사이의 경계를 마우스 오른쪽 버튼으로 클릭하고, [Join Areas]를 선택한 뒤 결합하고자 하는 방향으로 마우스 커서를 이동하고 마우스 왼쪽 버튼 클릭으로 결정하면 됩니다 **①**[19].

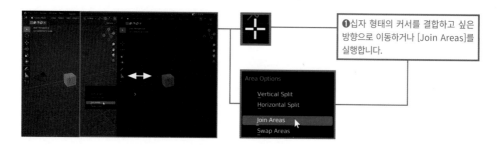

❶십자 형태의 커서를 결합하고 싶은 방향으로 이동하거나 [Join Areas]를 실행합니다.

> **포인트**
> 영역 결합은 분할된 영역 경계에서 왼쪽, 오른쪽 또는 위, 아래로 이뤄집니다. 만약 영역 수가 일치하지 않으면 영역이 결합되지 않고 영역의 배치만 바뀝니다.

◖ 영역을 다른 창으로 분리하기

이어서 영역을 다른 창으로 분리하는 방법을 설명하겠습니다.

① 커서가 십자 형태가 됐을 때 [Shift]를 누르면서 마우스 왼쪽 버튼으로 드래그하면 해당 영역을 복제해서 다른 창으로 분리할 수 있습니다**①**.

> **포인트**
> 이 기능은 모니터를 여러 대 사용해서 작업하는 경우, 또는 다른 소프트웨어를 함께 활용해서 작업하는 경우에 유용하게 활용할 수 있습니다. 이처럼 블렌더 화면 구성은 굉장히 유연해서 자신에게 맞는 형태로 자유롭게 변경할 수 있습니다.

❶십자 형태의 커서를 [Shift] + 마우스 왼쪽 버튼으로 드래그합니다.

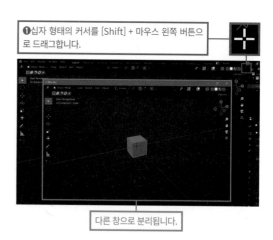

다른 창으로 분리됩니다.

---

19 역주: 실제로 복잡한 영역 구성에서 마우스 커서를 드래그해서 결합하려 하면 반대로 분할되는 경우가 꽤 많습니다. 잘 안될 때는 마우스 오른쪽 버튼 클릭을 잘 활용해 주세요.

● 에디터 타입

각 영역의 가장 왼쪽 위(헤더 가장 왼쪽)에는 해당 영역이 어떤 작업을 위한 에디터인지 표시하는 아이콘([Editor Type])  이
있습니다. 이 아이콘을 클릭하면 풀 다운 메뉴가 표시되며, 해당 영역의 에디터 종류를 변경할 수 있습니다.

[Editor Type]

● 영역의 종류

영역의 카테고리로는 [General], [Animation], [Scripting], [Data]가 있습니다. 지금까지 사용해 봤던 영역으로는 [3D
Viewport], [Image Editor], [UV Editor], [Compositor], [Geometry Editor], [Shader Editor], [Dope Sheet], [Timeline],
[Outliner], [Properties], [File Browser]가 있습니다.

● 영역 배치

다음은 무리해서 블렌더의 모든 에디터 종류를 표시한 예입니다. 블렌더는 사용자 인터페이스를 자유롭게 수정할 수 있으므로
이렇게 구성할 수도 있습니다. 하지만 이렇게까지 하면 보기 힘들므로 그때그때 필요한 에디터만 표시해 두는 것이 좋습니다.
여러 영역 배치를 생각해 보면서 직접 구성해서 사용해 보기 바랍니다.

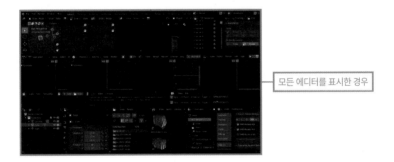

모든 에디터를 표시한 경우

포인트
지금부터는 특별한 언급 없이 영역 배치를 변경해서 설명할 수도 있습니다. 자신의 화면과 완전히 일치하지 않을 수 있다는
것에 주의해 주세요.

● 4- 분할 표시

3D 뷰포트는 조금 특수하게 에디터에서 [Ctrl] + [Alt] + [Q]를 눌러 4–분할 화면으로 변경할 수 있습니다. 기본적으로 왼쪽 위가 위쪽 시점, 왼쪽 아래가 정면 시점, 오른쪽 아래가 오른쪽 시점, 오른쪽 위가 자유 시점으로 구성돼 있습니다. 다시 한번 [Ctrl] + [Alt] + [Q]를 누르면 원래 상태로 돌아갑니다. 모델을 모든 시점에서 동시에 확인하면서 작업할 수 있으므로 어려운 형태를 만들 때 활용해 보기 바랍니다.

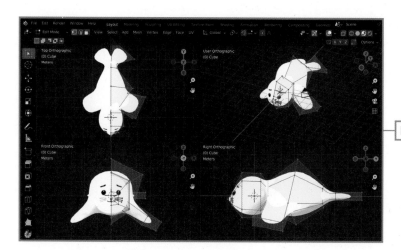

[Ctrl] + [Alt] + [Q]로 4-분할한 뷰포트

6-2

머리 모델링

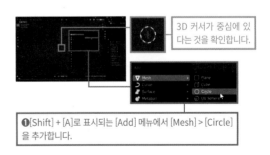

샘플 내려받기 _samplefile/Chapter6/6-2

지금까지 배운 내용들을 응용해서 인물 캐릭터를 만들어 보겠습니다. 과정을 진행하면서 지금까지의 장에서 설명했던 부분들은 자세한 설명을 생략하도록 하겠습니다. 너무 복잡한 작업이 들어가지 않게 간단한 디자인으로 구성해 보았습니다.

▶ 캐릭터 머리 만들기

위의 캐릭터를 만드는 예를 소개하겠습니다. 물론 직접 자신의 오리지널 디자인을 생각해서 만들어도 괜찮습니다(예를 들어 색상만 자신이 원하는 것으로 변경하는 등). 단순한 형태이므로 얼마든지 직접 확장해서 만들 수 있을 것입니다. 어느 정도 자신이 있다면 도전하면서 만들어 보세요. 자신이 없다면 최대한 이 책의 과정을 충실하게 따라 만들어 보세요. 그럼 일단 머리 부분부터 만들어 보겠습니다. 머리 부분을 잘 만들 수 있다면 이후 과정도 문제없이 만들 수 있을 것입니다.

☾ 큰 윤곽 만들기

① [Orthographic]과 [Front] 시점으로 설정합니다(숫자 패드 [5], [1]). 이어서 3D 커서가 중앙에 있다는 것을 확인하고([Shift] + [C]), [Shift] + [A]로 [Mesh] 〉 [Circle]을 추가합니다❶.

3D 커서가 중심에 있다는 것을 확인합니다.

❶[Shift] + [A]로 표시되는 [Add] 메뉴에서 [Mesh] 〉 [Circle]을 추가합니다.

② 추가 직후 왼쪽 아래의 플로팅 윈도우에서 [Align]을 [View]로 설정하면 원이 현재 설정된 시점(정면 뷰)을 바라보는 각도로 변합니다①.

추가로 [Verticies]의 값을 작게 설정해서 원을 구성하는 버텍스의 수를 변경합니다. 이 값은 좌우대칭을 유지할 수 있게 **짝수**로 설정해 주세요②.

포인트

[Verticies]는 짝수로 설정하기만 하면 됩니다. 이후 모델링을 편하게 하려면 원이라는 형태를 어느 정도 확인할 수 있는 범위에서 최대한 작은 값을 지정하는 것이 좋습니다.

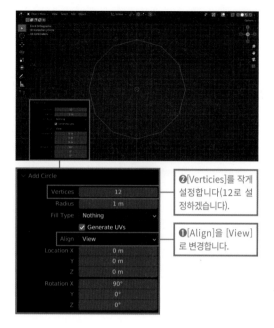

②[Verticies]를 작게 설정합니다(12로 설정하겠습니다).

①[Align]을 [View]로 변경합니다.

③ 정면 시점 그대로 [S] → [X]를 눌러서 폭을 좁게 만들어 세로로 긴 타원이 되게 만듭니다. 얼굴처럼 계란 형태로 만든 것입니다. 이어서 숫자 패드 [3]으로 오른쪽 시점으로 변경하고, 가장 위에 있는 버텍스를 선택한 뒤 [E]로 −Y축 방향으로 에지를 추가합니다②.

일단 전체적인 형태를 간단하게 만들면 됩니다. 옆얼굴의 윤곽이 만들어질 수 있게 [E]로 계속 돌출해서 모양을 만듭니다③.

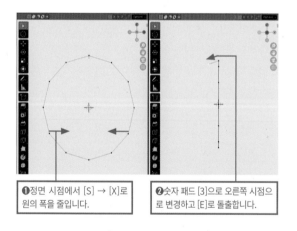

①정면 시점에서 [S] → [X]로 원의 폭을 줄입니다.

②숫자 패드 [3]으로 오른쪽 시점으로 변경하고 [E]로 돌출합니다.

③[E]로 돌출을 반복해서 얼굴의 전체적인 윤곽을 만듭니다.

※위의 이미지는 버텍스의 위치를 쉽게 볼 수 있게 배경을 흰색으로 설정하고 스크린샷을 찍었습니다.

④ 가장 아래 버텍스까지 도착했다면 가장 아래의 버텍스와 [F] 또는 [M]으로 연결합니다①.

마찬가지로 이번에는 가장 위의 버텍스를 반대쪽(+Y 방향)으로 돌출해서 뒤통수 윤곽을 만듭니다. 최대한 동그란 모양이 되게 만들어 주세요②.

※위의 이미지는 버텍스의 위치를 쉽게 볼 수 있게 배경을 흰색으로 설정하고 스크린샷을 찍었습니다.

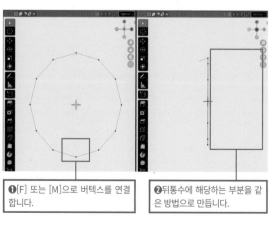

①[F] 또는 [M]으로 버텍스를 연결합니다.

②뒤통수에 해당하는 부분을 같은 방법으로 만듭니다.

참고로 배경의 색을 변경하고 싶다면 3D 뷰포트 헤더 가장 오른쪽에 있는 ✅ 버튼을 클릭하고 [Background]를 [Viewport]로 변경한 뒤 그 아래에 있는 박스로 색을 선택합니다. 원래대로 돌리고 싶을 때는 [Theme]을 선택합니다.

[Background]를 [Viewport]로 변경한 뒤 컬러 박스로 색을 선택합니다.

[Background]를 원래대로 돌리고 싶다면 [Theme]을 선택합니다.

페이스 채우기

이제 윤곽에 페이스를 채우겠습니다.

1 뒷머리 에지와 오른쪽 에지를 가장 위의 버텍스와 가장 아래 버텍스를 제외하고 모두 선택합니다❶.

이 상태에서 [Ctrl] + [E]에서 [Bridge Edge Loops]를 실행하면 두 에지 사이가 자동으로 페이스로 채워집니다.

❶뒤통수에 해당하는 에지와 오른쪽 윤곽 에지를 모두 선택합니다. 이때 가장 위와 가장 아래 버텍스는 제외해야 합니다.

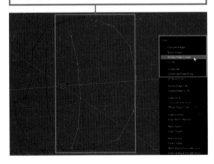

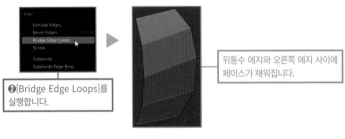

❷[Bridge Edge Loops]를 실행합니다.

뒤통수 에지와 오른쪽 에지 사이에 페이스가 채워집니다.

참고로 이때 두 에지의 버텍스 수가 일치하지 않아도 연결됩니다. 다만 어떤 페이스는 예쁘게 채워지지만, 어떤 페이스에는 비스듬한 에지가 추가될 수도 있습니다.

② 이어서 [Edge Selection Mode]로 변경하고, 브리지로 연결된
수평인 에지를 모두 선택합니다❶.

그리고 마우스 오른쪽 버튼으로 클릭하고 [Subdivide]를 실행
합니다❷.

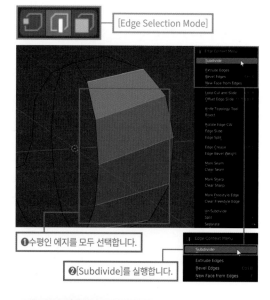

[Edge Selection Mode]

❶수평인 에지를 모두 선택합니다.

❷[Subdivide]를 실행합니다.

③ 그리고 왼쪽 아래에 있는 플로팅 윈도우에서 [Number of Cuts]
를 '2'로 지정합니다❶.

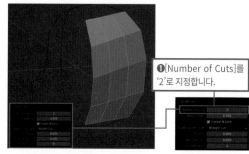

❶[Number of Cuts]를
'2'로 지정합니다.

◖ 정면 쪽에도 페이스 채우기

마찬가지로 오른쪽 윤곽선과 정면 윤곽선(코가 있는 쪽)에도 페이스를 채우겠습니다. 이쪽은 코가 있어서 형태가 조금 복잡합니
다. 따라서 조금 전처럼 단순하게 [Bridge Edge Loops]하지 않고, 페이스를 하나하나 만들어야 합니다.

① 오른쪽 윤곽선 가장 위에 있는 버텍스 2개와 정면 윤곽선의 버
텍스 2개를 선택합니다❶.

그리고 [F]를 눌러서 페이스를 채웁니다❷.

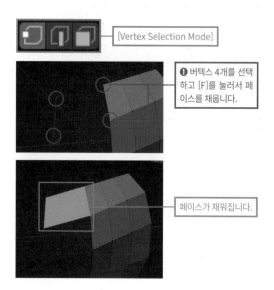

[Vertex Selection Mode]

❶ 버텍스 4개를 선택
하고 [F]를 눌러서 페
이스를 채웁니다.

페이스가 채워집니다.

② 최대한 사각형 페이스가 되게 구성하는 것이 좋으므로 신경 써서 버텍스 4개를 선택하고 페이스를 채웁니다❶.

같은 방법으로 윤곽선 아래쪽까지 페이스를 채웁니다. 코 주변 페이스를 제외하고, 일단 다른 부분을 사각형으로 채웁니다.

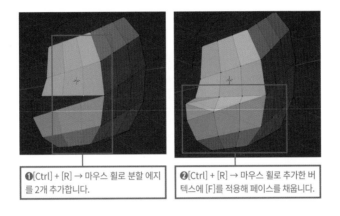

❶버텍스 4개를 선택하고 페이스를 채웁니다.

다음 과정에서 만들겠습니다.

③ 페이스가 사각형으로만 구성되어 띠 형태를 이루면 [Ctrl] + [R]로 루프컷할 수 있습니다. 이를 활용해서 뒤통수와 마찬가지로 세로로 분할 에지를 2개 추가합니다❶.

[F]로 빈 부분의 페이스를 하나씩 채웁니다❷.

❶[Ctrl] + [R] → 마우스 휠로 분할 에지를 2개 추가합니다.

❷[Ctrl] + [R] → 마우스 휠로 추가한 버텍스에 [F]를 적용해 페이스를 채웁니다.

윤곽을 좌우대칭 하기

지금부터는 2장의 32페이지에서 설명했던 [Mirror] 모디파이어를 사용해서 윤곽을 좌우대칭으로 만들겠습니다.

① 물범 모델 때와 마찬가지로 왼쪽 절반 부분의 버텍스를 제거합니다❶.

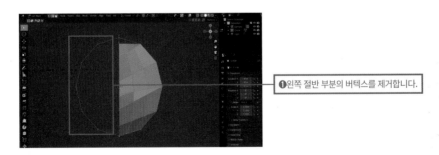

❶왼쪽 절반 부분의 버텍스를 제거합니다.

② 그리고 [Object Mode]로 변경하고 [Mirror] 모디파이어를 설정합니다①.

①[Modifier Properties] 탭에서 [Mirror] 모디파이어를 추가합니다.

머리 위와 아래의 구멍 채우기

아직 머리 위와 아래에 빈 구멍이 있으므로 이 부분도 [F]를 사용해서 페이스를 채우겠습니다.

① 머리 위 부분과 아랫부분을 사각형으로 채워야 합니다. 만약 버텍스 개수가 맞지 않는다면 이웃한 에지를 선택한 뒤 마우스 오른쪽 버튼으로 클릭하고 [Subdivide]를 실행해서 버텍스 개수를 맞춰주세요①.

▶ 머리 위 부분   ▶ 머리 아랫부분

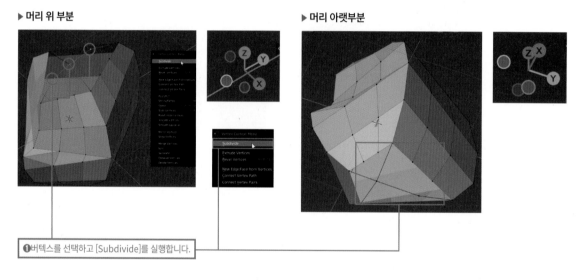

①버텍스를 선택하고 [Subdivide]를 실행합니다.

② 이렇게 머리 위 부분, 아랫부분에 [F]로 페이스를 채워서 구멍을 메웁니다①.

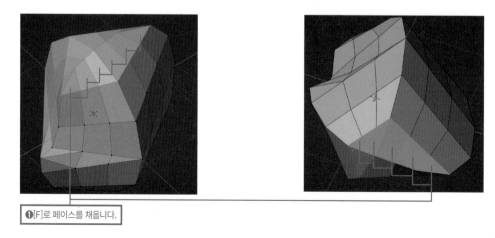

①[F]로 페이스를 채웁니다.

🌙 머리 부분 메시 조정하기

이제 머리를 구성하는 메시가 어느 정도 만들어졌습니다. 하지만 입체감이 적으므로 버텍스를 움직여서 조정하겠습니다.

1 [G]로 버텍스를 이동해서 버텍스의 위치를 하나하나 조정합니다**①**.

숫자 패드 [7]로 위에서 보는 시점으로 전환했을 때 마름모 모양일 것입니다. 이를 최대한 타원 형태가 되게 조정해 주세요.

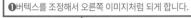
❶버텍스를 조정해서 오른쪽 이미지처럼 되게 합니다.

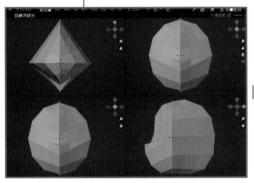
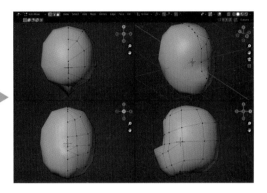

포인트

버텍스를 하나하나 조정해야 하므로 이 시점에서 버텍스의 수가 너무 많으면 조정하기 힘듭니다. 따라서 처음에는 버텍스 수를 적게 유지하면서 대략적인 형태를 잡은 뒤 세부적인 형태를 만들어 나가는 것이 좋습니다.

메모

구체를 구성하는 메시를 오른쪽 시점에서 관찰해 봅시다. 세로로 향하는 에지 중에서 중앙에 있는 것은 굴곡이 적지만, 양쪽 사이드에 있을수록 바깥쪽으로 굴곡이 많아지는 것을 알 수 있습니다. 또한 이웃한 에지의 간격이 점점 좁아지는 것도 볼 수 있습니다. 머리도 이와 같은 구체 형태이므로 이 규칙에 따라서 만들어야 합니다. 구체와 같은 형태를 만들려면 위에서 보는 시점으로도 확인해 보면서 만

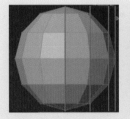
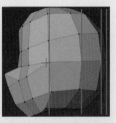

드는 것이 좋지만, 형태가 섞여 있어서 오른쪽 시점으로만 완성 형태를 상상하면서 버텍스 위치를 조정해야 하는 상황도 많습니다. 이럴 때는 방금 언급한 것처럼 구체의 에지 형태를 생각하면서 배치하면 구체를 둥글게 잘 만들 수 있습니다.

◖ 머리카락 만들기

그럼 머리카락 메시도 만들어 봅시다.

1 [Object Mode]로 돌아와서 [Shift] + [A]로 [Mesh] 〉 [UV Sphere]를 추가합니다❶.

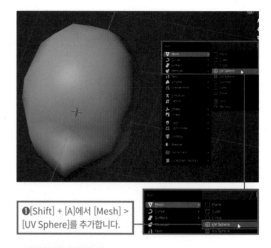

❶[Shift] + [A]에서 [Mesh] > [UV Sphere]를 추가합니다.

2 왼쪽 아래의 플로팅 윈도우에서 [Segments]를 '12' 정도(짝수로 설정해 주세요), [Rings]를 '9' 정도로 설정합니다❶.

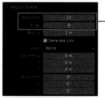

❶[Segments]를 '12'(짝수), [Rings]를 '9'로 설정합니다.

3 그리고 [Location]의 [X]와 [Y]를 드래그해서 머리 부분 위에 배치할 수 있게 위치를 조정합니다❶.

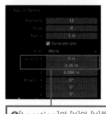

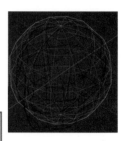

❶[Location]의 [X]와 [Y]를 조정해서 머리 부분 위에 배치합니다.

4 구체를 선택하고 [Edit Mode]로 전환한 뒤 얼굴 부분의 버텍스를 제거합니다❶.

그리고 [Edge Selection Mode]에서 머리카락 부분 에지를 [E]로 돌출해서 아래로 내려 페이스를 만든 뒤 [S]로 축소해서 끝을 얇게 만듭니다❷.

이 작업을 반복해서 앞 머리카락을 하나하나 만들어 전체적인 머리카락 형태를 만들어 나갑니다.

❶얼굴 부분의 버텍스를 제거합니다.

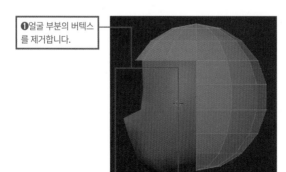

❷[E]로 돌출하고 [S]로 축소합니다.

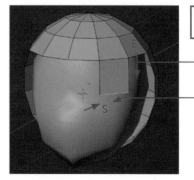

⑤ 추가적인 분할이 필요한 부분은 [Ctrl] + [R]로 루프컷합니다. 반대로 결합이 필요하다면 [M]으로 머지합니다❶.

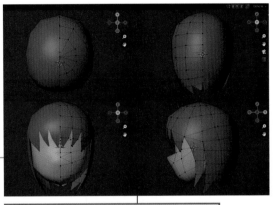

머티리얼로 머리카락 색, 피부색을 설정했습니다.

❶루프컷([Ctrl] + [R])과 머지([M])로 머리카락을 조정합니다.

루프컷으로 제대로 잘리지 않은 부분 수정하기

루프컷을 사용해서 페이스를 분할하고 싶어도 사각형의 페이스가 띠 형태로 연결돼 있지 않으면 루프컷을 사용할 수 없습니다. 이러한 때에 어떻게 대처해야 하는지 간단하게 설명하겠습니다.

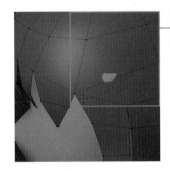

루프컷으로 제대로 분할되지 않는 부분

① 일단 연속해서 분할하고 싶은 에지를 [Edge Selection Mode]에서 모두 선택합니다.

이어서 마우스 오른쪽 버튼으로 클릭하고 [Subdivide]를 실행합니다. 선택했던 에지를 나누는 버텍스가 만들어지고, 이 버텍스끼리 연결됩니다❶.

[Edge Selection Mode]

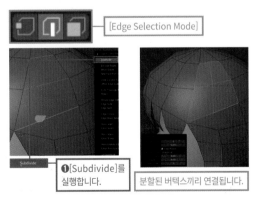

❶[Subdivide]를 실행합니다.

분할된 버텍스끼리 연결됩니다.

② 이때 왼쪽 아래에 있는 플로팅 윈도우에서 [Smoothness] 값을 올리면 표면이 부드럽게 연결됩니다❶.

추가로 두 버텍스를 선택한 상태에서 [J]를 누르면 페이스 위에 두 버텍스를 연결하는 에지가 생기며 연결됩니다❷.

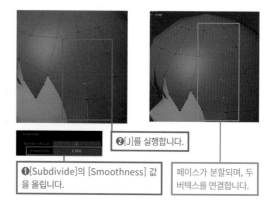

❷[J]를 실행합니다.

❶[Subdivide]의 [Smoothness] 값을 올립니다.

페이스가 분할되며, 두 버텍스를 연결합니다.

메모

　　두 페이스를 선택한 상태에서 [F]를 누르면 페이스가 결합하여 하나의 페이스가 됩니다. 이렇게 결합한 페이스를 다시 두 페이스로 분할하고 싶어서 두 버텍스를 선택한 상태에서 [F]를 누르는 경우가 많습니다. 그런데 이렇게 하면 페이스 위에 에지가 하나 올라갈 뿐이지 페이스가 둘로 나뉘지 않습니다. 외관적으로는 [J]로 페이스를 분할할 때와 비슷하게 보이지만, 완전히 다른 조작이므로 주의해 주세요.

[F]로 결합합니다.　　　　　　페이스 위에 에지가 만들어질 뿐입니다.

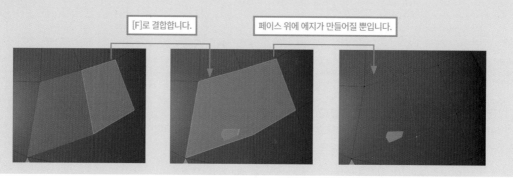

🌙 속눈썹 만들기

속눈썹을 만들겠습니다.

① 오브젝트 모드에서 [Shift] + [A]로 [Mesh] 〉 [Plane]을 추가합니다❶.

이어서 정면 시점에서 플로팅 윈도우의 [Align]을 [View]로 설정합니다❷.

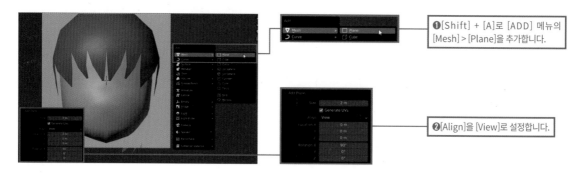

❶[Shift] + [A]로 [ADD] 메뉴의 [Mesh] > [Plane]을 추가합니다.

❷[Align]을 [View]로 설정합니다.

② 이 오브젝트도 [Mirror] 모디파이어를 추가하고, 머티리얼을 검
은색으로 설정해 둡니다①.

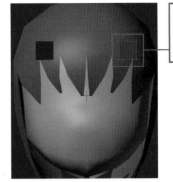

❶[Mirror] 모디파이
어를 추가하고, 머티리
얼을 검은색으로 설정
합니다.

③ [Edit Mode]에서 메시를 축소하고 속눈썹 위치로 이동한 뒤
[E]로 돌출하고 [S]로 크기를 변경하는 조작을 반복해서 속눈
썹 형태를 만들어 나갑니다①.

❶[S]와 [E]를 사용해
서 속눈썹을 만듭니다.

포인트

이때 머리카락이 속눈썹을 가려서 잘 안 보인다면 [Object Mode]로 돌아가서 머
리카락 오브젝트를 선택하고 [H]를 눌러 일시적으로 숨긴 뒤 작업해 주세요.

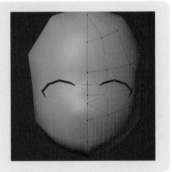

④ 속눈썹이 어느 정도 만들어졌다면 얼굴 오브젝트로 [Edit Mode]에 진입한 뒤 눈구멍에 해당하는 메시를 구성하고 [Delete]로
메시를 제거해서 구멍을 뚫습니다①.

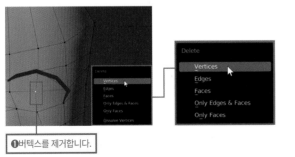

❶버텍스를 제거합니다.

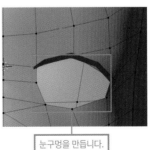

눈구멍을 만듭니다.

🌑 안구 만들기

아직 형태가 완전하지 않지만, 상관없이 계속해서 파츠를 만들어 나가겠습니다.

① [Object Mode]에서 안구가 있을 위치에 [Shift] + 마우스 오른쪽 버튼 클릭으로 3D 커서를 옮깁니다. 이어서 [Shift] + [A]로 [Mesh] 〉 [UV Sphere]를 추가합니다❶.

정면 시점으로 설정한 상태에서 플로팅 윈도우의 [Align]을 [View]로 설정합니다. 또한 [Segments]와 [Rings]도 낮은 해상도로 설정합니다. 그리고 [Radius]를 드래그해서 눈구멍에 안구가 잘 배치될 수 있게 크기를 조절합니다❷.

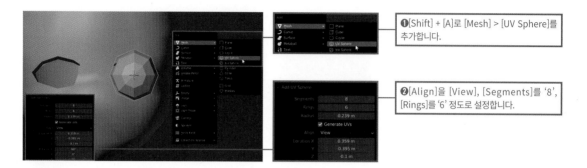

❶[Shift] + [A]로 [Mesh] > [UV Sphere]를 추가합니다.

❷[Align]을 [View], [Segments]를 '8', [Rings]를 '6' 정도로 설정합니다.

> **포인트**
>
> 해상도는 어떻게 설정해도 상관없지만, [UV Sphere]는 [Segments]를 '8', '16'처럼 '약수가 많은 짝수'로 설정해 두는 것이 좋습니다. 추가로 3D 커서 위치를 잘못 설정했다면 플로팅 윈도우의 [Location]을 조정해서 위치를 변경해 주세요.

② 오른쪽 시점에서 [Edit Mode]로 전환하고 안구 버텍스를 전체 선택한 뒤 [S] → [Y]로 얇게 찌그러뜨립니다❶.

> **포인트**
>
> 실제 안구는 이렇게 생기지 않았습니다. 하지만 캐주얼 캐릭터는 비정상적으로 큰 눈을 가지고 있으므로 실제 안구처럼 구체로 만들면 어딘가가 피부를 뚫고 나오는 문제가 생길 수 있습니다.

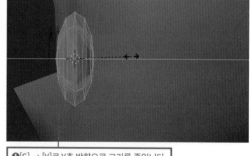

❶[S] → [Y]로 Y축 방향으로 크기를 줄입니다.

③ 안쪽 부분(뒷부분)의 안구는 어차피 보이지 않으므로 제거하고 바깥 부분(앞부분)의 안구만 남은 반 구체 형태로 만듭니다❶.

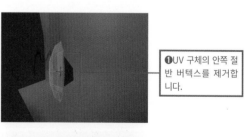

❶UV 구체의 안쪽 절반 버텍스를 제거합니다.

④ 위 시점에서 [R]로 구체가 살짝 바깥을 향하게 각도를 조정합니다❶.

마찬가지로 실제 안구에서는 있을 수 없는 각도이지만, 캐주얼 캐릭터이므로 설정하는 작업입니다.

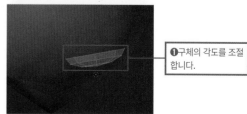

❶구체의 각도를 조정합니다.

⑤ 이어서 안구의 위치를 살짝 안으로 밀어 넣습니다. 현재 단계에서 눈구멍과 안구를 딱 맞출 필요는 없으므로 적당하다고 생각하는 위치에 배치해 주세요.

어느 정도 형태가 잡히면 [Object Mode]에서 [Shift] + [C]를 눌러 3D 커서를 중심 위치로 다시 돌려두고 안구 오브젝트를 선택한 상태에서 마우스 오른쪽 버튼을 클릭합니다. 메뉴가 표시되면 [Set Origin] 〉 [Origin to 3D Cursor]를 선택해서 안구의 원점을 'X=0' 위치로 이동시킵니다❶.

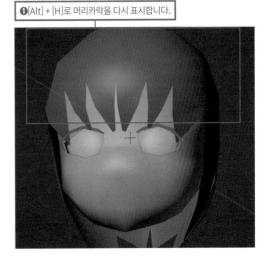

[Object Mode]

| Object Context Menu |
| Shade Smooth |
| Shade Auto Smooth |
| Shade Flat |
| Convert To |
| Set Origin |
| Copy Objects   Ctrl C |
| Paste Objects   Ctrl V |

Geometry to Origin
Origin to Geometry
Origin to 3D Cursor

❶ [Object Context Menu] 메뉴에서 [Set Origin] > [Origin to 3D Cursor]를 선택합니다.

⑥ 이어서 [Mirror] 모디파이어를 적용하면 오른쪽 눈도 자동으로 만들어집니다. 그럼 이제 [Alt] + [H]로 머리카락을 다시 표시합니다❶.

❶ [Alt] + [H]로 머리카락을 다시 표시합니다.

눈에 흰자위만 있어서 조금 섬뜩하므로 눈동자를 만들겠습니다. 모델링 파트, 텍스처 파트를 확실히 나눠서 진행하는 것이 과정적으로는 좋을 수도 있겠지만, 블렌더는 유연하게 여러 작업을 동시에 진행할 수 있으므로 이러한 유연함을 활용하겠습니다. 따라서 일단 눈동자 텍스처 작업을 진행합시다.

1 3D 뷰포트 영역을 2개로 분할하고, 한쪽 영역은 왼쪽 위의 풀다운 메뉴를 사용해 [UV Editor]로 변경합니다**❶**.

3D 뷰포트에서 안구를 선택하고, [Edit Mode]로 전환합니다. 이어서 안구 메시를 전부 선택하고, [U]로 표시되는 메뉴에서 [Unwrap]을 실행해 UV 전개합니다**❷**.

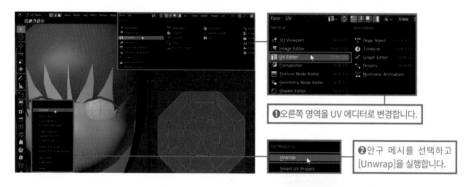

❶오른쪽 영역을 UV 에디터로 변경합니다.

❷안구 메시를 선택하고 [Unwrap]을 실행합니다.

2 UV 에디터 헤더의 [+ New]에서 [Color]를 흰색으로 설정하고 [OK]를 클릭해 흰색 텍스처 이미지를 만듭니다**❶**.

❶[+ New]에서 [Color]를 흰색으로 설정하고 [OK]를 클릭합니다.

3 따로 이름을 붙이지 않으면 'Untitled'라는 이름이 붙습니다. 일단 프로퍼티의 [Material Properties] 🔲 탭에서 안구에 적용하고 있는 머티리얼을 엽니다. 이어서 [Use Nodes]를 활성화하고 [Base Color]를 [Image Texture]로 설정합니다. 그리고 방금 설정한 'Untitled'를 텍스처로 선택합니다(자세한 과정이 기억나지 않는다면 92페이지를 참고해 주세요)**❶**.

3D 뷰포트의 모드 전환 풀 다운 메뉴에서 [Texture Paint]로 전환합니다**❷**.

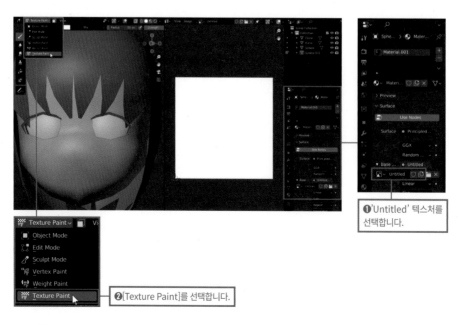

❶'Untitled' 텍스처를 선택합니다.

❷[Texture Paint]를 선택합니다.

눈동자 만들기②

UV의 방향을 수정하겠습니다.

① 브러시의 색을 검은색으로 설정하고 안구의 적당한 위치에 세로선을 그어주세요[20]. 즉시 UV 에디터의 이미지에도 반영되어 실제로 어떤 부분에 그려졌는지 확인할 수 있습니다. 대부분 UV 에디터에 세로로 곧게 선이 그려지지 않고 비스듬하게 그려질 것입니다**①**.

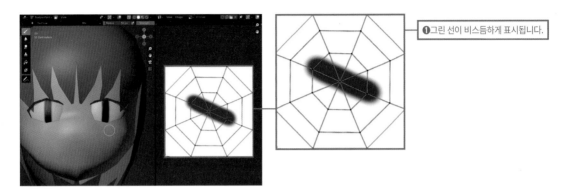

①그린 선이 비스듬하게 표시됩니다.

② 이는 UV 전개가 약간 비스듬하게 됐기 때문입니다. 이 기울기를 바로잡겠습니다. UV 에디터에서 [A]로 UV 버텍스를 모두 선택하고 [R]로 회전해서 수정합니다**①**.

이때 UV의 버텍스가 이미지 밖으로 벗어난다면 [S]로 축소해서 이미지 내부에 딱 들어가게 해주세요. 이제 다시 한번 3D 뷰포트에서 텍스처 페인트로 세로선을 그려보면 UV 에디터 쪽에도 세로로 선이 똑바르게 그려질 것입니다.

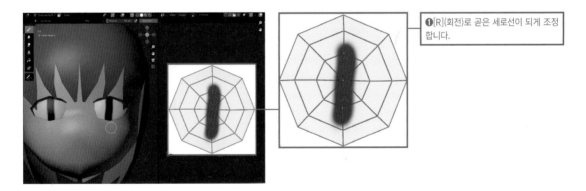

①[R](회전)로 곧은 세로선이 되게 조정합니다.

눈동자 만들기③

이번에도 3장에서 물범을 만들 때(99페이지)와 같은 방법으로 일단 간단하게 텍스처를 그려 넣겠습니다.

① 3D 뷰포트는 [Object Mode]로 돌려도 상관없습니다. 헤더 가장 오른쪽 끝에 있는 ☑ 버튼을 클릭하고 [Color]를 [Texture]로 설정해 텍스처가 표시되게 합니다. 이어서 UV 에디터가 있는 영역을 이미지 에디터로 변경하고 [Paint] 모드로 전환한 뒤 간단하게 눈을 그려 넣습니다**①**.

---

20 역주: T 모양으로 그리면 각도와 함께 위아래도 확인할 수 있으므로 편리합니다.

헤더에 있는 이미지 이름 오른쪽에 상자에 종이가 들어 있는 아이콘 이 있다면 이미지가 팩 되어 있다는 것입니다. 이 아이콘을 누르고 [Write file to current directory(overwrite existing file)]를 클릭합니다❷.

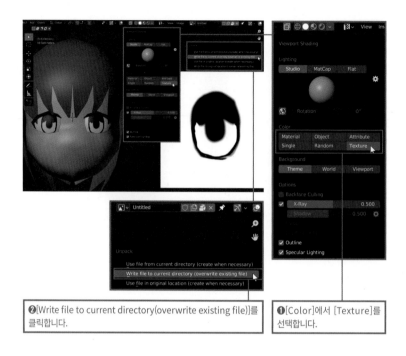

❷[Write file to current directory(overwrite existing file)]를 클릭합니다.

❶[Color]에서 [Texture]를 선택합니다.

포인트

[Write file to current directory(overwrite existing file)]를 클릭하면 블렌더 파일과 같은 디렉터리에 'textures'라는 폴더가 만들어지며, 이 내부에 이미지 파일이 들어갑니다. 팩 되어 있지 않다면 [Alt] + [S]로 원하는 폴더에 이미지를 저장할 수 있습니다.

❷ 이렇게 외부에 저장한 이미지 파일에 그려진 눈동자 이미지를 참고해서 다른 이미지 편집 소프트웨어에서 눈동자 이미지를 깔끔하게 그려둡니다❶.

그리고 UV 에디터 헤더의 텍스처 이미지 이름 오른쪽에 있는 폴더 아이콘을 클릭해서 따로 그린 눈동자 이미지 파일을 읽어 들입니다. 추가로 [Material Properties]의 이미지 텍스처도 방금 읽어 들인 이미지로 변경한 뒤 3D 뷰포트에서 잘 변경됐는지 확인해 주세요❷.

❶눈동자 이미지를 그리고 폴더 아이콘을 클릭해서 읽어 들입니다.

포인트

이번 예제의 경우 눈동자 하이라이트를 별도의 메시로 만들 예정이므로 눈동자를 그릴 때 하이라이트는 빼고 그려주세요.

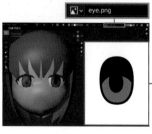

❷눈동자 텍스처를 변경하고 확인합니다.

◀ 눈 하이라이트 만들기

눈 하이라이트를 별도의 메시로 만들겠습니다.

① [Shift] + [A]로 표시되는 메뉴에서 [Mesh] 〉 [Circle]을 만듭니다. 이어서 정면 시점에서 [Align]을 [View]로 변경합니다. [Verticies]로 해상도를 조정한 뒤 눈동자 위에 하이라이트를 배치할 위치로 이동하고 크기를 변경합니다①.

❶[Circle] 메시를 추가하고 [Align]을 [View]로 설정합니다. 그리고 [Verticies], [Radius]를 조절하고, 위치와 크기를 조정합니다.

② 이번 예제에서는 단순한 원 형태를 사용하지만, 스타일에 따라서 다른 형태로 만들어 사용해도 괜찮습니다.

[Object Mode]로 돌아오고, 방금 만든 하이라이트를 [Alt] + [D]로 [Duplicate Linked]한 뒤 반대쪽 눈에도 배치합니다. 이렇게 [Duplicate Linked]하면 이후에 한쪽만 수정해도 반대쪽에 반영될 것입니다①.

❶[Duplicate Linked]로 반대쪽 하이라이트도 만듭니다.

◀ 입 만들기

입을 만들겠습니다.

머리 이외의 오브젝트는 작업할 때 방해가 되므로 일단 숨기겠습니다.

① 머리 오브젝트를 선택하고 [Shift] + [H]를 눌러서 선택하지 않은 오브젝트를 모두 숨깁니다①.

입 부분의 메시 밀도가 부족한 경우 [Ctrl] + [R]로 루프컷해서 메시 밀도를 올려둡니다②.

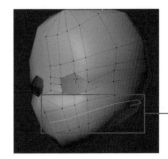

❶선택한 오브젝트 이외의 것을 [Shift] + [H]로 숨깁니다.

❷입 주변을 [Ctrl] + [R]로 루프컷합니다.

② '이 부분의 메시를 찢으면 입이 될 것 같다'라고 생각되는 버텍스를 선택하고 [V]를 눌러서 버텍스를 위아래로 찢어 입을 만듭니다①.

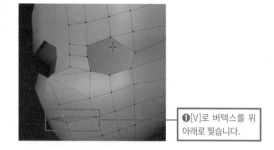

①[V]로 버텍스를 위아래로 찢습니다.

③ 입의 모양을 제대로 잡으려면 지금보다 메시를 더 세분화해야 합니다. 따라서 [Ctrl] + [R]로 루프컷해서 머리 전체의 메시 밀도를 조금씩 올려 나갑니다. 이때 버텍스를 하나하나 움직이면서 둥근 모양이 계속 유지되게 해주세요①.

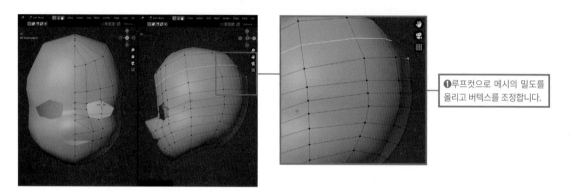

①루프컷으로 메시의 밀도를 올리고 버텍스를 조정합니다.

④ 사각형 페이스가 아니라서 루프컷이 제대로 동작하지 않는 부분이 있을 수 있습니다. 이때는 [Edge Selection Mode]로 설정하고 루프컷하고 싶은 부분을 띠 형태로 선택한 뒤 마우스 오른쪽 버튼을 클릭하면 표시되는 메뉴에서 [Subdivide]를 선택해 밀도를 올립니다.

[Edge Selection Mode]

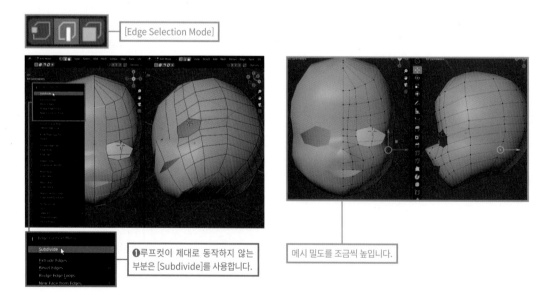

①루프컷이 제대로 동작하지 않는 부분은 [Subdivide]를 사용합니다.

메시 밀도를 조금씩 높입니다.

⟨ 얼굴에 속눈썹 붙이기

이제 속눈썹을 눈꺼풀 위에 붙이겠습니다.

① 속눈썹을 선택하고 [Edit Mode] 모드로 전환합니다. 이어서 속
눈썹 메시의 버텍스를 하나하나 Y 방향으로 이동해서 눈동자
위에 딱 붙을 수 있게 만듭니다**①**.

속눈썹과 같은 방법으로 눈썹, 쌍꺼풀 선을 만들면 얼굴은 거
의 완료됐다고 할 수 있습니다.

> **포인트**
> ≫ 전체적인 균형을 볼 수 있게 [Object Mode]에서 [Alt] +
> [H]를 눌러 숨겼던 오브젝트들을 다시 표시했습니다.

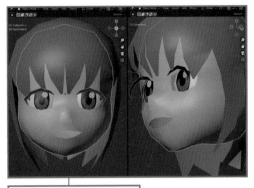

①속눈썹을 눈동자 위에 붙였습니다.

● 형태 조정하기

이 단계에서 어느 정도 시간을 들여서 얼굴이 캐릭터의 이미지(귀여움 또는 멋짐)를 낼 수 있게 조정합니다. 실루엣을 어느 정도
확인하면서 부드럽게 만들고 싶은 부분은 루프컷과 서브디바이드를 활용해 버텍스 수를 늘립니다. 반대로 버텍스를 줄여도 될
것 같은 페이스는 [F]와 [M] 등으로 결합해서 버텍스를 줄입니다.

또한 여러 각도에서 확인하면서 버텍스의 위치를 하나하나 이동시킵니다. 한 방향에서만 보면 형태가 제대로 나오지 않을 수 있
으므로 여러 방향에서 확인하며 형태를 조정해 주세요.

완벽하게 하려고 하면 사실 영원히 끝나지 않으므로 어느 정도 형태가 나왔다면 다음 단계로 넘어갑시다. 이후의 과정을 진행하
다 보면 균형을 맞추기 위해 다시 수정해야 하는 부분도 생깁니다. 따라서 이후에 한 과정이 끝나면 그때 또 조정합시다.

이 책에서도 따로 언급하지는 않지만, 이전에 작업했던 형태가 조금 달라진 것처럼 보이는 부분이 있다면 균형을 맞추기 위해
조금 수정한 것으로 생각해 주세요.

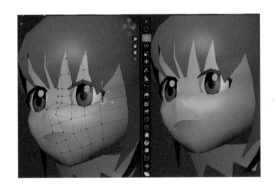

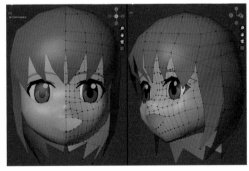

● 버텍스 줄이기

얼굴은 여러 부분을 갖고 있습니다. 이 중에서 특히 턱 주변의 메시 구조를 조정하기가 조금 어렵습니다.

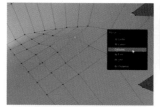

아래에서 보는 시점으로 확인하면서 에지의 흐름이 부드럽게 나오게 조정해 주세요. 얼굴을 구성하고 있는 메시의 흐름이 좁은 턱 아랫부분에서 집중되므로 필요 이상으로 메시가 많다고 느낄 수도 있는 부분입니다.

이러할 때는 [M]([Merge] 기능)을 활용해 어느 정도 이웃한 버텍스를 결합해 주세요. 띠 형태로 연결된 페이스를 한꺼번에 결합하고 싶다면 [Edge Selection Mode]에서 띠 형태로 선택한 뒤 [M]을 눌러 표시되는 메뉴에서 [Collapse]를 눌러주세요. 이웃한 버텍스가 한꺼번에 결합합니다.

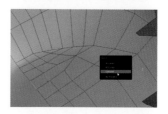

추가로 삼각형 페이스가 이웃해 있다면 해당 페이스 2개를 선택하고 [F]를 눌러서 하나의 사각형 페이스로 만드는 것도 좋습니다. 모델링 은 '**모든 버텍스를 관리하는 작업**'이라고 할 수 있습니다. 따라서 버텍스 수가 너무 많아지면 관리하기 힘들어집니다. 버텍스 수를 늘리면 디테일을 살릴 수 있지만, 반대로 부드러웠던 곡면이 울퉁불퉁해지기도 쉽습니다. 어느 정도의 디테일을 유지할 수 있는 범위 내에서 최소한의 버텍스만 활용하는 것이 중요합니다. 따라서 이처럼 버텍스를 줄이는 테크닉도 잘 알아두어야 합니다.

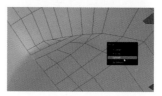

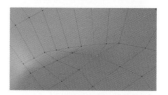

● 에지 베벨

두 에지 사이에 새로운 에지를 만들 때는 루프컷과 서브디비전을 활용하는 것이 좋습니다. 그런데 에지 하나를 두껍게 둘로 분할하고 싶을 때가 있을 수 있습니다. 이때는 [Alt] + 마우스 왼쪽 버튼 클릭 등으로 에지를 여러 개 선택하고 [Ctrl] + [B]를 누른 뒤 마우스를 움직여서 두께를 조절한 다음 마우스 왼쪽 버튼 클릭으로 확정하면 됩니다. 참고로 마우스를 움직일 때 마우스 휠을 움직여서 분할 수를 변경할 수 있습니다.

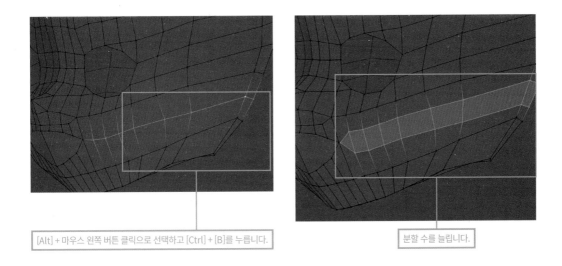

[Alt] + 마우스 왼쪽 버튼 클릭으로 선택하고 [Ctrl] + [B]를 누릅니다.

분할 수를 늘립니다.

● [J] 로 에지 분할하기

[J]로 버텍스 사이에 에지를 추가하고 싶을 때는 버텍스가 한 페이스 위에 있지 않아도 됩니다. 떨어져 있는 두 버텍스를 선택하고 있어도 두 버텍스 사이의 페이스를 횡단하며 에지를 만들어 줍니다. 이를 활용해서 메시 구조가 깔끔해질 수 있게 연결 상태를 조정합니다.

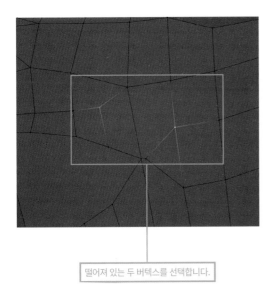

떨어져 있는 두 버텍스를 선택합니다.

메시 구조를 정리할 수 있습니다.

☾ 귀 만들기

귀를 만듭니다.

① 귀에 해당하는 부분의 에지를 선택하고 [Alt] + [V]를 눌러 에지를 찢습니다①.

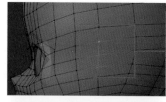

①[Alt] + [V]로 에지를 찢습니다.

> **포인트**
> [V]만 누르면 에지가 단순하게 찢깁니다. [Alt] + [V]를 사용하면 찢기고 남은 부분에 새로운 페이스가 만들어집니다.

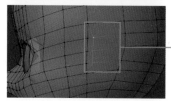

분할된 부분에 새로운 페이스가 만들어집니다.

② 이렇게 새로 만들어진 페이스를 선택하고 [E]로 돌출해서 귀의 크기를 잡습니다①.

①①에서 만든 새로운 페이스를 선택하고 돌출합니다.

③ [Ctrl] + [R]로 세로 방향으로 루프컷해서 메시를 분할하고 [S] → [Z] 확대 등으로 타원 형태로 조정합니다.

①루프컷으로 분할하고 [S] → [Z]로 크기를 조정합니다.

④ 이어서 귀 부분 전체를 선택하고 [R] → [Z] 등으로 Z축 기준으로 회전하거나 버텍스 하나하나를 이동시켜서 귀 모양으로 만듭니다.

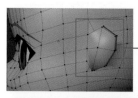

① [R] → [Z] 등으로 귀 모양으로 만듭니다.

> **포인트**
> 처음에는 이처럼 최소 버텍스 수로 대략적인 형태를 만들고 차근차근 디테일을 높여 나가는 흐름으로 만듭니다.

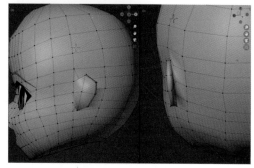

귀의 대략적인 모양을 만들었으므로 이제 세부적인 부분을 만들어 봅시다.

① 귓바퀴에 해당하는 2개의 에지를 모두 선택한 상태에서 마우스
오른쪽 버튼을 클릭하고 [Subdivide]를 클릭해 귀의 버텍스 수
를 늘립니다**❶**.

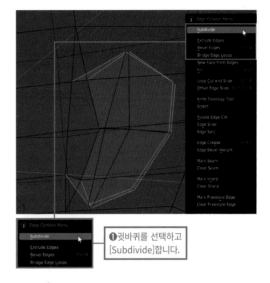

❶귓바퀴를 선택하고
[Subdivide]합니다.

② 플로팅 윈도우에서 [Smoothness]의 값을 올리면 [Subdivide]
로 밀도를 올린 메시의 버텍스들이 어느 정도 둥근 형태로 이동
합니다**❶**.

> **포인트**
> 다만 이 조작만으로 원하는 형태가 나오기는 힘들므로
> 이후 버텍스를 하나하나 움직여서 형태를 조정해야 합니다.

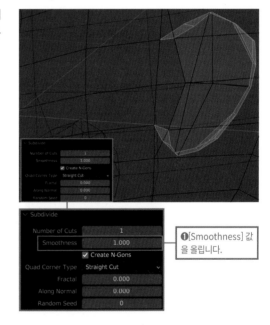

❶[Smoothness] 값
을 올립니다.

③ [Subdivide] 조작으로 귀 바깥쪽의 메시 구조가 조작하기 어려
운 형태로 분할됩니다. 따라서 일단 바깥 부분의 페이스를 모두
선택하고 [F]를 눌러 하나의 페이스(N-Gon)로 결합합니다.

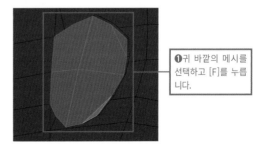

❶귀 바깥의 메시를
선택하고 [F]를 누릅
니다.

④ 그대로 [Ctrl] + [F]에서 [Triangulate Faces]를 실행하면 복잡했던 페이스 구조가 삼각형 페이스로 나뉘어 부채꼴 형태를 이룹니다❶.

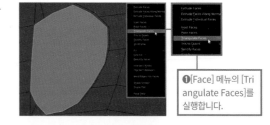

❶[Face] 메뉴의 [Triangulate Faces]를 실행합니다.

⑤ 선택 상태를 유지하고, 이번에는 [I]([Inset Faces])로 귀 안쪽에 메시 밀도를 올리고, [E]로 안쪽으로 밀어 넣어 대략적인 귀 형태를 만듭니다❶.

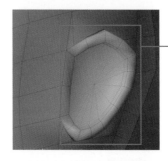

❶ [I]([Inset Faces])로 귀의 메시 밀도를 올리고 [E]로 귀의 대략적인 형태를 만듭니다.

⑥ 이어서 버텍스를 하나하나 이동해서 형태를 조정합니다❶.

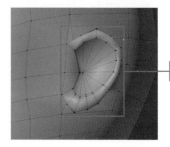

❶형태를 조정합니다.

◖ 입 안쪽 만들기

입의 안쪽 부분을 만들겠습니다.

① 입 구멍 가장자리의 버텍스를 모두 선택하고, 오른쪽 시점에서 [E]를 사용해 머리 안쪽으로 버텍스를 돌출합니다❶.

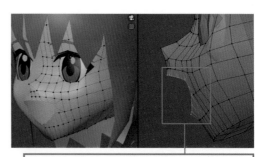

❶입 가장자리 에지를 선택하고 [E]로 밀어서 입 안쪽을 만듭니다.

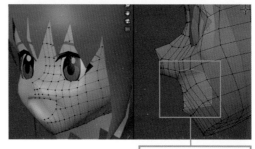

입 내부에 빈 공간을 만듭니다.

② 돌출해서 만들어진 안쪽 구멍을 막겠습니다. 중심(X=0)과
가까운 위아래의 버텍스를 선택해서 [F]로 에지를 연결한
뒤 구멍 가장자리의 버텍스를 모두 선택하고 [Ctrl] + [F]로
[Grid Fill]을 실행합니다❶.

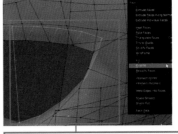 

❶입 가장자리의 버텍스를 모두 선택하고 [Grid Fill]을 실행합니다.

● [Grid Fill]

선택한 버텍스 내부에 페이스를 만드는 기능입니다. 그런
데 [F]처럼 페이스를 하나만 만드는 것이 아니고, 예쁜 격
자 모양이 나오게 만드는 똑똑한 기능입니다. 다만 버텍스
의 위치 관계에 따라 격자가 제대로 나오지 않는 경우가
있습니다. 참고로 플로팅 윈도우에서 [Offset] 값을 조작하
다 보면 격자가 제대로 나오는 경우도 있습니다.

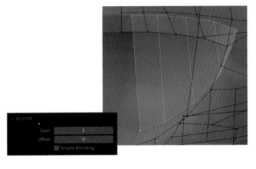

③ 현재 그림처럼 세로로 긴 격자가 만들어졌으므로 가로 방
향으로 [Ctrl] + [R]로 루프컷해서 적당한 형태의 격자가
나오게 조정합니다❶.

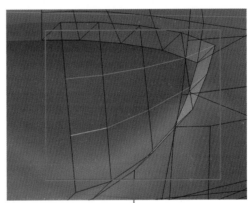

❶만들어진 메시를 루프컷합니다.

입 안쪽 메시만 표시하기

입 안쪽 메시는 둥근 봉투 형태로 만들어야 합니다. 그런데 이렇게 안쪽으로 들어간 부분은 다른 메시와 겹쳐서 보기 어렵고, 버텍스를 선택하기도 어렵습니다. 이럴 때는 임시로 다른 메시를 숨기고 작업하는 것이 좋습니다.

1 입 내부의 페이스를 모두 선택한 상태에서 [Shift] + [H]를 누르면 선택한 부분 이외의 모든 부분을 숨길 수 있습니다**①**.

> **포인트**
>
> 다만 이 작업은 해당 오브젝트 내의 다른 메시만 숨깁니다. 만약 다른 오브젝트가 방해된다면 [Object Mode]에서 [Shift] + [H] 등으로 다른 오브젝트를 따로 숨겨야 합니다.
> 참고로 입 안쪽 또는 머리카락에 가려져 잘 보이지 않는 부분 등 눈에 직접적으로 보이지 않는 부분은 버텍스 수를 최대한 줄여서 작업하는 것이 좋습니다.

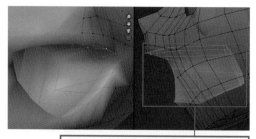

①입 안쪽을 제외한 부분은 [Shift] + [H]로 숨깁니다.

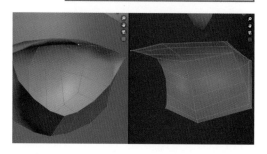

[Mark Sharp] 설정하기

입 가장자리 부분에서 그림자가 조금 이상하게 표현되고 있습니다. 이는 [Shade Smooth]에 의해서 입 바깥 부분과 안쪽 부분이 강제로 부드럽게 처리돼 있기 때문입니다. 따라서 외부와 내부의 경계선에서 셰이딩이 이어지지 않도록 처리해 주어야 합니다.

1 입 가장자리 부분에 있는 버텍스를 모두 선택하고 [Ctrl] + [E]를 누른 뒤 [Mark Sharp]를 실행합니다. 그러면 선택한 에지가 청록색으로 표시됩니다**①**.

①입 가장자리의 버텍스를 모두 선택하고 [Ctrl] + [E]에서 [Mark Sharp]를 실행합니다.

② [Modifier Properties] 탭 에서 [Edge Split] 모디파이어를 추가합니다. 이어서 패널 내부에서 [Edge Angle]의 체크를 해제합니다❶.

이렇게 하면 [Mark Sharp]를 설정한 에지만 분리된 상태로 만들 수 있습니다. 따라서 앞에서 언급했던 [Shade Smooth] 관련 문제가 해결됩니다.

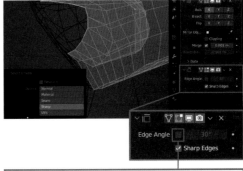

❶[Edge Split] 모디파이어를 추가하고 [Edge Angle] 체크를 해제합니다.

> **포인트**
>
> [Mark Sharp]를 사용했을 때의 또 다른 장점이 있습니다. 입 안쪽의 버텍스를 하나만 선택한 상태에서 [Ctrl] + [L]을 누르면 연결된 페이스가 모두 선택됩니다. 이때 플로팅 윈도우에서 [Sharp]를 클릭하면 [Mark Sharp]로 둘러싸여 있는 부분만 선택할 수 있습니다.
>
>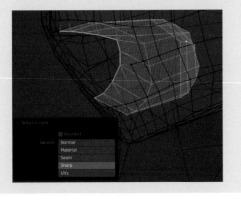

③ 입 안쪽 메시를 선택한 상태에서 [Material Properties]  탭을 선택하고, ➕ 마크로 새로운 머티리얼 슬롯을 작성합니다. 이어서 [Assign]으로 머티리얼을 적용하고, 붉은색 머티리얼을 만들어서 입 안쪽을 붉은색으로 만듭니다❶.

❶➕로 머티리얼 슬롯을 추가하고 [Assign]으로 붉은색 머티리얼을 적용합니다.

🌙 치아 만들기

[Solidify] **모디파이어**를 사용해서 치아를 만들겠습니다.

① 일단 [Shift] + [C]로 3D 커서를 중앙 위치로 되돌립니다. 이어서 오브젝트 모드에서 [Shift] + [A]를 눌러 표시되는 메뉴에서 [Mesh] 〉 [Cylinder]를 추가합니다. 그리고 플로팅 윈도우에서 값을 조정해서 버텍스 수, 크기, 위치를 조정합니다❶.

❶ [Cylinder]를 추가하고 버텍스 수, 크기, 위치를 조정합니다.

② [Edit Mode]로 전환하고 '실린더 위아래에 있는 밑면'과 '불필요한 후면 버텍스'를 제거해서 호 형태로 만듭니다❶.

이어서 [Modifier Properties] 탭 🔧에서 [Mirror] 모디파이어, [Solidify] 모디파이어를 추가합니다❷.

왼쪽 절반 버텍스를 제거해서 [Mirror] 모디파이어가 제대로 적용되게 만들고 [Solidify] 모디파이어 패널에서 [Thickness] 값을 조정해서 적당한 두께로 만듭니다❸.

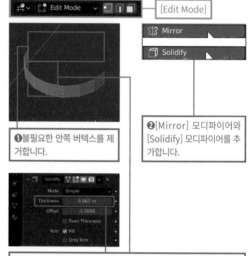

[Edit Mode]

❶불필요한 안쪽 버텍스를 제거합니다.

❷[Mirror] 모디파이어와 [Solidify] 모디파이어를 추가합니다.

❸왼쪽 절반 버텍스를 제거하고 [Thickness]를 조정합니다(현재 예제에서는 0.067m로 설정했습니다).

③ 3D 뷰포트에서 숫자 패드 [/]([Toggle Local View])를 누르면 [Local View] 모드로 전환됩니다. 로컬 뷰 모드에서는 선택했던 오브젝트만 표시됩니다❶.

추가로 양쪽 끝에 있는 에지를 선택하고([Mirror] 모디파이어가 적용되어 있으므로 한쪽만 선택하면 됩니다) [E]로 돌출해서 U 모양으로 만듭니다❷.

❶숫자 패드의 [/]를 눌러 [Local View] 모드로 전환합니다.

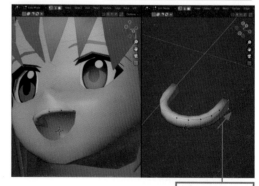

포인트

로컬 뷰 모드는 다른 영역과 영향을 주고받지 않으므로 3D 뷰포트 영역을 2개 표시하고 한 쪽만 로컬 뷰로 설정하면 복잡한 오브젝트의 모양을 확인하면서 오브젝트를 변형할 수 있습니다. 원래 표시로 다시 돌아가고 싶다면 다시 숫자 패드의 [/]를 누릅니다.

❷[E]로 돌출합니다.

④ [Object Mode]에서 [Alt] + [D]로 복제한 뒤 위치와 각도를 조정해서 아랫니도 만듭니다①.

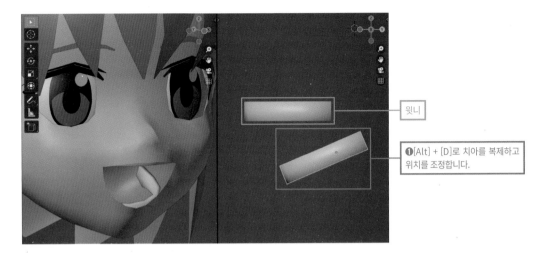

윗니

①[Alt] + [D]로 치아를 복제하고
위치를 조정합니다.

《 혀 만들기

조금만 더 만들면 캐릭터의 머리도 완성입니다. 그럼 이어서 혀를 만들겠습니다.

① [Shift] + [A]로 [Mesh] 〉 [UV Sphere]를 추가합니다. 그리고 [Segments]와 [Rings]를 작은 짝수로 설정한 뒤 위치, 크기, 각도
를 조절해서 입 안에 넣습니다①.

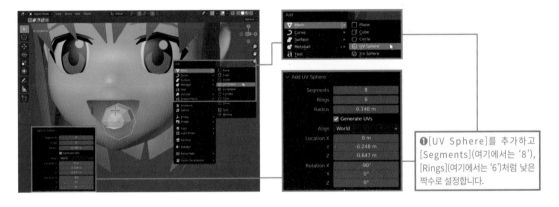

①[UV Sphere]를 추가하고
[Segments](여기에서는 '8'),
[Rings](여기에서는 '6')처럼 낮은
짝수로 설정합니다.

② [Edit Mode]에서 왼쪽 절반 부분을 제거하고 [Mirror] 모디파이어를 추가합니다. 이어서 붉은색 머티리얼을 임시로 설정한 뒤
버텍스 위치를 하나하나 이동시켜 조정합니다①.

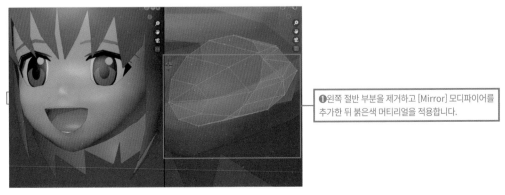

①왼쪽 절반 부분을 제거하고 [Mirror] 모디파이어를
추가한 뒤 붉은색 머티리얼을 적용합니다.

이어서 돌출로 목을 만들겠습니다.

① 머리 메시의 아랫부분 구조를 조정해서 목을 만들 위치를 원형에 가까운 메시 구조로 만들어 둡니다①.

이렇게 조정한 페이스를 모두 선택하고 [E]로 돌출해서 아래로 내리면 목을 만들 수 있습니다. 그런데 실제로 해보면 [Mirror] 모디파이어에 의해 대칭되는 부분(X = 0)에 페이스가 만들어져서 왼쪽과 오른쪽이 제대로 연결되지 않습니다. 이러한 상황에는 [Mirror] 모디파이어 패널에서 [Clipping]을 활성화한 뒤 다시 돌출하면 됩니다②.

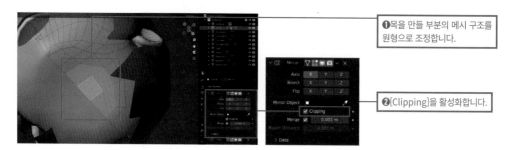

❶목을 만들 부분의 메시 구조를 원형으로 조정합니다.

❷[Clipping]을 활성화합니다.

◉ [Clipping]

[Clipping]은 대칭 중심에 불필요한 페이스가 만들어지는 것을 막아줍니다. 또한 'X=0' 위치에 있는 버텍스를 이동할 때 대칭 중심에 스냅 되게 합니다. 'X=0' 위치에 페이스가 생성되거나, 구멍이 뚫리는 실수는 굉장히 자주 하는 실수입니다. 따라서 기본 적으로 이를 활성화해 두고, 'X=0' 위치에 버텍스를 만들 때만 일시로 비활성화해서 사용하는 작업 방식을 추천합니다.

② 밑면의 막힌 부분을 선택하고 [X]로 제거한 뒤 형태를 조정합니다①.

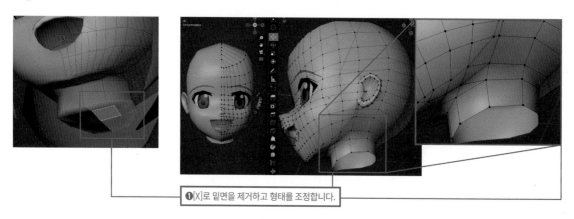

❶[X]로 밑면을 제거하고 형태를 조정합니다.

눈동자 틈새 메우기

눈동자와 안구 사이에 틈새가 있어서 각도에 따라서 틈새가 보일
수 있습니다. 따라서 이를 조정하겠습니다.

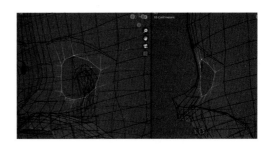

① 안구 가장자리의 버텍스를 모두 선택하고 [E]로 안쪽으로 돌출
합니다❶.

　　안구가 들어가는 부분도 버텍스를 많이 활용해 동그란 구
체 느낌으로 만들어도 괜찮지만, 일반적으로 절대로 보이지 않은 부
분에는 최대한 적은 버텍스를 활용하는 것이 좋습니다.

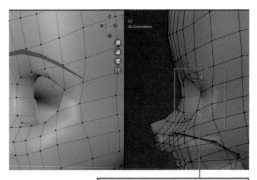

❶안구 가장자리의 버텍스를 모두 선택하
고 [E]로 안쪽으로 돌출합니다.

완성

얼굴의 모든 파츠를 완성했습니다. 만족스러운 형태가 나올 때까지 전체적인 형태를 다듬어 주세요!

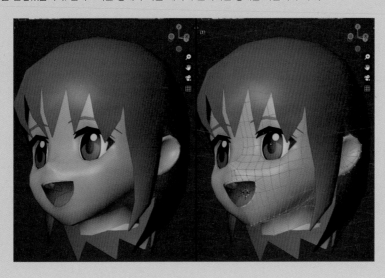

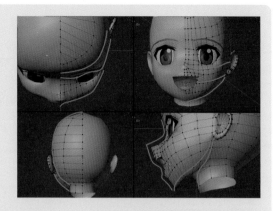

메모

정면과 측면에서 봤을 때의 윤곽은 쉽게 알 수 있으므로 쉽게 형태를 정돈할 수 있을 것입니다. 하지만 입체적으로 보이게 잘 만들려면 이 이외의 다양한 '윤곽'을 생각하면서 만들어야 합니다. 그럼 특히 신경 쓰면 좋을 윤곽들을 정리하겠습니다.

일단 위에서 봤을 때 ❶부드러운 이마의 윤곽, ❷ 귀 근처에서 눈 옆의 뼈가 확 들어가는 윤곽, ❸ 코끝에서 부드럽게 이어지다가 광대 근처에서 살짝 부풀어 오른 뒤 귀 쪽에서 떨어지는 윤곽입니다.

그리고 앞에서 봤을 때 ❶ 턱 윤곽, ❷ 입 옆에서 귀로 부드럽게 올라가는 윤곽, ❸ 코끝에서 살짝 내려왔다가 다시 귀를 향해 올라가는 윤곽입니다.

뒤에서 봤을 때는 ❶ 타원형으로 부드럽게 만들어지는 얼굴 전체 윤곽, ❷ 귀 뒤에서 턱 쪽으로 향하는 윤곽을 봐야 합니다. 참고로 턱 윤곽은 턱과 목주름 사이에 어느 정도 간격이 있어야 한다는 것을 주의해 주세요.

또한 이렇게 눈에 잘 띄는 윤곽뿐만 아니라 360°로 회전해 보면서 여러 방향에서 예쁘게 보일 수 있는 윤곽들을 직접 찾아보세요. 계속해서 살펴보다 보면 **'여기가 조금 튀어나온 것 같다'** 같은 생각이 들 것입니다. 이를 발견할 때마다 해당 위치의 버텍스를 조금씩 움직여보며 형태를 잡아보기 바랍니다.

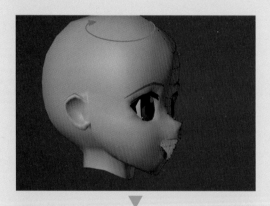

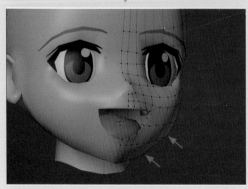

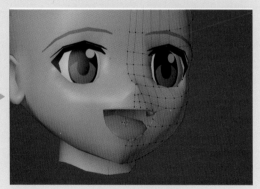

아직 머리카락이 두께를 갖고 있지 않으므로 머리카락에 두께를 추가하겠습니다.

① 머리카락 오브젝트를 선택하고 [Edit Mode]로 전환합니다. 이어서 모든 오브젝트를 선택하고 [Ctrl] + [G]로 표시되는 메뉴에서 **[Assign to New Group]**을 선택합니다**①**.

[Assign to New Group]을 실행하고, [Object Data Properties] ▼의 [Vertex Groups] 패널을 확인해 보면 목록에 [Group]이라는 항목이 추가된 것을 확인할 수 있습니다. 현재 상태에서는 [Group]이라는 이름의 [Vertex Groups]에 머리카락 메시의 모든 버텍스가 웨이트(적용 비율) '1'로 적용돼 있습니다.

①모든 버텍스를 선택하고 [Ctrl] + [G]에서 [Assign to New Group]을 실행합니다.

② 머리카락 끝부분에 해당하는 버텍스를 모두 선택하고, [Weight] 값을 '0'으로 설정합니다**①**.

그리고 [Assign]을 클릭해 주세요**②**.

이렇게 하면 머리카락 끝 버텍스만 [Group]의 웨이트가 '0'으로 설정됩니다.

①[Weight]를 '0'으로 지정합니다.

②[Assign]을 클릭합니다.

③ [Modifier Properties] 탭 🔧에서 [Solidify] 모디파이어를 추가합니다**①**.

추가한 [Solidify] 모디파이어 패널의 [Vertex Groups]에서 이전의 [Group]을 선택해서 지정합니다**②**.

이렇게 하면 끝부분만 웨이트(적용 비율)가 '0'이므로 두께가 적용되지 않습니다. 이어서 [Thickness]와 [Offset] 값을 조정합니다**③**.

①[Solidify] 모디파이어를 추가합니다.

②[Vertex Groups]에 [Group]을 지정합니다.

③[Thickness]와 [Offset] 값을 조정합니다.

머리카락에 두께가 생겼습니다.

● [Transparent] 와 모디파이어 비표시

[Solidify] 모디파이어를 적용했을 때, 메시가 귀를 뚫고 나오는 등 수정해야 하는 부분이 생길 수도 있습니다. 그런데 [Solidify] 모디파이어의 [Offset] 값에 따라서 3D 뷰포트에서 버텍스가 제대로 보이지 않는 경우가 있습니다.

[Alt] + [Z]를 눌러서 [Toggle X-Ray]로 전환해도 필요 이상으로 머리카락이 투명해져서 잘 보이지 않습니다. 이럴 때는 3D 뷰포트 가장 오른쪽의 ✔에서 [Transparent] 값을 '1'로 설정해 보세요.

이렇게 하면 페이스가 투명하게 보이지 않으며, 버텍스와 에지만 표시됩니다.

추가로 모디파이어 패널에 있는 사각형 메시 모양의 아이콘 ▦을 비활성화하면 [Edit Mode] 때만 해당 모디파이어를 비활성화할 수 있습니다. 모델이 복잡해지면 이를 활용해 표시를 전환하면서 작업하는 것이 좋을 수도 있으므로 기억해 주세요.

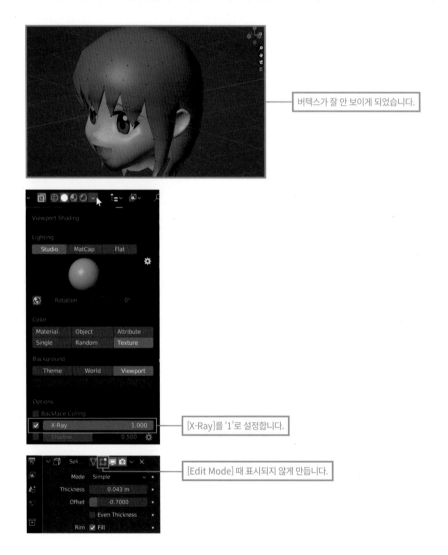

버텍스가 잘 안 보이게 되었습니다.

[X-Ray]를 '1'로 설정합니다.

[Edit Mode] 때 표시되지 않게 만듭니다.

6-3 머리 부분 머티리얼(셰이더 노드)

이번 절에서는 지금까지 만든 머리 부분에 머티리얼을 설정하겠습니다.

▶ 머티리얼 설정

머리를 만들었다면 이어서 몸체 부분을 모델링 하는 것이 정석이겠지만, 귀여운 얼굴을 먼저 완성해 보는 것이 독자 입장에서 재미있을 것으로 생각해서 곧바로 머리 부분에 머티리얼을 적용하겠습니다. 사실 이런 순서로 진행해도 큰 문제 없습니다.

◖ 머티리얼 설정 준비

머티리얼 설정에 적합한 화면 구성으로 변경하겠습니다.

① 일단 3D 뷰포트 영역을 2개로 분할하고, 한쪽은 셰이더 에디터로 변경합니다**①**.

3D 뷰포트 쪽은 헤더 오른쪽에 있는 아이콘 ◙을 눌러 [Material Preview]로 전환합니다([Z]로도 전환할 수 있습니다)**②**.

셰이더 에디터에는 현재 선택하고 있는 머티리얼의 셰이더 노드가 표시됩니다.

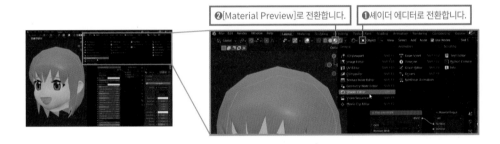

❷[Material Preview]로 전환합니다. ❶셰이더 에디터로 전환합니다.

◗ 노드 사용하기

기본적으로 머티리얼을 새로 만들면 [Use Nodes]가 활성화돼 있습니다. 활성화되어 있다는 것은 '셰이더 에디터 헤더의 [Use Nodes] 체크박스'와 '[Material Properties] ◙의 [Surface] 패널 내부의 [Use Nodes] 버튼'으로 확인할 수 있습니다. 또한 이를 체크하거나 클릭해서 상태를 전환할 수 있습니다. 이 둘은 연결돼 있으므로 한쪽만 활성화/비활성화 해도 다른 쪽이 활성화/비활성화됩니다.

[Use Nodes]가 체크되어 있습니다.

[Use Nodes] 버튼이 활성화되어 있습니다.

노드

셰이더 에디터를 보면 기본적으로 [Principled BSDF]와 [Material Output]이라고 적혀있는 상자가 실로 연결돼 있습니다(만약 표시되지 않을 경우 [Use Nodes]를 활성화하면 표시됩니다). 이 상자 하나하나를 **노드**라고 부릅니다. 여기에서 [Principled BSDF] 노드와 [Material Properties] 의 [Surface] 패널의 내용을 비교해 보기 바랍니다. 각 항목의 이름과 순서가 완전히 같다는 것을 확인할 수 있습니다. 또한 한쪽 항목의 파라미터를 변경하면 다른 쪽 파라미터도 함께 변경되는 것을 확인할 수 있습니다. 즉 셰이더 에디터는 [Material Properties] 내부에서 일어나는 것을 '노드'라는 형태로 자세하게 시각화해서 보여주는 곳이라고 할 수 있습니다. 왜 쓸데없이 시각화해서 보여주는지 궁금할 수도 있습니다. 이는 셰이더 에디터를 활용하면 [Material Properties]만으로 구현하기 어려운 복잡한 머티리얼을 만들 수 있기 때문입니다.

기본적으로 [Principled BSDF]와 [Material Output]이 연결돼 있습니다.

항목의 내용이 일치합니다.

◀ 노드 이해하기

노드 설명을 위해서 캐릭터 제작 과정과 관계 없는 내용을 살짝 다루겠습니다.

① 셰이더 에디터 내부에서 [Shift] + [A]로 표시되는 [Add] 메뉴에서 [Texture] 〉 [Noise Texture]를 선택합니다**①**.

이렇게 하면 셰이더 에디터 내부에 **[Noise Texture]** 노드가 추가되며, 마우스 왼쪽 버튼 클릭으로 위치를 확정할 수 있습니다.

참고로 [Add]는 셰이더 에디터 헤더의 [Add]로도 할 수 있습니다.

①[Add] 메뉴에서 [Texture] > [Noise Texture]를 선택합니다.

[Noise Texture]

② 추가된 **[Noise Texture]** 노드의 [Color] 단자에서 **[Principled BSDF]** 노드의 [Base Color] 단자로 마우스 왼쪽 버튼을 드래그하면 두 단자가 선으로 연결됩니다**①**.

● **노드의 단자**

모든 노드는 왼쪽에 입력 단자, 오른쪽에 출력 단자가 붙어 있습니다(한쪽만 있는 노드도 있습니다). 그리고 이러한 입력 단자와 출력 단자는 마우스 왼쪽 버튼 드래그로 연결할 수 있습니다. 드래그 방향은 반대로 해도 같은 동작을 합니다.

각각의 노드는 모두 어떤 역할을 갖고 있습니다. 노드에는 여러 정보가 입력 단자로 전달되며, 해당 노드에서 처리된 결과가 출력 단자를 통해 나옵니다.

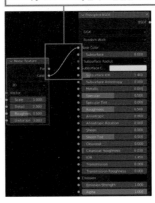

① [Noise Texture] 노드의 [Color] 단자에서 [Principled BSDF] 노드의 [Base Color] 단자로 연결합니다.

[Noise Texture] 가 적용된 상태

● **[Noise Texture] 노드**

[Noise Texture] 노드는 이름 그대로 노이즈를 생성하는 노드입니다. 3D 뷰포트에서 결과를 보면 알 수 있는 것처럼 다양한 색상이 랜덤하게 섞여 있는 머티리얼을 만듭니다.

③ 노드 연결을 끊을 때는 끊고 싶은 선을 출력 단자 쪽에서 입력 단자 근처로 드래그하면 됩니다. 또한 [Ctrl]을 누르면서 마우스 오른쪽 버튼 드래그하면 칼 모양이 표시되는데 이로 선을 잘라서 끊을 수도 있습니다**①**.

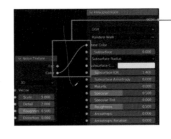

①[Ctrl] + 마우스 오른쪽 버튼 드래그로 노드 연결을 끊을 수 있습니다.

> **포인트**
>
> 각 노드를 선택하고 [G]를 누르면 노드를 이동할 수 있습니다. 또한 연결된 선 위에 노드를 드롭하면 자동으로 관련된 단자를 끼우듯이 연결할 수 있습니다.

● [Principled BSDF] 노드

'[Noise Texture] 노드를 **머티리얼 출력** 노드에 직접 연결했을 때'와 '중간에 [Principled BSDF] 노드를 두고 연결했을 때'에 3D 뷰포트에 어떠한 차이가 있을까요? 직접 연결하면 음영이 없고, 노이즈만 칠해져 있습니다. 반면 [Principled BSDF] 노드를 적용하면 음영이 적용됩니다. 이를 통해 [Principled BSDF] 노드는 음영을 적용하는 효과가 있다는 것을 알 수 있습니다.

[Principled BSDF] 노드가 있는 경우

[Principled BSDF] 노드가 없는 경우

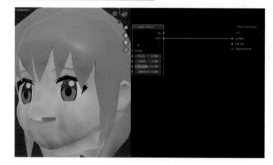

❮ 얼굴 머티리얼

다시 일반적인 제작 과정으로 돌아오겠습니다. 이제 얼굴 피부에 적용할 머티리얼을 설정하겠습니다.

① 얼굴과 피부에 적용했던 머티리얼을 선택한 상태에서 [Use Nodes]에 체크합니다(이미 체크돼 있다면 따로 하지 않아도 괜찮습니다). 불필요한 [Noise Texture] 노드, [Principled BSDF] 노드가 존재한다면 이러한 것들을 모두 제거해서 [Material Output] 노드만 남깁니다❶.

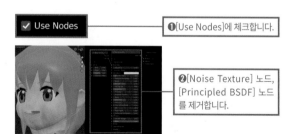

❶[Use Nodes]에 체크합니다.

❷[Noise Texture] 노드, [Principled BSDF] 노드를 제거합니다.

② 이 단계에서 3D 뷰포트의 얼굴이 완전히 검은색으로 칠해지면 정상입니다. 이어서 [Shift] + [A]로 표시되는 메뉴에서 [Shader] 〉[Diffuse BSDF]를 추가합니다❶.

❶[Shift] + [A]에서 [Shader] > [Diffuse BSDF]를 추가합니다.

③ [Diffuse BSDF] 노드의 출력을 [Material Output] 노드의 [Surface]와 연결합니다. 이어서 [Shift] + [A]로 표시되는 메뉴에서 [Converter] 〉[Shader to RGB]를 추가합니다❶.

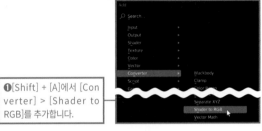

❶[Shift] + [A]에서 [Converter] > [Shader to RGB]를 추가합니다.

④ 새로 추가한 [Shader to RGB] 노드를 기존에 연결된 두 노드 사이에 삽입합니다. 그리고 [Converter] 〉[Color Ramp]를 추가하고, 뒤에 삽입합니다❶.

[Color Ramp] 노드에서 그러데이션 왼쪽에 있는 컬러 스톱을 어두울 때의 피부색, 오른쪽에 있는 컬러 스톱을 밝을 때의 피부색으로 변경한 뒤 오른쪽의 컬러 스톱을 중앙으로 이동합니다❷.

● [Color Ramp] 노드

[Color Ramp] 노드는 중앙에 바 같은 것이 있으며, 그 바 안에는 사각형 위에 삼각형 형이 얹어진 형태의 노브 두 개가 있습니다. 이 노브를 '컬러 스톱(Color Stop)'이라고 부릅니다. 컬러 스톱은 개별적으로 선택할 수 있으며, 선택한 상태에서는 아래 칸을 클릭해서 컬러 스톱의 색상을 변경할 수 있습니다.

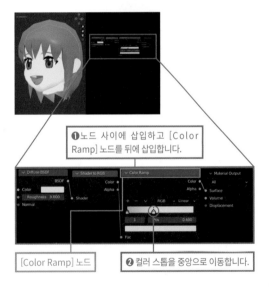

❶노드 사이에 삽입하고 [Color Ramp] 노드를 뒤에 삽입합니다.

[Color Ramp] 노드

❷ 컬러 스톱을 중앙으로 이동합니다.

⑤ 3D 뷰포트를 보면 캐릭터가 애니메이션 느낌으로 표시되는 것을 볼 수 있습니다. 그럼 추가로 이 그림자가 3D 씬 위에 있는 라이트의 영향을 받게 구성해 봅시다. 3D 뷰포트에서 [Shift] + [A]의 [Add]에서 [Light] 〉 [Sun]을 추가합니다. 이어서 [R] → [R]로 3축 회전시켜서 캐릭터 쪽으로 빛이 향하게 만듭니다❶.

이 빛의 영향을 3D 뷰포트에서 확인할 수 있게 3D 뷰포트 헤더 가장 오른쪽에 있는 ☑를 눌렀을 때 표시되는 메뉴에서 [Scene Lights], [Scene World] 설정을 모두 체크합니다❷.

셰이더 에디터에서 컬러 스톱 두 개를 가깝게 배치하면 그림자가 이진화[21]되어 셀 페인팅(애니메이션 느낌의 채색)과 비슷한 연출을 할 수 있습니다.

❷ ☑에서 [Scene Lights], [Scene World]를 체크합니다.

❶ [Light] > [Sun]을 추가하고 [R] → [R]로 각도를 조정합니다.

메모

블렌더는 컬러 매니지먼트로 포토 리얼(실사와 같은 표현)한 렌더링을 지원하기 위한 필터가 있습니다. 버전에 따라서 이 설정이 기본적으로 활성화되어 있는 경우도 있습니다. 이번에 만드는 예제는 포토 리얼하지 않은 캐릭터이므로 이 설정을 비활성화하는 것이 좋습니다. [Render Properties] ☐의 [Color Management] 패널을 열고, [Viewport Transform] 항목이 [Filmic]으로 설정돼 있다면 [Standard]로 변경합니다.

[Filmic]
포토 리얼한 렌더링을 지원합니다.

불필요한 경우에는 표준으로 변경합니다.

---

21 역주: A 아니면 B로 둘로 딱 떨어지게 만드는 것을 '이진화(2진 화)'라고 합니다.

머리카락과 눈동자 머티리얼 설정하기

이전과 같은 방법으로 머리카락 머티리얼도 설정합니다.

1. 이번에는 컬러 스톱의 색을 피부색이 아니라 머리카락 색과 머리카락 그림자 색으로 설정합니다❶.

❶[Color Ramp]에 머리카락 그림자 색, 머리카락 색을 설정합니다.

2. 지금까지 모든 머티리얼을 같은 방법으로 만들었습니다. 다만 눈은 조금 특수합니다. 순서대로 진행했다면 눈동자 이미지 텍스처 노드와 [Principled BSDF]가 연결돼 있을 것입니다❶.

❶눈동자 이미지 텍스처(eye.png)와 Principled BSDF를 연결합니다.

3. 이 머티리얼에는 [Shift] + [A]에서 [Color] 〉 [Mix Color]를 추가하고, 풀다운 메뉴에서 [Multiply]를 선택합니다. 이어서 이미지와 직접 연결해 주세요❶.

노드의 연결 구조는 말로 설명하는 것보다 그림으로 보는 것이 이해하기 쉽고 빠르므로 '그림처럼 연결해 주세요'라는 설명이 더 많을 것입니다.

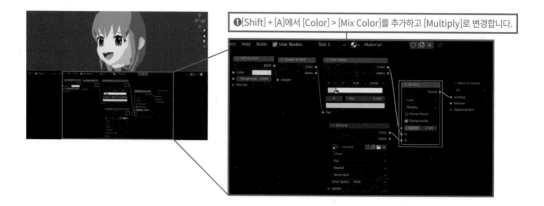

❶[Shift] + [A]에서 [Color] > [Mix Color]를 추가하고 [Multiply]로 변경합니다.

◉ [Multiply]

[Mix Color]의 [Multiply]는 2D 이미지 편집 소프트웨어를 사용해 본 분이라면 이미 익숙할 기능입니다. 레이어 곱하기 합성(multiply)과 같은 기능입니다. 이렇게 노드를 연결하면 눈동자 이미지에 그림자의 어두운 부분이 곱하기 합성됩니다.

◖ 눈동자 하이라이트와 혀에 머티리얼 설정하기

눈동자 하이라이트 전용으로 만든 오브젝트에 적용할 머티리얼은 음영을 적용해서는 안 되므로 다음과 같이 조작합니다.

❶ [Shift] + [A]에서 [Shader] 〉 [Emission]을 추가합니다❶.

그리고 [Color]를 흰색으로 설정하고 [Material Output]에 연결합니다(완전한 흰색은 부자연스러울 수 있으므로 약간 어두운 흰색을 사용합니다)❷.

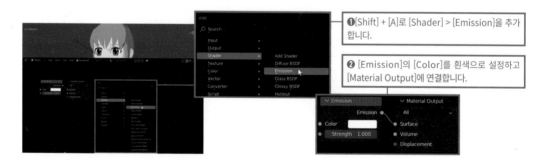

❶[Shift] + [A]로 [Shader] > [Emission]을 추가합니다.

❷ [Emission]의 [Color]를 흰색으로 설정하고 [Material Output]에 연결합니다.

❷ 혀에 광택을 넣겠습니다. 일단 [Color Ramp] 노드의 왼쪽 위에 있는 버튼으로 컬러 스톱을 추가합니다❶. 이어서 컬러 바 가장 오른쪽의 컬러 스톱을 밝은색으로 설정하고, 위치를 그림처럼 조정합니다❷.

❶ [Color Ramp] 노드 왼쪽 위에 있는 [+] 버튼으로 컬러 스톱을 추가합니다.

❷ 3가지 색을 그림처럼 배치합니다.

머리카락 큐티클 만들기

머리카락 머티리얼에 큐티클을 추가하겠습니다. 조금 복잡한 구성이지만, 그림을 보고 차근차근 연결해 보기 바랍니다.

필요한 노드

일단 추가로 필요한 노드를 추가합니다. 다음 그림의 왼쪽에서부터 차근차근 설명하면 다음과 같습니다.

- [Input] 〉 [Texture Coordinate]

- [Texture] 〉 [Noise Texture]

- [Converter] 〉 [Separate XYZ]

- [Converter] 〉 [Math](풀다운 메뉴에서 [Multiply Add]를 선택합니다)

- [Converter] 〉 [Color Ramp]

- [Color] 〉 [Mix Color](풀다운 메뉴에서 [Color Dodge]를 선택합니다)

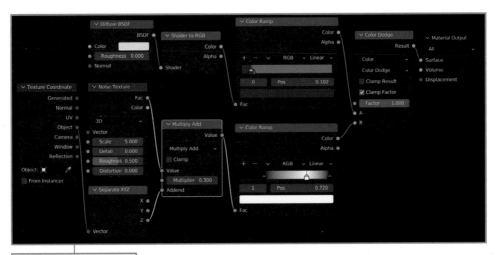

큐티클을 추가하기 위한 노드 구성

① [Color Dodge] 계수는 '1'로 설정합니다. 이어서 [Color Ramp] 노드의 컬러 스톱은 3개로 늘리고, 양쪽 끝은 검은색으로 중앙은 흰색으로 설정합니다. 이때 흰색의 밝기에 따라서 큐티클의 밝기가 결정됩니다①.

[Noise Texture] 노드의 [Detail]을 '0'으로 설정하고, 확대/축소를 활용해서 큐티클의 폭을 조정합니다. 그리고 [Multiply Add]의 Multiplier 값으로 들쭉날쭉한 정도를 조정합니다②.

왜 이렇게 연결했을 때 이런 결과가 나오는지는 이번 장의 뒷부분에서 설명하겠습니다.

포인트

양쪽 컬러 스톱을 안쪽으로 좁히는 정도에 따라서 큐티클의 폭을 조정할 수 있습니다.

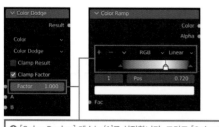

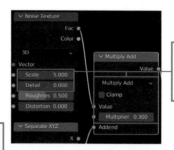

❷[Noise Texture] 노드의 [Roughness]를 '0'으로 설정 하고, 다른 값들을 조정해 적당 한 큐티클을 만듭니다.

❶ [Color Dodge] 계수는 '1'로 설정합니다. 그리고 [Color Ramp] 노드 의 컬러 스톱을 3개 만들고, 왼쪽부터 검은색, 흰색, 검은색으로 설정합니다.

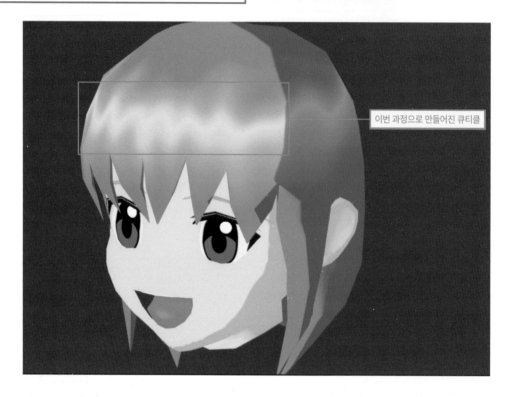

이번 과정으로 만들어진 큐티클

◖ 머리카락 그림자 만들기

머리카락에서 얼굴로 떨어지는 그림자를 선명하게 만들고 싶다면 셰이더가 아니라 라이트 설정을 변경합니다.

① 3D 뷰포트에 있는 [Sun] 라이트를 선택합니다❶.
[Object Data Properties] 💡의 [Shadow] 패널에 있는
[Contact Shadows]에 체크합니다❷.

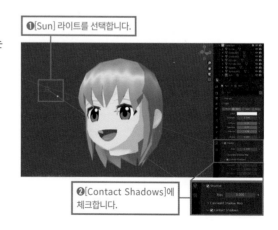

❶[Sun] 라이트를 선택합니다.

❷[Contact Shadows]에 체크합니다.

② [Distance]로 머리카락(빛을 가리는 부분)에서 얼굴(그림자가 떨어지는 부분)까지의 거리를 설정합니다❶[22].

그림자가 너무 많아서 부자연스럽다면 [Bias]를 올리고 [Thickness]를 낮춥니다❷.

❶거리를 설정합니다.

❷[Bias]를 올리고 [Thickness]를 낮춰 그림자를 조정합니다.

◀ 안구 그림자 만들기

이어서 안구에 떨어지는 그림자를 만들겠습니다. 애니메이션 스타일 그림에서는 물리적으로 그림자가 있을 수 없는 위치에 연출을 위해 그림자를 만드는 경우가 있습니다. 이러한 그림자는 라이트와 셰이더를 잘 활용해도 구현하기 힘듭니다. 따라서 다른 방법을 활용에서 구현해야 합니다. 여러 방법으로 구현 할 수 있겠지만, 우리 책에서는 반투명 메시를 활용해서 이러한 그림자를 구현해 보겠습니다

① 속눈썹을 선택하고 [Edit Mode]로 전환합니다. 이어서 속눈썹 아랫부분에 해당하는 엣지 루프를 [Alt] + 마우스 왼쪽 버튼 클릭 등으로 선택합니다.

그리고 [E]를 눌러서 아래 방향으로 돌출한 후에 [S]로 작게 축소해서 안구 윗부분을 살짝 덮는 형태로 조정합니다❷.

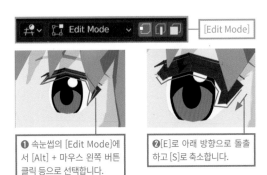

❶ 속눈썹의 [Edit Mode]에서 [Alt] + 마우스 왼쪽 버튼 클릭 등으로 선택합니다.

❷[E]로 아래 방향으로 돌출하고 [S]로 축소합니다.

② 그대로 [Ctrl] + 숫자 패드 [+]로 선택하고 있는 부분을 확장해서 방금 돌출한 부분의 메시를 모두 선택합니다❶.

[Material Properties] ⬤에서 머티리얼을 새로 만들고 적용합니다❷.

❶ [Ctrl] + 숫자 패드 [+]로 돌출한 메시를 모두 선택합니다.

❷ 머티리얼을 새로 만들고 적용합니다.

---

22 역주: 적당히 거리를 수정해 보면서 적당한 그림자가 나오게 만들면 됩니다.

③ 이 머티리얼은 셰이더 에디터에서 [Shader] 〉 [Transparent BSDF]를 머티리얼 출력에 연결한 형태로 만듭니다❶.

'셰이더 에디터 내부에서 [N]을 눌렀을 때 표시되는 프로퍼티 바의 [Options] 탭에 있는 [Settings] 패널' 또는 '[Material Properties] ■의 [Settings] 패널'에서 [Blend Mode]를 [Alpha Blend]로 전환합니다(둘은 서로 링크되어 있으므로 아무것이나 조작해도 괜찮습니다)❷.

[Transparent BSDF] 노드의 [Color]의 밝기에 따라서 투명도가 변화하므로 3D 뷰포트를 보면서 적절하게 조절해 주세요.

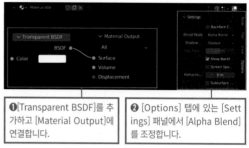

❶ [Transparent BSDF]를 추가하고 [Material Output]에 연결합니다.

❷ [Options] 탭에 있는 [Settings] 패널에서 [Alpha Blend]를 조정합니다.

● [Flip]으로 비표시하기

모델링 중에는 [Z]를 사용해서 **[Material Preview]** 표시, **[Solid]** 표시, **[Wireframe]** 표시를 적절하게 전환하게 됩니다. 그런데 [Solid] 표시는 [Material Preview] 표시와 다르게 반투명한 표시를 지원하지 않습니다. 따라서 [Solid] 표시로 전환해서 보면 조금 전에 만들었던 안구 그림자가 이상하게 보입니다. 이럴 때는 그림자 전용으로 만들었던 페이스를 선택한 상태에서 [Alt] + [N]으로 표시되는 [Normals] 메뉴의 [Flip]을 실행하고, 3D 뷰포트 헤더 가장 오른쪽 끝에 있는 ■ 버튼에서 [Backface Culling]에 체크하여 [Solid] 표시 때 그림자 전용 페이스가 보이지 않게 만들 수 있습니다.

블렌더의 모든 페이스는 앞면과 뒷면을 구별합니다. 따라서 방금 설명한 것처럼 표시하고 싶지 않은 페이스를 뒤집으면 [Solid] 표시 때 페이스를 숨길 수 있습니다. 지금까지 앞면과 뒷면에 대한 설명을 하지 않았으므로 일부 독자는 일부 페이스가 의도하지 않게 뒤집혀서 보여야 하는데 보이지 않을 수도 있습니다. 이때는 [Edit Mode]에서 모든 페이스를 선택하고 [Alt] + [N]을 눌렀을 때 표시되는 [Normals] 메뉴에서 [Recalculate Outside]를 실행해 보기 바랍니다.

◖ 코 표현하기

옆에서 봤을 때는 크게 문제없지만, 정면에서 봤을 때는 코가 정확하게 어디에 위치하는지 알기 힘듭니다. 일반적인 애니메이션 스타일의 일러스트에서는 코끝에 선을 살짝 그려 코의 위치를 표현하는데, 이를 따라서 구현해 보겠습니다.

① 얼굴을 선택하고 [Edit Mode]로 전환합니다. 그리고 코끝 부분에 있는 페이스를 선택한 뒤 [Shift] + [D]로 복제합니다. 이어서 코보다 살짝 앞에 나오게 이동하고, 검은색 머티리얼을 적용합니다❶.

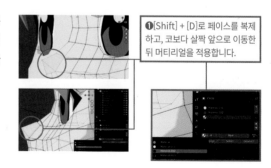

❶ [Shift] + [D]로 페이스를 복제하고, 코보다 살짝 앞으로 이동한 뒤 머티리얼을 적용합니다.

② 이 페이스를 코끝 쪽으로 축소하면 됩니다. 이때 코끝의 버텍스를 액티브 상태로 만들고, 피벗 포인트를 [Active Element] ◉로 설정한 뒤 축소하면 코끝으로 쉽게 축소할 수 있습니다①.

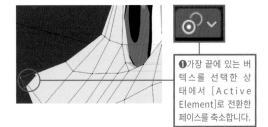

❶가장 끝에 있는 버텍스를 선택한 상태에서 [Active Element]로 전환한 페이스를 축소합니다.

③ 약간 부자연스러운 부분이 있다면 버텍스를 하나하나 움직여서 조정합니다. 여러 방향에서 봤을 때도 자연스럽게 조정해 주세요①.

❶버텍스를 조정합니다.

☾ 머리카락 아랫부분 머티리얼 설정하기

머리 오브젝트에서 머리카락 아래에 가려지는 페이스에 머리카락 전용 머티리얼을 할당하면 머리카락 오브젝트가 머리 안쪽으로 파고들더라도 눈에 띄지 않게 만들 수 있습니다[23].

① 머리카락 오브젝트의 [Material Properties] ◙에서 ➕를 클릭해 머티리얼 슬롯을 추가합니다①.
　[+ New]를 누르지 말고, 왼쪽에 있는 풀다운 메뉴에서 머리카락 전용 머티리얼을 선택합니다. 이어서 머리카락 색을 적용하고 싶은 페이스를 선택하고 [Assign]을 클릭합니다②.

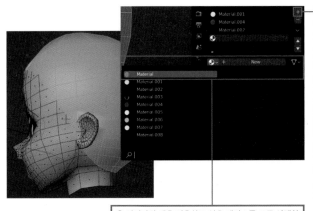

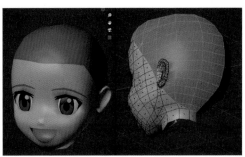

❶ 머리 오브젝트의 [Material Properties]에서 ➕를 클릭해서 머티리얼 슬롯을 추가합니다.

❷ 머리카락 색을 적용하고 싶은 페이스를 모두 선택한 상태에서 머리카락 전용 머티리얼을 할당합니다.

---

23 역주: 기본적인 모델링 단계에서는 머리카락이 머리 안쪽으로 파고들지 않겠지만, 물리 엔진 등을 적용해서 움직일 때는 머리카락이 머리를 파고드는 경우가 많습니다.

● 오브젝트와 머티리얼에 이름 붙이기

점점 오브젝트와 머티리얼의 수가 많아지고 있습니다. 어떤 것이 어떤 오브젝트인지, 머티리얼인지 구분하기 어려우므로 이쯤
에서 이름을 붙여보겠습니다. 아웃라이너 영역에서 이름 오른쪽에 ▼가 붙어있는 항목이 메시 오브젝트입니다. 이러한 항목을
더블클릭하면 이름을 변경할 수 있습니다. 머티리얼 이름도 머티리얼 슬롯 항목을 더블 클릭해서 이름을 변경할 수 있습니다.
한국어로 입력해도 됩니다. 참고로 버전에 따라서 한국어 입력 모드에서는 단축키가 적용되지 않을 수 있습니다. 따라서 이름
변경 후 단축키가 적용되지 않는다면 언어 전환 버튼을 눌러보기 바랍니다.

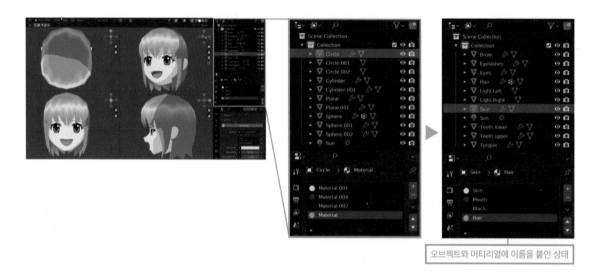

오브젝트와 머티리얼에 이름을 붙인 상태

머티리얼 공유화

현재 머티리얼은 셀 채색(애니메이션 채색)처럼 명암이 뚜렷하게 구분되는 2차원적인 형태로 만들고 있습니다. 만약 이처럼 선
명한 표현이 아니라 부드러운 그러데이션 표현을 만들고 싶다면 피부, 머리카락, 눈, 혀, 이, 입 등의 모든 머티리얼을 변경해야
하므로 굉장히 번거로울 것입니다. 따라서 이를 편리하게 변경할 수 있게 머티리얼의 공통된 부분을 하나로 묶어서 공유하는
기능이 있습니다. 조금 복잡한 내용이므로 '지금까지의 내용도 너무 어려워서 추가로 머리에 넣기 힘들다'고 생각되는 경우 이
부분을 건너뛰어도 괜찮습니다(건너뛰고 싶다면 신체 모델링(216페이지) 부분으로 이동해 주세요).

① 지금까지의 내용을 순서대로 진행했다면 셰이더 에디터에서 피
부 전용 머티리얼을 확인했을 때 [Diffuse BSDF], [Shader to
RGB], [Color Ramp], [Material Output] 순서로 연결돼 있을
것입니다①.

❶ 왼쪽에서부터 [Diffuse BSDF], [Shader to RGB], [Color
Ramp], [Material Output] 순서로 연결돼 있습니다.

② 이 중에서 [Color Ramp] 노드의 **컬러 스톱** 색을 피부색으로 설정했었습니다. 컬러바의 왼쪽 부분을 완전한 검은색, 오른쪽 부분을 완전한 흰색으로 변경하고 [Color] 〉 [Mix Color] 노드를 추가합니다❶.

[Factor] 단자 쪽에 [Color Ramp]의 [Color] 출력을 연결하고 [Mix Color] 노드의 [A]를 피부 그림자 색, [B]를 피부 기본색으로 설정합니다. 그리고 이 출력을 [Material Output]에 연결합니다❷.

이렇게 만들면 이전과 같은 결과를 얻을 수 있습니다.

❶[Color Ramp] 노드의 컬러 스톱 색을 설정하고 [Mix Color] 노드를 추가합니다.

❷ [Factor] 단자 쪽에 [Color Ramp]의 [Color] 출력을 연결하고, 색을 설정한 [Mix Color] 노드를 [Material Output]에 연결합니다.

③ 이어서 [Diffuse BSDF], [Shader to RGB], [Color Ramp], [Mix(Mix Color)] 노드를 선택한 상태로 [Ctrl] + [G]를 누릅니다❶. 이렇게 하면 선택한 노드들이 한꺼번에 그룹화되며, 그룹 내부가 표시됩니다.

❶[Diffuse BSDF], [Shader to RGB], [Color Ramp], [Mix(Mix Color)] 노드를 선택한 상태로 [Ctrl] + [G]를 누릅니다.

④ 헤더에서 화살표가 위를 향하고 있는 아이콘 ▣, 또는 [Ctrl] + [Tab]을 눌러보면 그룹 내부 표시에서 그룹 밖으로 나갈 수 있습니다. 그룹 밖으로 나가면 [NodeGroup]이라는 노드와 [Material Output] 노드만 있는 것을 확인할 수 있습니다❶.

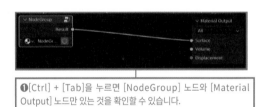

❶[Ctrl] + [Tab]을 누르면 [NodeGroup] 노드와 [Material Output] 노드만 있는 것을 확인할 수 있습니다.

⑤ NodeGroup 내부에는 이전에 배치했던 [Diffuse BSDF], [Shader to RGB], [Color Ramp], [Mix(Color Mix)]가 들어 있습니다. 이를 선택한 상태로 [Tab]을 누르면 다시 내용을 확인할 수 있는 상태가 됩니다. 이때 [Group Input]과 [Group Output]이라는 노드가 만들어져 있습니다. 이를 연결하면 해당 단자가 그룹 노드의 입력 단자와 출력 단자로 만들어집니다.

[Mix(Color Mix)] 노드의 [A], [B] 단자를 [Group Input] 노드의 오른쪽 단자에 연결합니다❶. 그리고 [Ctrl] + [Tab]을 누르면 그룹 밖으로 나옵니다. 이때 NodeGroup을 보면 [A], [B] 단자가 새로 만들어진 것을 확인할 수 있습니다❷.

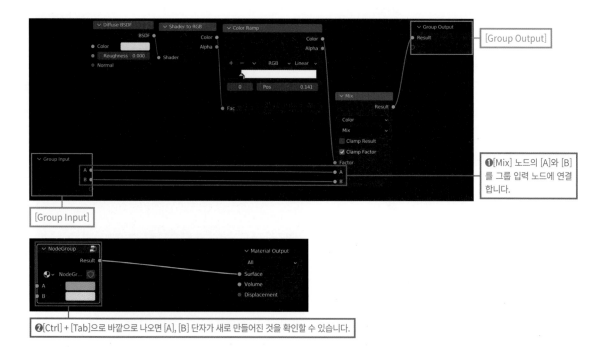

[Group Output]

❶[Mix] 노드의 [A]와 [B]를 그룹 입력 노드에 연결합니다.

[Group Input]

❷[Ctrl] + [Tab]으로 바깥으로 나오면 [A], [B] 단자가 새로 만들어진 것을 확인할 수 있습니다.

노드 그룹 호출하기

앞의 과정에 따라 만든 노드 그룹을 호출하는 방법을 설명하겠습니다.

❶ 머리카락 전용 머티리얼을 선택하고, 셰이더 에디터에서 [Diffuse BSDF], [Shader to RGB], [Color Ramp]를 제거합니다❶.
[Shift] + [A]로 표시되는 메뉴에서 [Group] 〉 [NodeGroup]을 선택하면 이전에 만든 노드 그룹을 호출할 수 있습니다❷.

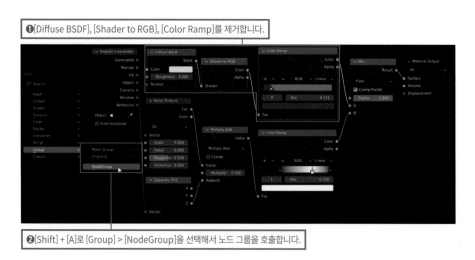

❶[Diffuse BSDF], [Shader to RGB], [Color Ramp]를 제거합니다.

❷[Shift] + [A]로 [Group] > [NodeGroup]을 선택해서 노드 그룹을 호출합니다.

❷ 이 단계에서 NodeGroup이라고 적혀있는 부분의 오른쪽에 '2'라는 숫자가 적혀있을 것입니다. 이는 노드 그룹이 피부와 머리카락 두 곳에서 사용되고 있다는 의미입니다.

아래의 [A]와 [B]가 피부색으로 되어 있는데, 이를 머리카락 그림자 색과 밑 색으로 변경합니다. 이어서 출력을 [Color Dodge]의 [A]에 연결합니다❶.

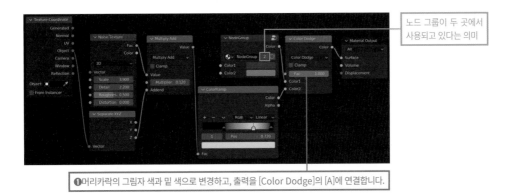

●머리카락의 그림자 색과 밑 색으로 변경하고, 출력을 [Color Dodge]의 [A]에 연결합니다.

③ [NodeGroup]이라고 작성된 칸을 클릭하면 노드 그룹의 이름을 변경할 수 있습니다. [Toon Shading]이라고 변경하겠습니다●.

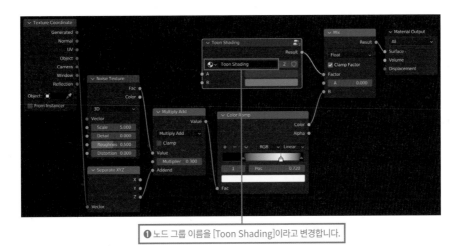

● 노드 그룹 이름을 [Toon Shading]이라고 변경합니다.

④ 다른 머티리얼도 마찬가지로 [Diffuse BSDF], [Shader to RGB], [Color Ramp]를 제거하고, [Toon Shading] 노드를 호출하여 머티리얼 출력에 연결합니다. 그리고 [A]와 [B]는 혀, 입, 치아에 맞는 색으로 다시 설정합니다. 눈동자는 텍스처를 사용했고, 혀는 광택을 부여했다는 부분이 조금 다릅니다. 다음 그림은 왼쪽에서부터 눈동자, 혀, 치아 노드 구성입니다. 이를 참고해서 노드를 구성해 주세요●.

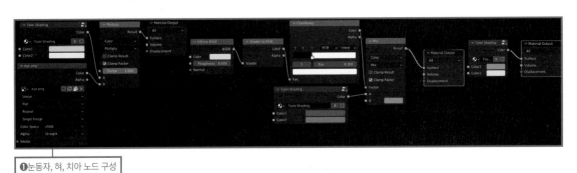

●눈동자, 혀, 치아 노드 구성

⑤ 이어서 어떤 머티리얼도 상관없으므로 [Toon Shading] 노드를 선택한 상태에서 [Tab]을 눌러 노드 그룹을 엽니다. 그리고 거기에 있는 [Color Ramp]의 컬러 스톱 위치를 조정해 보세요. 모든 머티리얼의 음영 경계선 그러데이션 정도를 한꺼번에 변경할 수 있습니다①.

물론 그러데이션 상태를 일괄로 변경하는 것은 하나의 예입니다. 노드 그룹을 사용하면 이외에도 다양한 설정을 일괄적으로 변경할 수 있는 구조를 만들 수 있습니다.

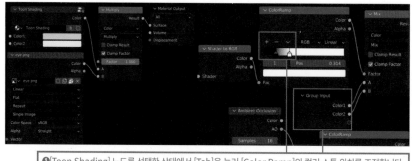

①[Toon Shading] 노드를 선택한 상태에서 [Tab]을 눌러 [Color Ramp]의 컬러 스톱 위치를 조정합니다.

● 그림자 그러데이션

어두운 부분에 그러데이션을 적용하고 싶다면 그림자에도 그러데이션을 적용하는 것이 자연스럽습니다. 그림자에 그러데이션을 적용하려면 셰이더 에디터가 아니라 라이트 설정을 변경해야 합니다.

일단 **램프 오브젝트(Sun)**를 선택하고, [Object Data Properties] 💡의 [Light] 탭에 있는 [Angle]의 값을 올립니다. 그리고 그림자에 그러데이션을 넣을 수 있게 [Render Properties] 🖼의 [Shadow] 패널에서 [Soft Shadows]에 체크합니다.

사실 이 기능은 기본적으로 활성화되어 있습니다. 따라서 반대로 '이진화되어 있는 그림자를 만들고 싶을 경우' 또는 '계산 부하를 줄이고 싶은 경우'에 이를 비활성화해 볼 수 있습니다.

추가로 그 위의 [Cascade Size]에서 그림자의 해상도를 지정할 수 있습니다. 클수록 그림자의 그러데이션이 부드러워지지만, 그만큼 계산 부하가 높아집니다.

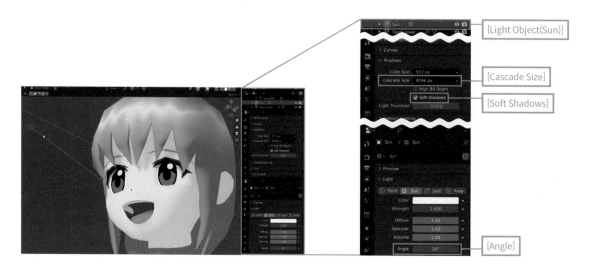

조금 어려운 내용이지만, 셰이더 에디터에서 노드를 조합해 머티리얼을 만들 때, **머티리얼 출력** 직전에 있는 노드는 셰이더 타입의 노드여야 한다는 규칙이 있습니다. 그렇지 않으면 렌더링 때 다양한 지오메트리 정보(노멀 값) 등이 제대로 출력되지 않을 수 있습니다. 이번 장의 마지막 부분에서도 간단하게 다루지만(278페이지), 이후 복잡한 컴포지트를 할 것이라면 **머티리얼 출력** 직전에 [Emission] 노드를 삽입하는 것이 좋을 수도 있습니다.

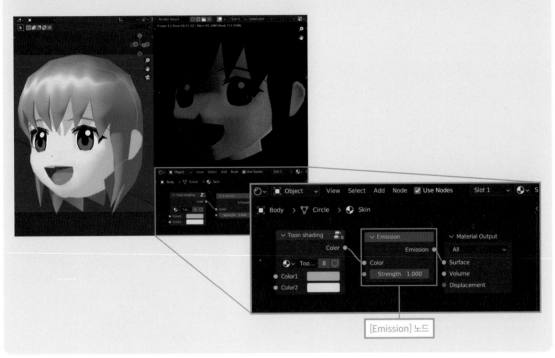

[Emission] 노드

6-4

📁 샘플 내려받기_samplefile/Chapter6/6-4

신체 모델링

머리를 모두 만들었으므로 이제 신체를 모델링하겠습니다.

▶ 신체 메시 작성하기

메시 오브젝트로 신체를 만듭니다.

☾ 큐브 메시 추가하기

큐브를 만들고 편집해서 형태를 만들겠습니다.

① [Object Mode]에서 [Shift] + [A]를 누르고 [Cube]를 추가합니다❶.
몸통을 생각하면서 머리 아래에 배치하고, 크기를 조정합니다❷.

❶[Shift] + [A]에서 [Cube]를 추가합니다.

❷위치와 크기를 조정합니다.

② 팔과 다리를 제외한 몸통 부분을 생각하면서 정면에서 봤을 때는 배모양, 옆에서 봤을 때는 S자 모양이 되게 형태를 만듭니다❶.

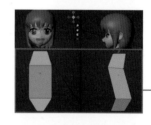

❶몸통의 형태를 생각하면서 메시를 만듭니다.

③ [Ctrl] + [R](루프컷)을 사용해서 정면에서 보았을 때, 중심에 세로 에지 루프를 추가합니다. 이어서 왼쪽 절반 부분의 버텍스를 제거합니다❶.

그리고 [Object Mode]로 돌아옵니다. [Shift]를 누르면서 신체 오브젝트와 얼굴 오브젝트 순서로 선택하고 [Ctrl] + [J]를 누릅니다. 이렇게 하면 마지막으로 선택한 오브젝트로 통합됩니다❷.

얼굴 오브젝트에는 [Mirror] 모디파이어가 적용돼 있었으므로 이번에 통합한 신체 메시도 좌우대칭 복사됩니다. 또한 얼굴 머티리얼도 신체 오브젝트에 적용됩니다.

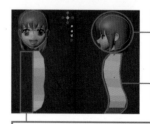

❷신체 오브젝트, 얼굴 오브젝트 순서로 선택하고 [Ctrl] + [J]를 눌러서 마지막에 선택한 오브젝트로 통합합니다.

❶[Ctrl] + [R]로 중심에 세로로 에지 루프를 추가하고, 왼쪽 절반 부분의 버텍스를 제거합니다.

④ [Edit Mode]에서의 셰이드 스무스 설정은 버텍스 단위로 설정됩니다. 따라서 [Object Mode]에서 [Shade Smooth]를 실행해서 전체 메시를 부드럽게 보이게 합시다❶.

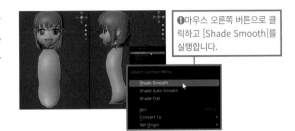

❶마우스 오른쪽 버튼으로 클릭하고 [Shade Smooth]를 실행합니다.

둥글게 만들기

전체 분할 수를 늘려 나가면서 각진 부분을 둥글게 만듭시다.

① 목과의 연결을 생각해서 몸 가장 윗부분에 해당하는 페이스는 제거해서 비워둡니다❶.

몸을 조금 더 둥글게 만들 수 있게 세로 방향으로만 분할 수를 늘리겠습니다. 이럴 때는 일단 에지 선택 모드에서 [Ctrl] + [Alt] + 마우스 왼쪽 버튼 클릭으로 한 쪽 부분에 있는 가로 방향 에지들을 한꺼번에 선택합니다.❷.

이 상태에서 헤더 메뉴에 있는 [Select]에서 [Select Loops] 〉 [Edge Loops]를 실행하면 선택하고 있는 각각의 에지를 에지 루프로 확장할 수 있습니다❸.

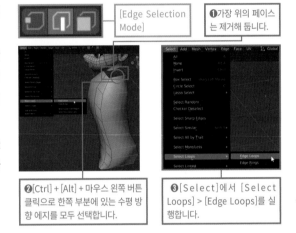

[Edge Selection Mode]

❶가장 위의 페이스는 제거해 둡니다.

❷[Ctrl] + [Alt] + 마우스 왼쪽 버튼 클릭으로 한쪽 부분에 있는 수평 방향 에지를 모두 선택합니다.

❸[Select]에서 [Select Loops] > [Edge Loops]를 실행합니다.

② 그리고 마우스 오른쪽 버튼 클릭으로 표시되는 메뉴에서 [Subdivide]를 실행하면 메시들을 세로 방향으로만 분할할 수 있습니다❶.

포인트
분할 후에 [Smooth] 값을 높여서 둥글게 만듭니다.

❶마우스 오른쪽 버튼을 클릭하고 [Subdivide]를 실행합니다.

분할 수가 많은 부분 조정하기

① 반대로 분할이 너무 많다고 생각되는 부분이 있을 수도 있습니다. 이전과 마찬가지로 [Ctrl] + [Alt] + 마우스 왼쪽 버튼 클릭으로 한 열의 수평 방향의 에지를 모두 선택한 뒤 [M]을 눌러서 표시되는 메뉴에서 [Collapse]를 실행합니다❶.

[Collapse]를 사용하면 이처럼 한 열의 에지들을 제거할 수 있습니다.

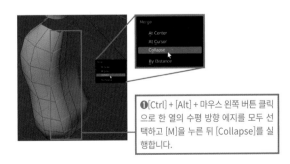

❶[Ctrl] + [Alt] + 마우스 왼쪽 버튼 클릭으로 한 열의 수평 방향 에지를 모두 선택하고 [M]을 누른 뒤 [Collapse]를 실행합니다.

② 목과 몸통을 연결하겠습니다. [Alt] + 마우스 왼쪽 버튼 클릭으로 목 가장 아래에 있는 에지 루프를 선택합니다. 이어서 [Shift] + [Alt] + 마우스 왼쪽 버튼 클릭으로 몸 가장 위에 있는 에지 루프를 추가 선택합니다. 이어서 [Ctrl] + [E]로 표시되는 메뉴에서 [Bridge Edge Loops]를 실행합니다❶.

목과 몸의 분할 수가 일치하는 것이 가장 이상적입니다. 하지만 일치하지 않아도 큰 문제는 없으므로 무리하게 일치시킬 필요는 없습니다.

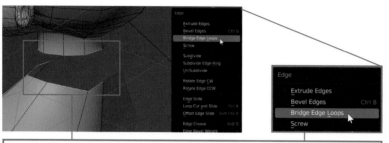

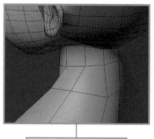

❶[Alt] + 마우스 왼쪽 버튼 클릭으로 목 가장 아래에 있는 에지 루프, [Shift] + [Alt] + 마우스 왼쪽 버튼 클릭으로 몸 가장 위에 있는 에지 루프를 선택합니다. 이어서 [Ctrl] + [E]의 [Bridge Edge Loops]를 실행합니다.

목과 몸이 연결되었습니다.

팔 만들기

몸에서 페이스를 돌출해서 팔을 만들겠습니다.

① 팔이 나와야 하는 위치의 메시를 잘 조정해서 어깨의 단면 형태를 잡습니다. 그리고 [E]로 돌출해서 조금 이동시킨 뒤 살짝 축소해서 어깨를 만듭니다❶.

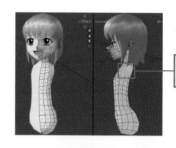

❶어깨 부분을 [E]로 돌출합니다.

② [X]로 끝부분의 페이스를 제거하고, 단면이 원 형태가 되게 버텍스 위치를 조정합니다❶.

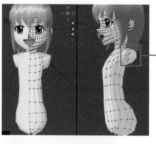

❶[X]로 끝부분의 페이스를 제거하고, 단면을 조정합니다.

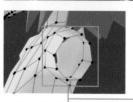

단면의 버텍스를 조정합니다.

③ 이어서 [E]로 더 돌출해서 팔꿈치 부분까지 만들고 조정합니다❶.

실제로 팔을 벌려서 포즈를 취해보면 알겠지만, 이 포즈에서는 팔꿈치가 뒤쪽을 향하게 됩니다.

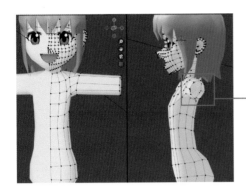 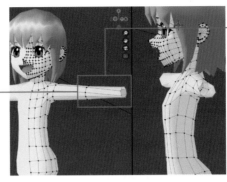

❶[E]로 돌출하고 형태를 조정해서 팔꿈치 부분까지 만듭니다.

④ 따라서 팔꿈치 부근의 단면은 세로로 긴 타원 형태가 되게 조정합니다. 그리고 [E]로 손목 부분까지 돌출하고 해당 타원을 90도 정도 비틀어서 가로로 긴 타원 형태가 되게 조정합니다❶.

손바닥 부분은 세부 묘사해야 하므로 일단 전체적인 균형을 잡은 이후에 만들겠습니다. 따라서 지금은 대략적인 형태만 만들어 두겠습니다.

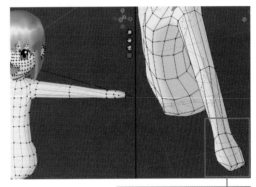

❶가로로 긴 타원이 되게 조정합니다.

다리 만들기

팔과 마찬가지로 돌출을 사용해서 다리를 만듭니다.

① 골반 부분을 V자 형태로 만들고, 아래의 페이스를 [E]로 돌출합니다. 이어서 아래로 향하게 이동, 회전, 확대/축소 조작합니다❶. 팔을 만들 때와 마찬가지로 아래로 조금씩 돌출합니다. 허벅지 부분은 세로로 긴 타원으로 만듭니다. 이어서 무릎 아래에서 살짝 두껍게 만들고, 발목으로 갈수록 얇아지게 만듭니다❷.

현재 단계에서 발은 대략직인 형태만 만들어 둡니다.

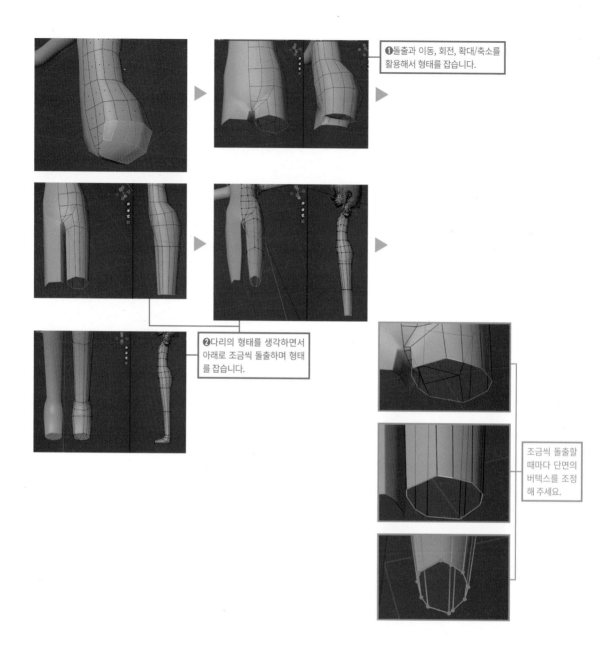

❶돌출과 이동, 회전, 확대/축소를 활용해서 형태를 잡습니다.

❷다리의 형태를 생각하면서 아래로 조금씩 돌출하며 형태를 잡습니다.

조금씩 돌출할 때마다 단면의 버텍스를 조정해 주세요.

▶ 모델 크기 맞추고 적용하기

모델 전체의 균형을 확인할 수 있을 정도로 만들어졌으므로 이제 2장의 와인잔 만들기(56페이지) 때 했던 것처럼 모델의 크기를 캐릭터의 키에 정확하게 맞추고 적용하는 작업을 하겠습니다.

가이드 오브젝트를 사용해서 크기를 맞추겠습니다.

① [Object Mode]로 전환하고, 정면을 보는 Plane 오브젝트
를 추가합니다**①**.

이어서 [N]으로 표시되는 프로퍼티 바의 [Item] 탭에서 해
당 오브젝트의 [Dimensions]를 직접 입력합니다**②**.
예를 들어서 캐릭터의 키가 '150cm'라고 한다면 여기에서
세로 길이를 '1.5m'로 지정합니다.

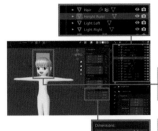

①Plane 메시 오브젝트를 추
가합니다.

②[Dimensions]를 입력합니
다('1.5m'로 지정했습니다).

② 해당 오브젝트의 가장 바닥 위치가 3D 공간의 중심에 오
게 배치합니다. 이어서 [Shift] + [C]로 3D 커서를 중앙으
로 이동합니다. 방금 설정한 가이드 오브젝트를 제외한 모
든 오브젝트를 선택합니다**①**.

피벗 포인트를 [3D Cursor]로 설정하고, 모델의 위치를
[G]로 움직여서 발바닥이 'Z=0' 위치에 오게 조정합니다
②.

이 상태에서 [S]로 확대/축소합니다. 모델 전체가 3D 커서
를 향해 확대/축소되는데, 가이드로 설정한 오브젝트의 윗
부분과 모델의 윗부분이 일치되게 조정합니다**③**.

①[Shift] + [C]로 3D
커서를 중앙으로 이동
하고, 가이드 오브젝트
이외의 모든 모델 오브
젝트를 선택합니다.

③가이드 오브젝트와 모델
의 윗부분이 일치하게 조정
합니다.

②피벗 포인트를 [3D Cursor]로 설정하
고, 모델의 위치를 [G]로 발바닥이 'Z=0'
위치에 오게 조정합니다.

③ 몸 오브젝트를 선택하고 [Ctrl] + [A]로 표시되는 메뉴에서
[All Transforms]을 실행하여 현재 상태가 위치, 각도, 크
기의 기본값(또는 기준값)이 되게 적용합니다**①**.

이제 가이드로 배치했던 오브젝트는 제거해도 상관없습
니다.

기준이 되는 위치, 각도,
크기를 설정합니다.

①몸 오브젝트를 선택하고 [Ctrl] + [A]
의 [All Transforms]를 실행합니다.

《 머리카락 오브젝트의 트랜스폼 적용하기

그런데 머리카락 오브젝트의 크기를 적용하는 일은 몸 오브젝트처럼 간단하지 않습니다.

① 머리카락 오브젝트도 [Ctrl] + [A]의 [All Transforms]를
적용합니다❶.

그런데 적용해 보면 머리카락의 두께가 조금 달라집니다.

이는 머리카락 오브젝트에 적용했던 [Solidify] 모디파이
어의 [Thickness]가 모델 크기를 기준으로 하는 상대값이
아니라, 절댓값으로 반영되기 때문에 일어나는 일입니다.
따라서 다시 [Modifiers Properties] 탭에서 [Thickness]
값을 조정해야 합니다❷.

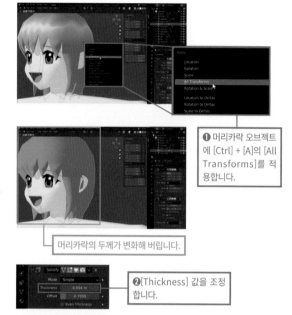

❶ 머리카락 오브젝트
에 [Ctrl] + [A]의 [All
Transforms]를 적
용합니다.

머리카락의 두께가 변화해 버립니다.

❷[Thickness] 값을 조정
합니다.

② 또한 셰이더 에디터로 만들었던 머리카락 큐티클도 제대
로 표시되지 않습니다. 따라서 오른쪽 그림과 같이 노드와
값을 조정합니다❶.

새로 [Multiply Add] 노드가 추가됐는데, 이는 오른쪽에
있는 [Multiply Add] 노드를 [Shift] + [D]로 복제해서 만
든 것입니다❷.

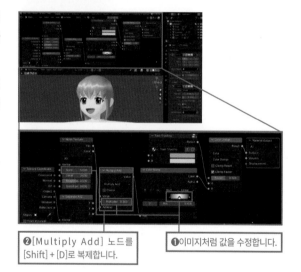

❷[Multiply Add] 노드를
[Shift] + [D]로 복제합니다.

❶이미지처럼 값을 수정합니다.

얼굴 파츠의 트랜스폼 적용하기

눈썹, 속눈썹, 안구, 혀 오브젝트의 트랜스폼을 적용하겠습니다.

1 눈썹, 속눈썹, 안구, 혀 오브젝트도 [Ctrl] + [A]의 [All Transforms]를 적용합니다❶.

단순하게 만든 오브젝트들이므로 특별한 문제가 따로 발생하지 않습니다.

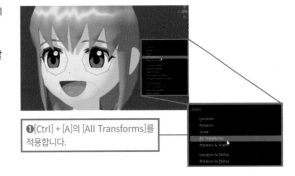

❶[Ctrl] + [A]의 [All Transforms]를 적용합니다.

2 눈 하이라이트 오브젝트는 [Ctrl] + [A]의 [Scale]을 적용합니다❶.

그런데 눈 하이라이트 오브젝트는 다른 오브젝트와 다르게 [Alt] + [D]로 복제했습니다. 이를 적용하려 하면 [Create new object–data users and apply transformation]이라는 메시지가 뜹니다. 일단 클릭합니다.

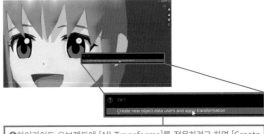

❶하이라이트 오브젝트에 [All Transforms]를 적용하려고 하면 [Create new object-data users and apply transformation]이 뜹니다.

3 변환이 적용되었지만, 두 오브젝트의 링크가 끊겼습니다. 따라서 다시 두 오브젝트의 링크를 연결하는 과정이 필요합니다. 하이라이트 오브젝트 모두를 선택한 상태에서 [Ctrl] + [L]의 [Link Object Data]를 실행해 다시 메시 데이터를 링크합니다❶.

❶하이라이트 오브젝트 모두를 선택하고 [Ctrl] + [L]의 [Link Object Data]를 실행합니다.

포인트

[All Transforms]가 아니라 [Scale]로 적용한 데에는 이유가 있습니다. 하이라이트는 양쪽이 다른 형태로 회전하는 경우가 많으므로 독립적으로 각도를 조정하는 것이 편리하기 때문입니다. 이는 치아 오브젝트도 위아래로 독립적으로 회전하는 경우가 많으므로 마찬가지입니다. 따라서 치아 오브젝트도 같은 형태로 [Apply] 작업을 진행합니다.

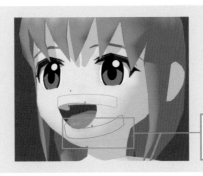

위아래의 치아 오브젝트도 같은 과정으로 [Apply]를 적용합니다.

[Mirror] 모디파이어를 추가한 메시의 크기를 조정하는 작업은 조금 주의해야 합니다.

☾ 머리 부분의 크기 조정하기

예를 들어 몸에 비해서 머리 부분이 너무 크다고 느껴진다면 다음 과정을 따라 균형을 맞춰주세요.

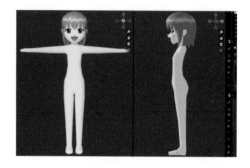

① 일단 머리 부분과 목의 경계에 있는 버텍스 중에서 X=0 위치에 있는 두 버텍스를 선택합니다①.

그리고 [Shift] + [S]의 [Cursor to Selected]를 선택하면 3D 커서를 두 버텍스의 중심 위치(X=0)로 옮길 수 있습니다②.

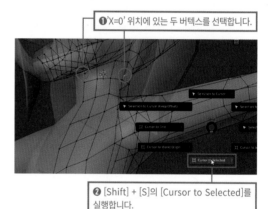

❶'X=0' 위치에 있는 두 버텍스를 선택합니다.

❷ [Shift] + [S]의 [Cursor to Selected]를 실행합니다.

② 이어서 머리 부분에 있는 메시를 선택해 보겠습니다. 일단 [Object Mode]에서 모든 오브젝트를 선택한 상태로 [Tab]을 누르면 모든 오브젝트의 메시가 표시됩니다①.

[A] → [A]로 일단 모든 선택을 해제하고, 머리카락 메시 내부의 버텍스 하나만 선택해 보세요. 이어서 [Ctrl] + [L]을 누르면 머리카락 메시 전체가 선택됩니다②.

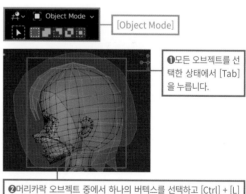

[Object Mode]

❶모든 오브젝트를 선택한 상태에서 [Tab]을 누릅니다.

❷머리카락 오브젝트 중에서 하나의 버텍스를 선택하고 [Ctrl] + [L]로 머리카락 메시 전체를 선택합니다.

④ [T]로 표시되는 툴바에서 가장 위에 있는 [Select Box] 버튼
을 길게 누른 뒤 [Select Lasso]로 전환합니다. 이어서 그 위
에 있는 [Select Mode] 전환 버튼에서 왼쪽에서 2번째에 있는
[Extend existing selection](추가 선택 모드)로 전환합니다. 머
리 부분 전체를 올가미로 선택하면 머리카락 오브젝트 선택 상
태에서 추가 선택됩니다(또는 [Select Mode]를 따로 전환하지
않고 [Shift]를 누르면서 올가미로 선택하면 추가 선택됩니다)❶.

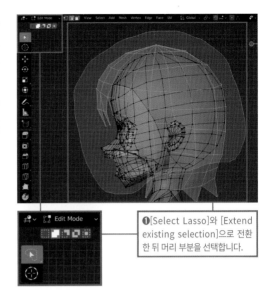

❶[Select Lasso]와 [Extend existing selection]으로 전환한 뒤 머리 부분을 선택합니다.

⑤ 이렇게 머리 부분을 전체 선택하면 피벗 포인트를 [3D Cursor]
로 설정한 상태에서 [S]로 축소했을 때 머리 부분만 축소됩
니다❶.

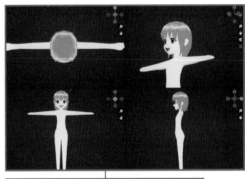

❶[3D Cursor] 상태에서 [S]로 머리 부분만 축소합니다.

> 포인트
>
> [Ctrl] + [Alt] + [Q]([Toggle Quad View])로 모든 각도에
> 서 확인하면서 다시 3D 뷰포트 헤더에 있는 '두 원이 겹쳐 있는 아
> 이콘이 있는 버튼' 🔘([Show Overlays])를 비활성화하고, [Material
> Preview] 표시🔘에서 [S]로 확대/축소하면 불필요한 것들을 비표시
> 하고 크기를 조정할 수 있습니다.

▶ 모델의 세부적인 부분 만들기

모델의 균형을 확인하고 조정할 수 있는 상태가 되었으므로 모델의 세부적인 부분을 만들어 나갑시다.

🌙 손 만들기

그럼 이전에 미뤄두었던 손을 만들겠습니다.

❶ 일단 간단하게 손바닥 부분의 형태부터 잡겠습니다. 위에서 봤
을 때 살짝 찌그러진 오각형 형태, 손가락 쪽에서 봤을 때 아치
형태로 만들어 주세요. 그리고 손바닥의 중앙이 살짝 움푹하게
들어간 모양을 생각하면서 형태를 잡습니다❶.

다섯 개의 손가락이 나오는 위치에 페이스가 있을 수 있게 전체
적인 분할 수도 조정해 주세요❷.

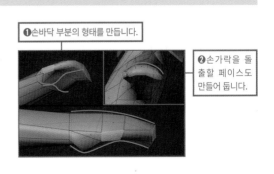

❶손바닥 부분의 형태를 만듭니다.

❷손가락을 돌출할 페이스도 만들어 둡니다.

② 그리고 만들었던 페이스를 돌출해서 다섯 개의 손가락을 만듭니다❶.

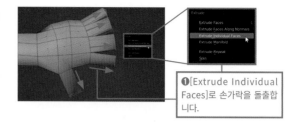

❶[Extrude Individual Faces]로 손가락을 돌출합니다.

③ 실제 손가락 관절의 위치에 메시 분할선이 올 수 있게 버텍스의 위치를 조정하면서 형태를 잡아주세요❶.

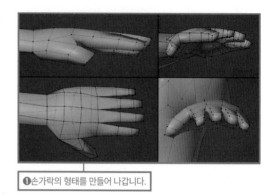

❶손가락의 형태를 만들어 나갑니다.

☾ 발 만들기

이제 발 부분을 만들겠습니다. 발을 만들 때는 [Mirror] 모디파이어로 만들어지는 반대쪽 발이 시야를 방해하므로 잠시 [Mirror] 모디파이어가 [Edit Mode] 때 표시되지 않게 버튼을 눌러 비활성화 해두는 것이 좋습니다.

① 발뒤꿈치를 둥글게 만드는 등 발의 기본적인 형태를 잡고, 앞쪽에 있는 페이스를 돌출해서 발가락 형태를 만듭니다❶.
손과 마찬가지로 발가락 쪽에서 보았을 때 아치 형태가 나와야 합니다. 또한 옆에서 봤을 때 가운데 부분이 움푹 들어가 있어야 합니다. 발바닥과 접지되는 부분은 발뒤꿈치가 가장 크고 둥급니다. 발가락들이 나오는 부분은 세로로 살짝 긴 타원이라는 것을 의식하면서 만들어 주세요.

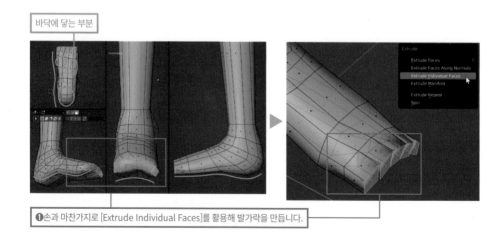

바닥에 닿는 부분

❶손과 마찬가지로 [Extrude Individual Faces]를 활용해 발가락을 만듭니다.

② [E]로 돌출한 발가락은 손가락을 만들 때처럼 관절 개수만큼 만듭니다. 그리고 발가락 끝부분들은 가운데로 살짝 모아줍니다**①**.

발등의 곡선, 복숭아뼈 등도 생각하면서 만들어 주세요.

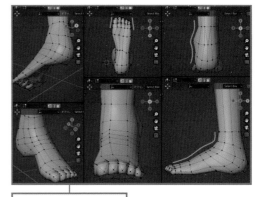

①각각의 발가락을 조정합니다.

엉덩이 만들기

엉덩이 굴곡도 만들겠습니다.

① 다리가 나오는 부분과 엉덩이 경계 부분은 각도가 급격하게 변하므로 분할선을 추가하고 형태를 잡습니다. 또한 두 엉덩이 사이의 갈라진 부분도 분할 수를 늘리고 형태를 잡습니다**①**.

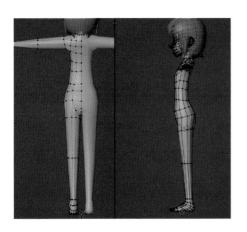 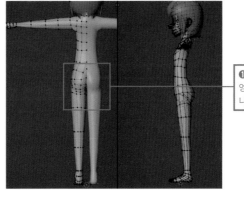

①분할 수를 늘리고 엉덩이의 형태를 잡습니다.

포인트 엉덩이는 '**둥근 모양**'이 **중요**한 부위이므로 분할 수를 늘리고 형태를 잡는 것이 좋습니다.

가슴 만들기

이어서 가슴을 만들겠습니다. 단순한 격자 형태의 메시보다는 중앙에서 뻗어나가는 방사형 형태가 형태를 조정하기 좋으므로 메시 구조부터 조정하겠습니다.

① 가슴 중앙 부분에 있는 버텍스를 선택하고 [X]로 표시되는 메뉴에서 [Dissolve Vertices]를 선택합니다 ❶.

[Dissolve Vertices] 기능은 해당 요소를 제거하면서도 인접한 페이스와 에지를 제거하지 않고 결합해 주는 편리한 기능입니다.

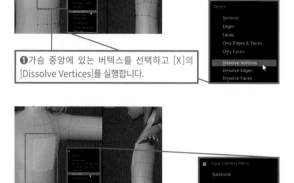

❶가슴 중앙에 있는 버텍스를 선택하고 [X]의 [Dissolve Vertices]를 실행합니다.

② 그리고 이렇게 결합하여 하나가 된 페이스를 선택하고, 마우스 오른쪽 버튼을 클릭하면 표시되는 [Poke Faces]를 실행합니다. 이렇게 하면 방사 형태로 페이스가 분할됩니다 ❶.

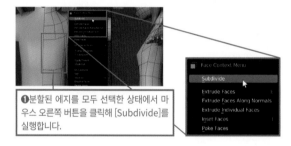

❶결합한 페이스를 선택하고, 마우스 오른쪽 버튼을 클릭해 [Poke Faces]를 실행합니다.

③ 이어서 [Edge Selection Mode]로 전환합니다. 방사 형태로 분할된 에지를 모두 선택하고 마우스 오른쪽 버튼을 클릭한 뒤 [Subdivide]로 분할합니다 ❶.

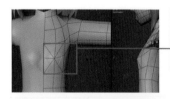

❶분할된 에지를 모두 선택한 상태에서 마우스 오른쪽 버튼을 클릭해 [Subdivide]를 실행합니다.

④ 방금 분할된 에지를 모두 선택하고 [Shift] + [Alt] + [S]를 누른 뒤 마우스를 움직여서 둥글게 만들어 줍니다 ❶.

❶에지를 모두 선택하고 [Shift] + [Alt] + [S]를 누른 뒤 마우스를 움직여서 변형합니다.

포인트

하지만 이러한 기능만으로는 윤곽을 제대로 잡는 데 한계가 있으므로 결국은 버텍스를 하나하나 움직여서 조금씩 형태를 수정해야 합니다.

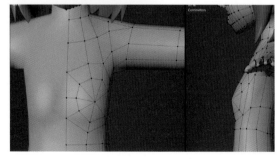

엉덩이와 가슴처럼 둥근 형태를 파악해야 하는 상황이 많아지고 있습니다. 기본적으로 제공되는 [Solid]의 그림자 형태는 어느 정도 메시의 형태를 잘 볼 수 있게 도와주지만, 각도에 따라서 보기 어려울 때가 있습니다. [Solid] 표시 상태에서 3D 뷰포트 헤더 가장 오른쪽에 있는 🔘 아이콘에서 구체가 표시되는 부분의 왼쪽 아래에 있는 지구본 모양의 아이콘 ☑️을 활성화하면 시점과 함께 움직이던 광원을 고정할 수 있습니다.

또한 이 상태에서 그 오른쪽의 [Rotation] 값을 지정하면 광원의 각도를 조정할 수 있습니다. 그리고 구체 위에 있는 [MatCap] 버튼을 클릭한 뒤 구체를 클릭하면 [Solid] 표시 때의 텍스처를 선택할 수 있습니다. 매끄러운 광택을 가진 질감은 굴곡을 잘 보여주므로 이러한 여러 가지 텍스처를 활용해서 형태를 확인하는 것이 좋습니다. 다시 원래대로 되돌리고 싶다면 [Studio]를 선택합니다.

지구본 모양의 아이콘을 활성화하면 광원을 고정할 수 있습니다.

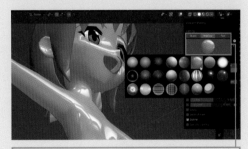

[MatCap] 버튼을 누르고 구체를 클릭하면 [Solid] 표시 때의 텍스처를 선택할 수 있습니다.

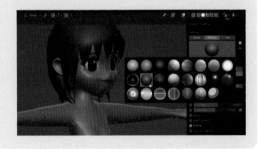

관절 부분 조정하기

주요 관절 부분의 분할 수를 높여주겠습니다.

형태를 만들기 위해서 분할 수를 높이는 것이 아니라, 이후에 아마튜어를 사용해서 움직일 때 자연스럽게 보일 수 있게 분할 수를 미리 높여주는 것입니다.

① 일단 팔꿈치와 무릎 부분의 에지 루프를 선택하고, [Ctrl] + [B]로 베벨을 실행합니다. 마우스 휠을 돌려 분할 수를 3개 정도로 늘리고, 적당한 폭을 부여한 뒤 확정합니다①.

▶ 다리   ▶ 팔

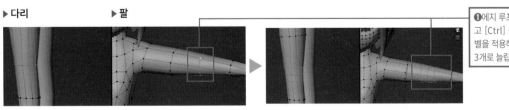

①에지 루프를 선택하고 [Ctrl] + [B]로 베벨을 적용해서 에지를 3개로 늘립니다.

② 새로 생성한 에지 중에서 구부러질 때 안쪽에 닿는 에지는 [X]로
표시되는 메뉴에서 [Edge Loops]를 눌러 제거합니다**❶**.

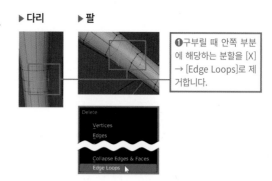

▶다리 ▶팔

❶구부릴 때 안쪽 부분
에 해당하는 분할을 [X]
→ [Edge Loops]로 제
거합니다.

③ 오각형 이상의 페이스가 만들어지는 경우 [J]를 활용해 분할해
서 구부러지는 안쪽은 에지 2개만 남깁니다**❶**[24].

메시를 왜 이렇게 구성하는지는 아마튜어를 넣고 실제로 움직
여 보기 전까지는 이해하기 어려우므로 일단 오른쪽 그림과 같
은 구조로 만들어 두겠습니다.

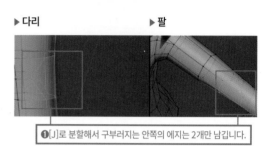

▶다리 ▶팔

❶[J]로 분할해서 구부러지는 안쪽의 에지는 2개만 남깁니다.

④ 손목 부분도 마찬가지로 구조를 수정합니다**❶**.

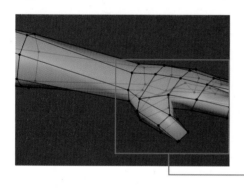
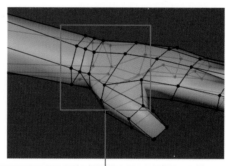

❶손목도 이전과 같은
방법으로 구성합니다.

🌙 메시 오브젝트 합치기

메시 오브젝트를 최대한 하나로 합치겠습니다. 눈 하이라이트와 치아는 메시 데이터 링크를 사용하고 있습니다. 또한 머리카락
은 [Solidify] 모디파이어를 사용하고 있습니다. 이러한 특수한 오브젝트들을 제외하고, 이외의 오브젝트(눈, 눈썹, 속눈썹, 혀)를
신체 오브젝트에 결합하겠습니다.

---

24 역주: 설명이 살짝 복잡한데, 과정**❶**에서 베벨로 3개의 에지 루프를 만들었습니다. 구부러지지 않는 쪽은 3개의 에지를 모두 남기고, 구부러지는 쪽은 가운데
에지가 없게 구성하면 됩니다.

① 결합하고 싶은 오브젝트를 모두 선택하고, 신체 오브젝트를 액티브 오브젝트로 만듭니다. 이어서 [Ctrl] + [J]로 결합합니다**①**.

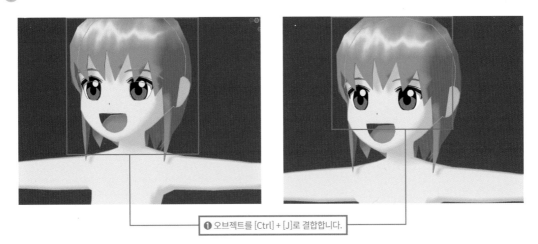

❶ 오브젝트를 [Ctrl] + [J]로 결합합니다.

메모

모델링과 관련된 작은 팁입니다. [Edit Mode]가 아니라 [Object Mode]에서 회전하면 프로퍼티 바에서 오브젝트의 회전 각도가 변했다는 것을 확인할 수 있습니다. 이 상태에서 3D 뷰포트 헤더에 기본적으로 [Global]이라고 표시된 [Transform Orientations] 메뉴에서 [Local]을 선택하고, [T]를 눌러서 나오는 툴바에서 [Move] 매니퓰레이터를 표시하면 매니퓰레이터도 회전된 것을 볼 수 있습니다. 이를 활용하면 눈 하이라이트와 이처럼 이미 회전된 오브젝트를 회전되어 있는 방향으로 정확하게 이동할 수 있습니다.

참고로 [Transform Orientations]를 하나하나 전환할 필요 없이, 예를 들어 로컬 좌표로 Z 방향으로 움직이고 싶다면 [G] → [Z] → [Z] 처럼 좌표축을 두 번 누르면 로컬 좌표를 기준으로 이동합니다. 프리미티브에 가까운 형태는 [Edit Mode]가 아니라 [Object Mode]에서 회전했을 때, 이와 같은 로컬 축 이동이 가능하므로 편리합니다.

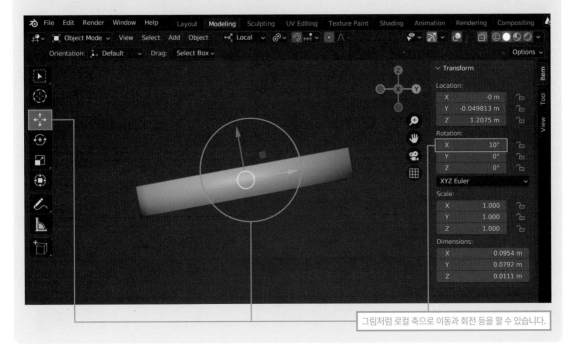

그림처럼 로컬 축으로 이동과 회전 등을 할 수 있습니다.

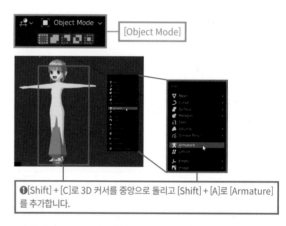

6-5 리깅

이론적으로는 머리와 신체를 모델링하고 나서 옷을 모델링하는 것이 일반적입니다. 하지만 실무에서는 효율을 위해 곧바로 리깅을 하는 경우가 많습니다. 따라서 우리도 실무적인 과정에 따라 곧바로 리깅을 하겠습니다.

▶ 리깅하기

기본적인 과정은 4장의 물범 리깅(127페이지)과 같습니다. 관절 수만큼 본을 넣어주면 됩니다.

◀ 신체 전체의 본 만들기

대략적인 신체 전용 본을 만들겠습니다.

❶ [Object Mode]에서 [Shift] + [C]로 3D 커서를 중앙으로 옮기고 [Shift] + [A]로 [Armature]를 추가합니다❶.

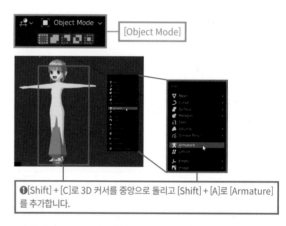

[Object Mode]

❶[Shift] + [C]로 3D 커서를 중앙으로 돌리고 [Shift] + [A]로 [Armature]를 추가합니다.

❷ 아마튜어가 모델 안에 들어가서 보이지 않으므로 [Object Data Properties] 🔹에 있는 [Viewport Display] 패널에서 [In Front]에 체크합니다❶.

[Edit Mode]로 전환하고 [E]로 본을 위로 돌출한 뒤 돌출한 본을 선택합니다. 이어서 [Alt] + [P]로 표시되는 메뉴에서 [Disconnect Bone]을 눌러 직접적인 연결을 끊습니다. 그리고 이렇게 끊긴 본을 캐릭터의 상체 쪽으로 이동합니다❷.

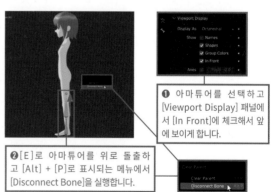

❶ 아마튜어를 선택하고 [Viewport Display] 패널에서 [In Front]에 체크해서 앞에 보이게 합니다.

❷[E]로 아마튜어를 위로 돌출하고 [Alt] + [P]로 표시되는 메뉴에서 [Disconnect Bone]을 실행합니다.

③ 헤드를 허리 부분, 테일은 목 아랫부분으로 이동합니다❶(상반
신 전용 본).

이때 X 방향으로 움직이면 안 되므로 오른쪽에서 보는 시점으
로 조작하는 것이 좋습니다.

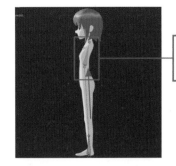

❶헤드는 허리, 테일
은 목 아랫부분으로
이동합니다.

④ 상반신 전용 본의 헤드 쪽에서 [E]로 돌출해서 테일을 골반 쪽까
지 내립니다❶.

이어서 상반신 전용 본의 테일 쪽에서 [E]로 돌출해서 목 전용
본을 만듭니다. 그리고 다시 [E]로 돌출해서 머리 전용 본까지
만듭니다❷.

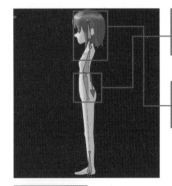

❶헤드 쪽에서 골반
위치까지 [E]로 돌출
합니다.

❷테일 쪽에서 목과
머리까지 [E]로 돌출
합니다.

⑤ 이제 3D 뷰포트 오른쪽 위에 있는 ☒ 버튼을 클릭해 X축 대칭
모드를 활성화합니다. 이어서 정면 시점으로 전환하고 [Shift] +
[E]를 사용해 상반신 본의 테일을 시작으로 어깨 전용 본을 만듭
니다.

마찬가지로 [Shift] + [E]로 하반신 본의 테일을 시작으로 엉덩
이 전용 본을 만듭니다❶.

이어서 [E]로 팔과 다리 전용 본을 관절 별로 만들어 나갑니다
❷.

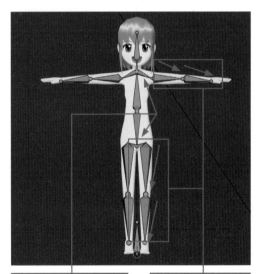

❶ 상반신과 하반신 본의 테일
에서 [Shift] + [E]를 누르고 당
깁니다.

❷[E]를 사용해서 팔과 다
리의 본을 관절 별로 만듭
니다.

◖ 손 부분의 본 만들기

손(손바닥과 손가락)을 움직일 수 있게 본을 만들겠습니다.

① 손등을 어느 정도 움직일 수 있게 본을 3개 정도로 나누어 구성합니다(고해상도 모델의 경우 5개 정도 사용합니다). 이어서 각각의 끝에서 가까운 손가락을 위한 본을 만듭니다. 이때 각각의 손가락은 분리해서 만듭니다.

각 손가락 본은 다른 손가락 본을 [Shift] + [D]로 복제해서 한꺼번에 만들어도 됩니다. 이때 연결 대상을 변경해야 하므로 주의해 주세요. 자식 본을 모두 선택하고, 마지막에 부모 본을 선택한 다음 [Ctrl] + [P]로 다시 연결해 주세요❶.

이때 [Disconnect Bone]을 클릭하면 연결 해제 상태를 유지한 상태로 연결하게 됩니다.

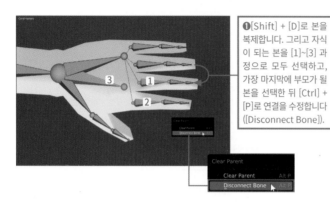

❶[Shift] + [D]로 본을 복제합니다. 그리고 자식이 되는 본을 [1]~[3] 과정으로 모두 선택하고, 가장 마지막에 부모가 될 본을 선택한 뒤 [Ctrl] + [P]로 연결을 수정합니다 ([Disconnect Bone]).

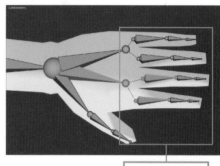

본 연결을 수정합니다.

◖ 발 부분 본 만들기

발을 움직이기 위한 본을 만들겠습니다.

① 발은 가로 방향으로는 잘 안 움직이고, 세로 방향으로 잘 움직입니다. 따라서 본 2개를 세로축으로 분할해서 만듭니다. 발가락 연결은 이전 손가락을 연결할 때와 같습니다❶.

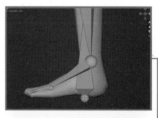

❶손과 마찬가지로 발가락 본을 연결합니다.

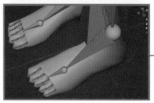

② 2개로 구성된 발 본의 각 헤드에서 [E]를 사용해 아래로 본을 돌출합니다. 그리고 두 테일을 발바닥 아래까지 당겨주세요❶. 이 때 두 테일의 Z 좌표를 동일하게 맞춰주세요.

이 두 본이 어디에 활용되는지는 이후에 설명하겠습니다.

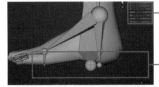

❶발을 구성하는 2개의 본을 각각 돌출하고, 테일을 발바닥 아래까지 당깁니다.

머리 부분 본 만들기

턱과 안구 등 머리 부분에 있는 요소를 움직일 때 사용할 본을 만들겠습니다.

① 머리 부분에 넣은 본의 테일에서 본 하나를 돌출하고 분리한 뒤, 아래턱 전용 본으로 만듭니다❶.

이 본의 테일에서 추가로 본을 하나 더 돌출하고 분리한 뒤, 혀 전용 본으로 만듭니다. 혀는 어느 정도 유연하게 움직이게 만들 것이므로 본을 2개 정도 넣습니다(테일에서 추가로 돌출하거나, 선택하고 마우스 오른쪽 버튼을 클릭한 다음 [Subdivide]를 누릅니다)❷.

> **포인트**
> 아래턱은 머리와 연동해서 움직이게 만들고, 혀는 아래턱의 움직임과 연동해서 움직이게 할 것이므로 혀 → 아래턱 → 머리 순서로 분리해서 연결했습니다.
> 이 작업은 모든 본이 'X = 0' 위치를 유지해야 하므로 오른쪽 시점으로 작업하는 것이 좋습니다.

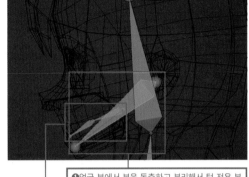

❶얼굴 본에서 본을 돌출하고 분리해서 턱 전용 본을 만듭니다.

❷턱 전용 본에서 본을 돌출하고 분리해서 혀 전용 본을 만듭니다. 본을 2개 정도 만듭니다.

② 정면 시점으로 변경하고, 머리 부분 본의 테일에서 [Shift] + [E]를 눌러 왼쪽 오른쪽으로 본을 돌출하고, 연결을 해제합니다. 이를 활용해서 안구를 움직일 것입니다❶.

안구를 움직일 것이므로 테일을 눈동자 검은자 중심에 배치합니다. 그리고 헤드는 안구를 완전한 구체로 생각했을 때, 그 중심 정도에 배치합니다❷.

❶안구 전용 본으로 머리 부분의 본을 돌출하고, 연결을 해제합니다.

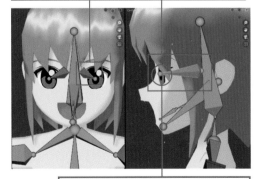

❷테일을 검은자 중심, 헤드를 안구 중심에 배치합니다.

③ 마찬가지로 머리 부분 본의 자식으로 좌우 대칭 본을 만들고 연결을 해제하는 과정을 반복해서 눈썹, 위 눈꺼풀, 아래 눈꺼풀 전용으로 배치합니다❶.

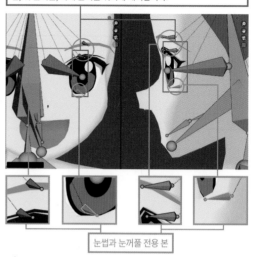

❶머리 부분 본의 자식으로 연결을 해제한 좌우 대칭 본을 만들고, 눈썹, 위 눈꺼풀, 아래 눈꺼풀 위치에 배치합니다.

눈썹과 눈꺼풀 전용 본

본에 이름 붙이기

프로젝트의 규모가 커질수록 오브젝트의 이름을 붙이는 것이 좋습니다. 물론 꼭 해야 하는 것은 아니지만, 이후에 오브젝트를 찾는 과정이 힘들어질 수 있기 때문입니다. 따라서 아주 작은 모델이 아닌 이상 만들어 나가면서 구분하기 쉬운 이름을 붙여주는 것이 좋습니다.

❶ 아마튜어를 선택한 상태에서 [Object Data Properties] 🗶의 [Viewport Display] 패널 내부에 있는 [Viewport Display] 〉 [Names]에 체크합니다. 이렇게 하면 아마튜어 내부에 있는 각각의 본 이름이 오버레이 표시됩니다.

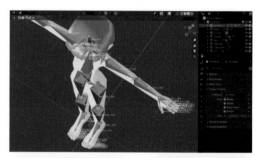

본의 이름이 표시됩니다.

❶[Viewport Display] 패널 내부에 있는 [Viewport Display] > [Names]에 체크합니다.

② [Edit Mode]에서는 [Bone Properties] 🦴 위에 선택하고 있는 본의 이름이 표시되며, 여기에서 이름을 변경할 수도 있습니다. 가장 먼저 설치했던 발아래에 있는 모든 본의 부모 부분을 일반적으로 루트(뿌리) 본이라고 부릅니다. 따라서 우리도 이 본에 'root'라는 이름을 붙이겠습니다❶.

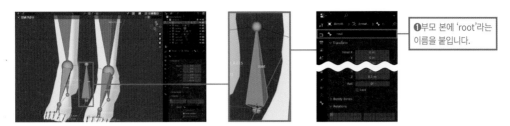

❶부모 본에 'root'라는
이름을 붙입니다.

● 본에 이름을 붙이는 규칙

본의 이름은 구분하기 쉬운 이름이라면 어떻게 붙여도 크게 상관없습니다.

다만 좌우 대칭된 본의 경우 '○○○_L', '○○○_R'처럼 이름 끝에 '_L'과 '_R'(또는 '.L'과 '.R')을 붙여야 합니다. 예를 들어 어깨 전용 본의 경우 왼쪽 어깨는 'shoulder_L', 오른쪽 어깨는 'shoulder_R'이라고 이름 붙입니다. 이 부분만 주의해서 모든 본에 이름을 붙여보기 바랍니다. 손가락 전용 본에 이름을 붙이는 작업 등은 상당이 귀찮게 느껴질 수 있겠지만, 사실 이렇게 귀찮은 작업들은 3D CG 작업에서 피할 수 없는 일입니다.

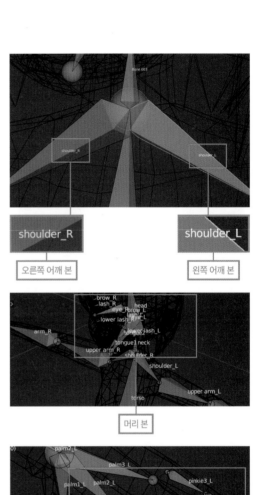

오른쪽 어깨 본   왼쪽 어깨 본

머리 본

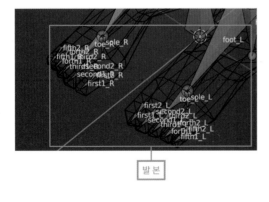

발 본

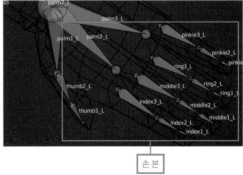

손 본

◑ 눈 주변에 본 만들기

속눈썹과 눈썹을 움직일 수 있는 본을 만들겠습니다.

포인트

쉽게 볼 수 있게 신체 메시 오브젝트를 선택하고 [Object Properties] ▣의 [Viewport Display] 패널에 있는 [Wireframe]에 체크해서 [Object Mode] 때도 메시가 표시되게 하겠습니다.

① 눈썹과 눈꺼풀을 세밀하게 움직일 수 있게 하겠습니다. 눈썹과 쌍꺼풀 전용으로 만들었던 위아래 본을 [E]로 돌출해서 메시 분할선마다 하나의 본이 할당될 수 있게 본을 만듭니다❶.

돌출한 본은 부모 본 이름에 '.001'처럼 숫자가 붙은 이름으로 설정됩니다.

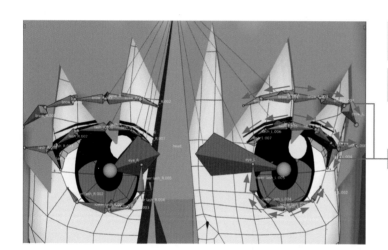

'brow.001', 'brow.002'처럼 뒤에 숫자가 붙은 이름으로 설정됩니다.

❶[E]로 눈썹과 눈꺼풀을 따라 본을 돌출합니다.

포인트

본의 이름은 만들 때 바로바로 붙여주는 것이 좋습니다. 예를 들어 이전에 눈썹 전용 본에 'brow'라는 이름을 붙였으므로 이 본을 기반으로 만든 자식 본에 'brow.○○○'라는 이름이 편리하게 붙는 것입니다. 만약 부모 본의 이름을 따로 설정하지 않았다면 이후에 본 이름을 하나하나 변경해야 하는 귀찮음이 있습니다.

이제 본이 너무 많아져서 보기 힘든 수준에 이르렀으므로 [Object Data Properties] ▣의 [Viewport Display]에서 [Display As]를 [Stick]으로 전환해서 표시하겠습니다.

보기 쉽게 본의 표시 방법을 [Stick]으로 변경합니다.

◖ 입술 본 만들기

입술 전용 본을 만들겠습니다.

① 얼굴 전용 본에서 [Shift] + [E]로 본을 돌출하고 연결을 해제합니다. 이어서 윗입술 중앙으로 헤드를 이동하고, 입술을 따라 오른쪽 버텍스 위치로 테일을 이동합니다**①**.

이를 [Shift] + [D]로 복제하고, 아래쪽 입술에도 동일하게 배치합니다**②**.

이 시점에서 본에 이름을 붙여봅시다. 일단 윗입술은 'lip_L'과 'lip_R', 아랫입술은 'lower lip_L'과 ''lower lip_R'이라고 붙입니다.

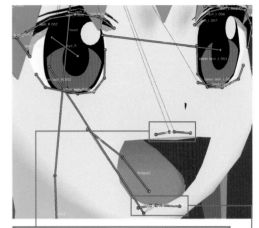

❶머리 부분의 본을 [Shift] + [E]로 돌출하고, 연결을 해제한 후 윗입술에 배치합니다.

❷윗입술의 본을 [Shift] + [D]로 복제하고, 아랫입술에 배치합니다.

② 윗입술과 아랫입술 테일에서 [E]로 여러 번 돌출해서 입술 전체를 감싸게 본을 배치합니다**①**.

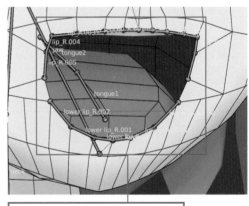

❶[E]로 돌출해서 입술 전체를 감싸게 배치합니다.

◖ 머리카락 본 만들기

머리카락을 움직일 수 있게 본을 만들겠습니다. 기본적으로 머리카락은 끝부분이 많이 움직이고, 뿌리 부분은 잘 움직이지 않습니다. 즉 머리 뿌리 부분에는 본을 배치하지 않아도 됩니다. 그리고 움직이고 싶은 머리카락의 움직이고 싶은 부분에만 본을 배치하면 됩니다.

① 지금까지와 마찬가지로 머리 전용 본에서 [Shift] + [E]로 돌출
하고 연결을 해제합니다. 이어서 본을 머리카락 위치로 이동시
키고, 'hair_L'과 'hair_R'이라는 형태의 이름을 붙입니다❶.

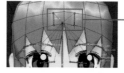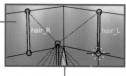

❶머리 본을 [Shift] + [E]로 돌출하고 연결을 해제한 뒤 머리카락 위
치에 배치하고 이름을 변경합니다.

② 작성한 본을 [E]로 돌출해서 머리카락에 맞게 배치하고 [Shift]
+ [D]로 복제하는 과정 등을 반복해서 머리카락마다 본을 하나
씩 배치합니다❶.

❶본을 [Shift] + [D]
로 복제해서 머리카락
마다 본을 하나씩 배
치합니다.

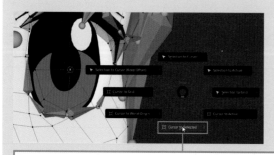

6-6

스키닝

샘플 내려받기_samplefile/Chapter6/6-6

이전 절에서 생성한 아마튜어를 모델과 연결하는 스키닝을 해 봅시다.

▶ 캐릭터에 스키닝하기

기본적으로는 4장에서 살펴본 물범 모델(131페이지)과 비슷합니다. 다만 그때는 굉장히 간단하게 스키닝했지만, 이번에는 조금 더 실전적인 방법으로 스키닝하겠습니다.

◖ 아마튜어 페어런트

아마튜어로 움직일 메시 오브젝트를 지정하는 작업부터 시작합시다.

❶ [Shift] 키를 누르고 캐릭터 오브젝트 → 아마튜어 오브젝트 순서로 선택합니다(일단 피부 부분에 해당하는 오브젝트부터 설정하겠습니다)❶.

선택한 상태로 [Ctrl] + [P]에서 [Armature Deform]을 실행합니다❷.

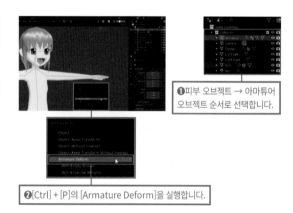

❶피부 오브젝트 → 아마튜어 오브젝트 순서로 선택합니다.

❷[Ctrl] + [P]의 [Armature Deform]을 실행합니다.

● 아마튜어 변형하기

물범 모델 때는 여기에서 [With Automatic Weights]를 선택했으므로 어떤 본으로 모델 메시의 어떤 부분을 움직일지 대응시키는 작업이 자동으로 처리됐습니다. 히지만 이 기능은 만능이 아닙니다. 물범과 같은 간단한 모델은 괜찮지만, 인체 모델과 같은 복잡한 모델은 움직이고자 하는 부분이 움직이지 않거나, 움직이면 안 되는 부분까지 움직이는 경우가 발생할 수 있습니다.

그래서 수동으로 모든 대응 작업을 하고 싶다면 방금 클릭했던 [Armature Deform]을 선택하면 됩니다. [Armature Deform]

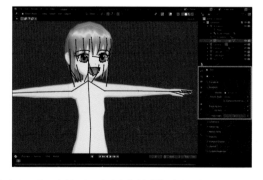

은 처음 선택한 메시에 두 가지 효과를 적용합니다. 첫 번째는 메시 오브젝트의 부모를 마지막에 선택한 아마튜어로 설정하는 것입니다. 이는 메시 오브젝트의 [Object Properties] ■에 있는 [Relations] 패널 아래의 [Parent]로 확인할 수 있습니다. 그리고 두 번째는 메시 오브젝트에 마지막에 선택한 아마튜어를 대상으로 하는 [Armature] 모디파이어를 추가하는 것입니다. 이는

[Modifier Properties] 탭 에서 확인할 수 있습니다. 이와 같은 이론적인 내용을 지금 당장 기억할 필요는 없습니다. 일단 계속해서 작업을 진행해 봅시다.

② 아마튜어 오브젝트를 선택하고❶ [Ctrl] + [Tab]을 누르면 [Pose Mode]로 전환됩니다(본이 하늘색으로 바뀝니다) ❷.

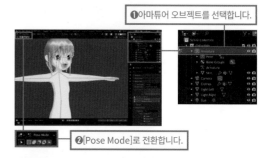

❶아마튜어 오브젝트를 선택합니다.

❷[Pose Mode]로 전환합니다.

③ Blender의 헤더 메뉴의 [Edit]에서 [Lock Object Modes]의 체크를 해제합니다❶.

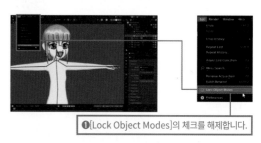

포인트

이 체크를 해제하지 않으면 [Pose Mode] 상태에서 3D 뷰포트의 다른 오브젝트를 선택할 수 없습니다.

❶[Lock Object Modes]의 체크를 해제합니다.

④ 그리고 피부 오브젝트를 선택하고, [Ctrl] + [Tab]에서 [Weight Paint]를 선택합니다❶.

이렇게 하면 선택하고 있는 메시 오브젝트의 색이 파란색(또는 분홍색)으로 변화합니다.

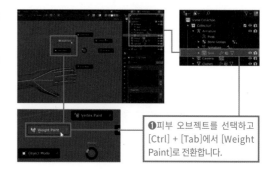

❶피부 오브젝트를 선택하고 [Ctrl] + [Tab]에서 [Weight Paint]로 전환합니다.

⑤ 메시 오브젝트의 색이 파란색(또는 분홍색)으로 변화했다면 아마튜어의 본 중에서 하나를 [Ctrl]을 누르면서 마우스 왼쪽 버튼 클릭으로 선택합니다①[25].

해당 본이 하늘색으로 강조 표시되면 마우스 왼쪽 버튼 클릭으로 해당 본이 움직일 때 함께 움직이고 싶은 메시 오브젝트의 버텍스를 마우스 왼쪽 버튼을 클릭하며 드래그해서 칠합니다②.

이렇게 하면 해당 버텍스의 색이 바뀌고 [Object Data Properties] 📷의 [Vertex Groups] 패널에 강조 표시했던 본 이름의 항목이 생성되는 것을 볼 수 있습니다.

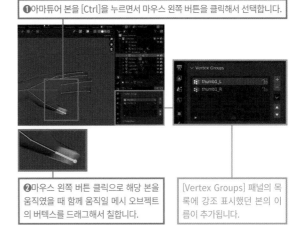

❶아마튜어 본을 [Ctrl]을 누르면서 마우스 왼쪽 버튼을 클릭해서 선택합니다.

❷마우스 왼쪽 버튼 클릭으로 해당 본을 움직였을 때 함께 움직일 메시 오브젝트의 버텍스를 드래그해서 칠합니다.

[Vertex Groups] 패널의 목록에 강조 표시했던 본의 이름이 추가됩니다.

● 웨이트 페인트

[Weight Paint] 모드에서는 이미지 에디터의 [Paint] 모드처럼 브러시로 '**웨이트(weight)**'를 칠할 수 있습니다. 웨이트는 **가중치**라는 의미입니다. 본을 지정하고 버텍스에 웨이트를 설정하면 해당 본을 움직일 때 버텍스가 가중치 만큼의 영향을 받아 함께 움직입니다.

3D 뷰포트 헤더 아래 도구 설정 바에 있는 [Falloff]를 클릭하면 브러시 중심에서 바깥으로 갈 때 웨이트 크기의 감쇠 정도를 그래프로 설정할 수 있습니다. 이 그래프 아래에는 그래프와 형태를 정의하는 6개의 프리셋이 배치돼 있는데, 가장 오른쪽에 있는 평평한 아이콘 📐을 사용하기 바랍니다.

이번 예제처럼 버텍스 수가 비교적 적은 모델은 이와 같은 Constant 프리셋을 사용하는 것이 좋습니다. 추가로 도구 설정 바 더 오른쪽에 있는 🗙 버튼을 클릭하고, 그 오른쪽 버튼 ✔에서 [Mirror Vertex Groups]를 체크합니다. 이 상태에서 다시 엄지손가락 부분을 칠하면 [Vertex Groups] 패널에서 끝부분에 '_R'인 것도 추가되는 것을 확인할 수 있습니다. 이처럼 '_R'이 붙은 버텍스 그룹은 선택하고 있는 본의 반대쪽 본에 대응됩니다.

따라서 모델도 좌우 대칭이고 아마튜어도 완전한 좌우 대칭이라면 이처럼 **버텍스 그룹 미러 반전 기능**으로 절반만 스키닝해도 됩니다.

[Falloff]: 브러시 중심에서 바깥쪽으로 향할 때의 버텍스 크기가 감쇠되는 정도를 그래프로 설정할 수 있는 메뉴를 열 수 있습니다.

Constant 감쇠 브러시 사용

[Mirror Vertex Groups]: 브러시를 칠하면 [Vertex Groups] 패널에서 끝부분에 '_R'이 붙은 것에도 칠해지는 형태로, 선택하고 있는 본의 반대쪽 본도 함께 자동으로 칠해주는 기능입니다.

---

25 역주: [Ctrl]을 누르면서 아마튜어를 클릭했을 때 아마튜어 오브젝트 전체가 선택된다면 아마튜어를 [Pose Mode]로 변경해 두지 않은 경우입니다. 꼭 [Pose Mode]로 변경하고 진행해 주세요.

◖ 웨이트 페인트

이제 웨이트 페인트를 할 준비를 마쳤습니다.

① 엄지손가락 본을 선택한 상태에서 모델 자체의 엄지손가락 부분을 붉은색이 되게 칠합니다①.

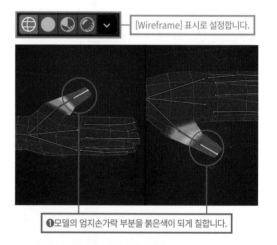

[Wireframe] 표시로 설정합니다.

❶모델의 엄지손가락 부분을 붉은색이 되게 칠합니다.

② 칠했다면 [R]을 눌러서 본을 회전해 보세요①.
회전해 보면 칠했던 버텍스가 본을 따라 움직이는 것을 확인할 수 있습니다. 이처럼 웨이트 페인트를 할 때는 본을 회전시켜 보면서 제대로 칠해졌는지 확인하면서 작업합니다. 이와 같은 작업을 모든 본에 반복해 주세요(본 각도는 [Alt] + [R]로 초기화할 수 있습니다).

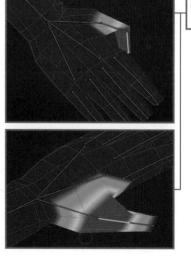

❶ [R]을 눌러서 본을 회전해 봅니다.

③ 손, 팔, 발, 다리, 몸도 같은 과정으로 칠해보기 바랍니다(오른쪽 부분만 칠하면 됩니다) **❶**.

> **포인트**
> ⌄
> 　　　팔 부분의 경우 팔꿈치 쪽의 분할선 3개 중 가운데만 양쪽 본 모두(위팔과 아래팔)에 칠해 주세요. 이러한 규칙은 무릎, 손목 등 특수하게 분할한 관절 모두에 공통으로 적용됩니다.

❶ 각각의 부위도 붉게 칠합니다.

● 칠하지 못한 버텍스를 효율적으로 확인하기

예를 들어 손바닥 부분에 칠하지 못한 부분이 있다면 그 위쪽에 있는 본(예를 들어서 어깨)을 [R]로 크게 회전했을 때 칠하지 못한 부분의 버텍스가 손바닥을 따라가지 못해서 메시가 늘어져 왜곡됩니다.

이러한 왜곡이 일어난 상태에서는 버텍스를 쉽게 확인하고 칠할 수 있으므로 이 상태에서 추가로 웨이트를 적용하면 굉장히 편합니다. 이처럼 칠하지 못한 부분을 왜곡시켜서 칠하는 테크닉을 활용해 빠르게 웨이트 페인트 해보기 바랍니다.

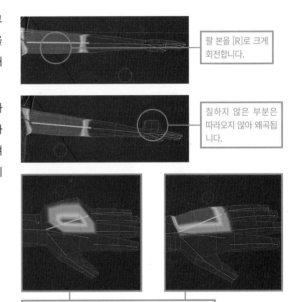

팔 본을 [R]로 크게 회전합니다.

칠하지 않은 부분은 따라오지 않아 왜곡됩니다.

칠하지 않은 부분을 빠르고 정확하게 칠할 수 있습니다.

● 버텍스 그룹과 웨이트 페인트

본을 선택했을 때 메시가 분홍색으로 칠해져 있는 부분은 해당
본 이름의 버텍스 그룹이 아직 존재하지 않는다는 의미입니다.

한 부분이라도 웨이트 페인트되어 있다면 선택한 본 이름으로
버텍스 그룹이 만들어지므로 파란색으로 표시됩니다.

광장히 넓은 부분을 칠해야 하거나, 파여있어서 칠하기 어려운
부분이 있을 때는 [Tab]으로 [Edit Mode]로 전환한 뒤 버텍스
를 직접 선택하고 버텍스 그룹을 적용하는 방법이 있습니다. 버
텍스를 선택하고 [Vertex Groups] 패널의 가장 아랫부분에 있
는 [Weight] 값을 '1'로 지정한 뒤 [Assign]을 클릭하면 됩니다.

[Tab]으로 다시 [Weight Paint] 모드로 돌아오면 [Assign]을
적용한 부분의 버텍스가 붉은색으로 변화해 있을 것입니다. 이
처럼 [Edit Mode]에서 버텍스를 선택하고 웨이트를 적용하는
방법으로도 웨이트 페인트와 동일한 작업을 할 수 있습니다. 칠
하기 어려운 부분이 있다면 이 테크닉을 꼭 활용해 보세요.

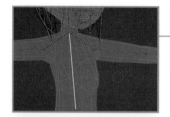

본 이름의 버텍스 그
룹이 아직 존재하지
않으면 분홍색으로 표
시됩니다.

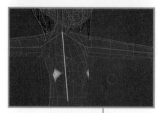

한 부분이라도 웨이트 페인트되어 있다면 선택한 본 이름으로 버텍스
그룹이 만들어지므로 파란색으로 표시됩니다.

[Edit Mode]

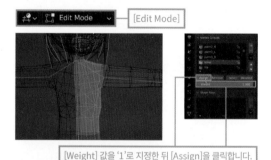

[Weight] 값을 '1'로 지정한 뒤 [Assign]을 클릭합니다.

[Weight Paint] 모드

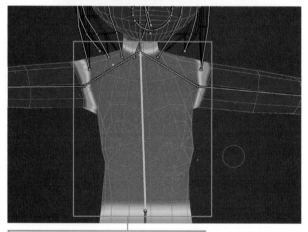

[Assign]을 적용한 버텍스들이 붉은색으로 변화합니다.

잘못 칠해진 부분 수정하기

오른쪽 이미지처럼 하반신 전용 본을 선택했는데, 팔 부분의 버텍스가 붉게 칠해져 있는 등 웨이트 페인트를 잘못하는 경우는 꽤 많이 발생합니다.

이러한 경우 3D 뷰포트 위의 도구 설정 바에 있는 [Weight]를 '0'으로 설정하고, 해당 부분을 다시 칠해서 파란색으로 수정할 수 있습니다.

또한 [Tab]으로 [Edit Mode]에 들어간 뒤 잘못 칠해졌던 부분의 버텍스를 선택하고, [Vertex Groups] 패널 아래에 있는 [Delete] 버튼을 클릭해도 해당 부분의 웨이트를 제거할 수 있습니다. 이후 다시 [Tab]을 눌러서 [Weight Paint] 모드로 돌아오면 파란색으로 변화한 것을 확인할 수 있습니다.

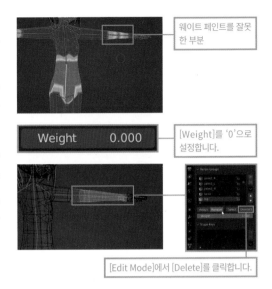

웨이트 페인트를 잘못한 부분

[Weight]를 '0'으로 설정합니다.

[Edit Mode]에서 [Delete]를 클릭합니다.

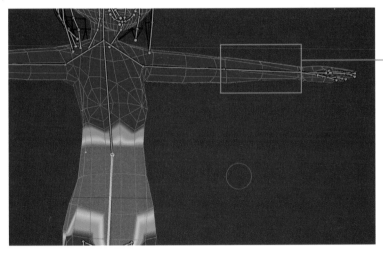

잘못 칠했던 웨이트가 제거되었습니다.

특히 주의를 기울여야 하는 본이 있습니다. 일단 발아래에 있는 2개의 수직인 버텍스는 버텍스 그룹을 따로 만들지 않고, 분홍색으로 남겨두어야 합니다. 또한 머리 전용 본은 눈썹, 안구, 속눈썹, 혀는 따로 칠하지 말고 파란색으로 남겨야 합니다.

그리고 아래턱 전용 본도 혀를 칠하면 안 됩니다. 생각보다 칠하지 않는 것이 힘든 부분이므로 앞에서 언급했던 '[Edit Mode]에서 버텍스를 선택하고, [Assign]으로 적용하는 테크닉' 등을 활용해 보기 바랍니다.

눈썹, 속눈썹, 눈꺼풀, 입, 안구도 마찬가지로 각각을 위해 준비한 본에 웨이트를 적용합니다. 입의 경우 윗부분은 머리 전용 본의 버텍스 그룹에 속하게 합니다. 그리고 아랫부분은 턱 전용 본의 버텍스 그룹에 속하게 합니다.

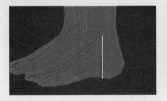
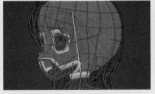

● 웨이트 그러데이션

웨이트는 기본적으로 붉은색과 파란색만 신경 쓰면 됩니다. 다만 붉은색은 "1.0"을 의미하고, 파란색은 "0.0"을 의미합니다. 그리고 이 사이의 값들은 오른쪽 그림과 같은 색이 표시됩니다.

웨이트 값이 "1.0"(붉은색)으로 칠해진 부분은 해당 본의 움직임에 완전히 반응합니다. 하지만 웨이트 값이 "0.5"(초록색)이라면 해당 본의 움직임을 절반 정도만 따라옵니다. 버텍스 수가 많은 모델, 복잡한 형태의 모델, 미묘한 보정이 필요한 부분 등에는 이러한 값을 사용해야 할 수도 있습니다.

예를 들어서 메시의 구성 형태에 따라서 다를 수 있지만, 현재 예제의 경우 윗턱과 아래턱 사이의 부분을 "1.0"(붉은색)과 "0.0"(파란색)만으로 칠했을 때 입이 자연스럽게 벌어지지 않습니다. 이러한 부분은 중간 웨이트 값을 잘 활용해서 입이 자연스럽게 벌어지게 만드는 것이 좋습니다.

브러시의 웨이트 값은 3D 뷰포트 위의 도구 설정 바에 있는 [Weight] 값으로 결정합니다.

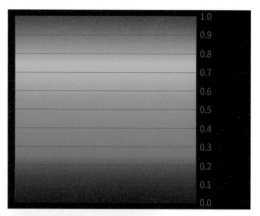

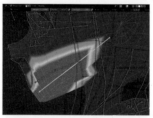

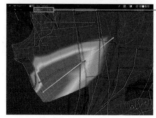

[Weight]를 "0.300"
으로 설정했습니다.

◖ 머리카락 웨이트 칠하기

머리카락에도 웨이트를 칠하겠습니다.

① 머리카락은 별도의 오브젝트로 구성되어 있으므로 다시 머리카락 오브젝트→아마튜어 오브젝트 순서로 선택하고, [Ctrl] + [P]로 표시되는 컨텍스트 메뉴에서 [Armature Deform]을 선택하고, 웨이트 페인트를 진행해야 합니다 **①**.

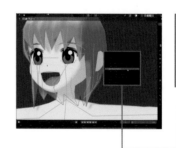

①머리카락 오브젝트→아마튜어 오브젝트 순서로 선택하고 [Ctrl] + [P]에서 [Armature Deform]를 선택합니다.

② 머리에 완전히 붙어서 흔들릴 필요가 없는 부분은 머리 본을 지정하고, 모두 붉은색으로 칠합니다①.

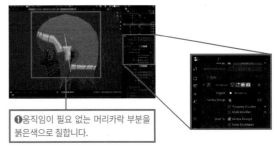

❶움직임이 필요 없는 머리카락 부분을 붉은색으로 칠합니다.

③ 이외의 부분도 지금까지와 같은 방법으로 칠해 나가겠습니다. 이때 [Mirror Vertex Groups]에 체크하는 것을 잊지 말기 바랍니다①.

이 설정은 오브젝트마다 설정해야 하므로 주의해야 합니다.

❶[Mirror Vertex Groups] 에 체크합니다.

④ 머리카락의 웨이트를 칠할 때쯤에는 [Vertex Groups] 패널 내부의 버텍스 그룹 목록의 항목 수가 너무 많아서 순서가 뒤죽박죽되어 버릴 것입니다.

리스트 오른쪽의 ☑에서 [Sort by Name]을 실행하면 리스트를 이름 순서로 정렬할 수 있습니다①.

❶리스트 오른쪽의 ☑에서 [Sort by Name]을 실행합니다.

🌙 치아 본 설정하기

치아가 머리 전용 본을 따라 움직이게 설정하겠습니다.

① 치아 오브젝트는 한꺼번에 움직이지, 일부 버텍스가 늘어나거나 하지 않습니다. 따라서 오브젝트 자체가 한꺼번에 움직여야 하는 파츠입니다. [Object Mode]에서 "위 치아 오브젝트→머리 전용 본" 순서로 선택하고, [Ctrl] + [P]의 [Bone]을 실행합니다 ①.

이렇게 하기만 하면 위 치아 오브젝트가 머리 전용 본을 따라 움직입니다.

❶[Ctrl] + [P]의 [Bone]을 실행합니다.

② 마찬가지로 "아래 치아 오브젝트→아래턱 전용 본" 순서로 선택하고, [Ctrl] + [P]의 [Bone]을 실행합니다①.

❶[Ctrl] + [P]의 [Bone]을 실행합니다.

③ 오른쪽 눈 하이라이트와 왼쪽 눈 하이라이트도 완전히 같습니다. 각각 오른쪽 안구 전용, 왼쪽 안구 전용 본과 함께 선택한 뒤 [Ctrl] + [P]의 [Bone]을 실행합니다①.

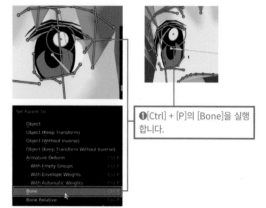

❶[Ctrl] + [P]의 [Bone]을 실행합니다.

포즈를 잡아보고 이상한 부분 수정하기

이제 모든 본의 웨이트를 칠했습니다. 다양한 포즈를 잡아보고, 이상한 부분이 없는지 확인합니다.

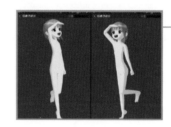

포즈를 잡고 이상한 부분 찾아보기

① 팔을 구부렸을 때 안쪽이 이상하게 움푹 들어가므로 이를 수정하겠습니다. 일단 해당 아마튜어를 선택합니다①.

그리고 [Tab]으로 [Edit Mode]로 전환합니다②.

그리고 팔꿈치 관절에 해당하는 본의 헤드를 선택하고, 팔꿈치 중앙에 오게 이동시킵니다③.

다시 [Tab]을 눌러 [Pose Mode]로 전환하고, 팔을 구부려서 확인해 봅니다④.

이처럼 본의 위치를 이동했을 때 이상한 부분이 사라지는 경우가 꽤 많습니다.

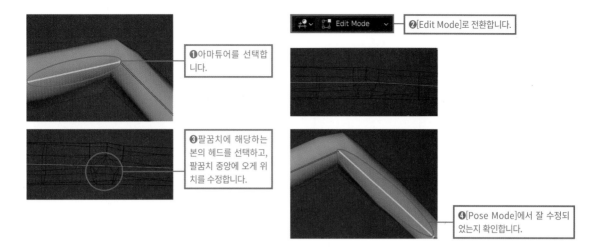

❶아마튜어를 선택합
니다.

❷[Edit Mode]로 전환합니다.

❸팔꿈치에 해당하는
본의 헤드를 선택하고,
팔꿈치 중앙에 오게 위
치를 수정합니다.

❹[Pose Mode]에서 잘 수정되
었는지 확인합니다.

② 허벅지를 들어 올렸을 때 고관절 부분의 버텍스가 이상해지는 상황도 자주 발생합니다. 이때는 문제가 되는 버텍스가 허벅지 본
이 아니라 고관절 본의 영향을 더 받게 웨이트를 수정해 줍니다❶.

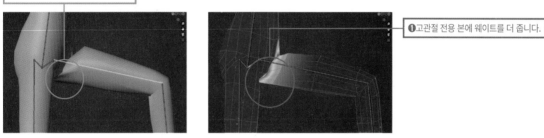

고관절 부분이 안쪽으로 파고듭니다.

❶고관절 전용 본에 웨이트를 더 줍니다.

③ 무릎을 구부렸을 때 무릎 뒤쪽이 움푹하게 들어가는 경우가 있을 수 있습니다. 이때는 바디 메시 오브젝트의 [Edit Mode]에서
무릎 뒤쪽의 버텍스를 Z 방향으로 움직여 보세요. 대부분의 경우 이로 문제가 해결되는 경우가 많습니다❶.

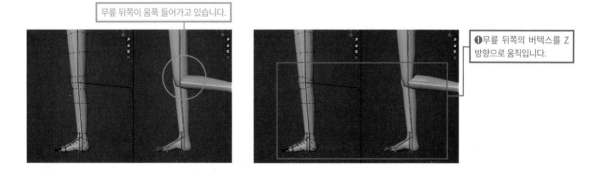

무릎 뒤쪽이 움푹 들어가고 있습니다.

❶무릎 뒤쪽의 버텍스를 Z
방향으로 움직입니다.

포인트

포즈를 잡았을 때 무언가가 이상하게 동작한다면 ❶ 본 위치 조정, ❷ 웨이트 값 조정, ❸ 메시 조정이라는 3가지 중에서 어떤
것이 적합한지 생각하고 조정해 보기 바랍니다.

④ 안구를 회전할 때 안구가 안쪽으로 파고 들어가거나, 밖으로 튀어나오는 경우가 있을 수도 있습니다. 이때는 안구 본의 헤드(안쪽에 있는 부분)를 조금 움직여 보세요. 대부분의 경우 이것만으로 조정됩니다❶.

안구를 움직였을 때 문제가 발생합니다.

❶안구 전용 본의 헤드(안쪽에 있는 부분)를 위치 조정합니다.

◀ IK로 다리 제어하기

인버스 키네마틱(IK, Inverse Kinematics)를 활용하면 다리 제어에 적합하게 본을 제어할 수 있습니다.

① [Shift]를 누르면서 발뒤꿈치 아래에 배치했던 본, 종아리 전용 본 순서로 선택한 뒤 [Shift] + [I]로 표시되는 메뉴에서 [To Active Bone]을 선택합니다❶.

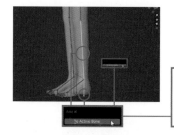

❶발뒤꿈치 아래에 배치했던 본, 종아리 전용 본 순서로 선택한 뒤 [Shift] + [I]의 [To Active Bone]을 선택합니다.

② [Properties] 영역의 [Bone Constraints Properties] 탭 을 열면 [IK]라는 이름의 패널이 있습니다. 이 패널에서 [Chain Length] 값을 "2"로 설정합니다❶.

❶ [Bone Constraints Properties]의 [Chain Length] 값을 "2"로 설정합니다.

③ 이어서 발 끝 아래의 수직인 본 →발 메인 본 순서로 선택하고, 마찬가지로 [Shift] + [I]의 [To Active Bone]을 선택합니다**①**. 그리고 이번에는 [Chain Length] 값을 "1"로 설정합니다**②**.

이제 [Pose Mode]에서 발뒤꿈치 아래의 수직인 본을 선택하고 [G]로 움직여 보세요. 다리의 다른 본들도 함께 움직일 것입니다(무릎이 제대로 구부려지지 않는다면 [Edit Mode]에서 무릎 관절 쪽의 헤드 위치를 조금 옮겨주세요). 또한 발 끝 아래의 수직인 본을 움직이면 발이 향하는 방향을 움직일 수 있습니다.

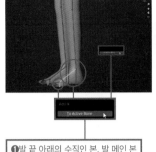

①발 끝 아래의 수직인 본, 발 메인 본 순서로 선택하고 [Shift] + [I]의 [To Active Bone]를 선택합니다.

② [Bone Constraints Properties]의 [Chain Length] 값을 "1"로 설정합니다.

● 인버스 키네마틱 (IK)

기본적으로 본은 부모에서 자식으로 움직임이 전달되게 되어 있습니다. 하지만 IK라는 기능은 이를 반대로도 가능하게 만들어서 자식 본을 움직였을 때, 이 움직임이 부모 본에 전달되게 합니다. 기본적인 본만으로 바닥 위를 걷는 동작을 만들려고 하면 발이 바닥을 제대로 딛게 만드는 것이 굉장히 힘듭니다(실제로 해보면 얼마나 힘든 일인지 느낄 수 있을 것입니다). 하지만 이러한 IK 기능을 활용하면 굉장히 쉽게 발이 바닥을 딛게 만들 수 있습니다.

메모

본의 위치, 웨이트 값, 메시 구조 수정 등을 해도 관절이 제대로 움직이지 않을 때가 있습니다. 이때는 관절에 관절 전용 본을 추가로 넣어서 해결해 볼 수 있습니다. 다만 본의 수가 늘어나면 본을 관리하기 힘들어질 수 있다는 단점을 기억하고 있어야 합니다. 또한 본이 많아지면 포즈를 취할 때 더 많은 본을 움직여야 하며, 자연스러운 포즈를 잡으려면 리깅과 관련된 전문적인 지식이 더 필요합니다. 이 책은 초보자를 위한 책이므로 아마튜어를 굉장히 간단한 구조로만 구성했습니다. 조금 더 복잡한 것을 만들 때는 이런 방법도 있다는 것을 기억해 주세요.

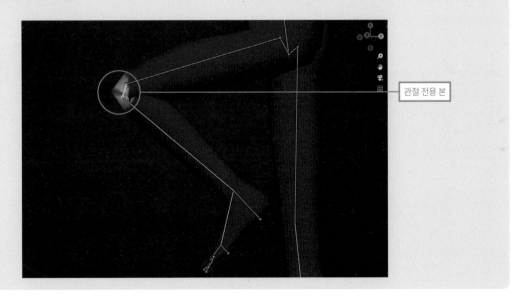

관절 전용 본

6-7

📂 샘플 내려받기_samplefile/Chapter6/6-7

의상 만들기

지금부터는 캐릭터가 입는 의상과 캐릭터가 손에 쥐는 아이템 등을 만들어 보겠습니다.

▶ 의상 만들기

지금까지 캐릭터에게 옷을 하나도 입히지 않았으므로 캐릭터가 조금 춥거나 부끄러웠을 수 있을 것 같습니다. 따라서 빨리 옷을 입혀줍시다.

● 상의 만들기

일단은 상의의 베이스로 사용할 메시 오브젝트를 만들겠습니다.

① 신체 메시 오브젝트를 선택하고 [Edit Mode]로 전환합니다. 이어서 허리부터 상반신, 목 아랫부분, 팔꿈치 윗부분까지 선택합니다. 그리고 [Shift] + [D]를 눌러서 페이스를 복제합니다(복제 후에는 마우스 오른쪽 클릭을 눌러 이동하지 않게 만듭니다) ①.

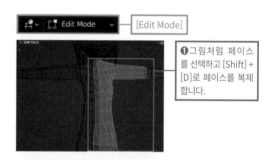

[Edit Mode]

❶그림처럼 페이스를 선택하고 [Shift] + [D]로 페이스를 복제합니다.

② 이 상태에서 그대로 [P]를 누르고 [Selections]을 실행합니다. 이렇게 하면 방금 복제한 페이스를 다른 오브젝트로 분리할 수 있습니다①.

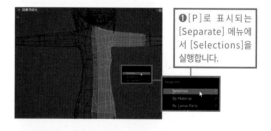

❶[P]로 표시되는 [Separate] 메뉴에서 [Selections]을 실행합니다.

③ [Object Mode]로 돌아오면 상반신 부분만 오브젝트로 따로 만들어져 있는 것을 확인할 수 있습니다(그림에서는 이해를 위해 살짝 이동시켰는데, 이동시키지 말아주세요) ①.

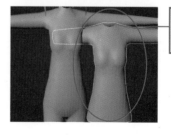

❶상반신에 해당하는 오브젝트만 복제되었습니다.

④ 복제한 오브젝트를 선택하고 [Material Properties] ⬤에서 ➖ 버튼으로 머티리얼이 하나만 남을 때까지 줄입니다❶.

남은 머티리얼의 머티리얼 이름 오른쪽에 있는 숫자 아이콘을 클릭해서 머티리얼 링크를 해제합니다. 이어서 의상 전용 머티리얼이라는 것을 쉽게 알 수 있게 이름을 붙입니다. [Surface] 패널 내부의 [A]와 [B]에서 옷의 그림자 색과 기본 색을 설정합니다❷.

[Edit Mode]로 전환한 뒤 모든 페이스를 선택한 상태에서 [Alt] + [S]를 누르고 마우스를 살짝 움직이면 모든 페이스가 살짝 부풀어 오릅니다❸.

❶[Material Properties]에서 ➖ 버튼을 머티리얼이 하나만 남을 때까지 제거합니다.

❷머티리얼 이름 오른쪽의 숫자를 클릭하고, 머티리얼에 "Clothes"라는 이름을 붙인 다음 옷의 그림자 색과 기본 색을 설정합니다.

❸[Alt] + [S]를 누른 뒤 마우스로 모든 페이스가 살짝 부풀어 오르게 조정합니다.

포인트

머티리얼 링크 상태에서는 다음 그림과 같이 머티리얼 이름 오른쪽에 숫자가 표시됩니다. 숫자가 표시되지 않게 해주세요.

⑤ 이제 버텍스를 하나하나 움직여서 셔츠의 형태를 잡습니다❶.

❶버텍스를 조정해서 셔츠의 형태를 잡습니다.

⑥ 어느 정도 완성되면 [Pose Mode]에서 상반신 부분의 본을 움직여 보세요.

이번에 만든 옷도 본을 따라 움직일 것입니다.

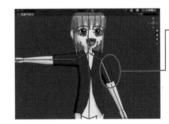

❶[Pose Mode]에서 상반신 본을 움직입니다.

포인트

이 책에서 맨몸을 먼저 만들고 모델링하고 리깅과 스키닝까지 완료한 뒤에 옷을 만든 이유가 바로 이것입니다. 기존에 스키닝한 피부 메시를 복사해서 옷을 만들면 옷에 다시 스키닝하는 번거로움을 최소화 할 수 있습니다. 또한 피부 메시와 옷 메시의 구조가 거의 동일하다는 것도 장점입니다. 특히 피부와 밀착되는 옷일수록 이와 같은 장점들이 크게 작용합니다. 그래서 피부가 옷을 뚫고 나오는 현상 등을 자연스럽게 막을 수 있습니다.

후드 만들기

이전 절과 같은 방법으로 후드를 만듭니다.

① 머리카락 오브젝트를 선택하고 [Edit Mode]로 전환한 뒤 후드에 해당하면 괜찮을 것 같은 페이스를 모두 선택합니다. 방금 전과 같은 순서로 [Shift] + [D]와 [P]를 사용해서 복제하고 다른 오브젝트로 분리합니다❶.

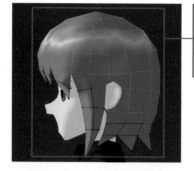

❶머리카락 메시를 활용해서 [Shift] + [D]로 페이스 복제, [P]로 다른 오브젝트로 분리합니다.

> **포인트**
> 추가로 [Material Properties] ▣에서 오브젝트의 머티리얼 슬롯을 모두 제거하기 바랍니다.

② [Solidify] 모디파이어가 적용되어 있지만 신경 쓰지 말고 [Object Mode]에서 이 오브젝트→옷 오브젝트 순서로 선택한 뒤 [Shift] + [J]로 결합합니다❶.

❶[Object Mode]에서 분리한 오브젝트, 옷 오브젝트 순서로 선택한 뒤 [Ctrl] + [J]로 결합합니다.

> **포인트**
> 머티리얼과 모디파이어 추가 상태는 결합 이전의 오브젝트의 것을 적용하게 됩니다. 따라서 새로 만든 후드에 머티리얼을 따로 적용하지 않아도 괜찮습니다. 또한 [Solidify] 모디파이어도 결합 후에 알아서 적용되므로 결합 전에 따로 설정하지 않아도 괜찮습니다.

③ 메시 돌출 등을 활용해서 옷과 후드 사이의 빈 부분을 채워줍니다❶.

❶옷과 후드 사이에 페이스를 채워 넣습니다.

메모

[Modifier Properties] 탭 🔧에서 각 모디파이어 패널 위에 있는 🖵 아이콘을 사용해서 [Edit Mode]에서 해당 모디파이어 효과를 적용해서 표시할지 지정할 수 있습니다.

추가로 왼쪽에 있는 🔻 아이콘으로 [Edit Mode]에서 해당 모디파이어 효과를 적용한 상태로 버텍스, 에지, 페이스를 표시할 수 있습니다.

[Armature] 모디파이어 패널에서 이와 같은 버튼을 활성화해 두면 포즈를 잡은 상태에서 버텍스를 조작할 수 있습니다.

이 기능을 활용하면 포즈를 잡은 상태로 포즈를 잡았을 때 문제가 발생하는 부분을 수정할 수 있으므로 매우 편리합니다.

다만 모디파이어에 따라서 버텍스를 이동했을 때 원하는 방향으로 이동하지 않을 수 있습니다. 이는 어느 정도 직접 해보면서 익숙해져야 하는 부분입니다.

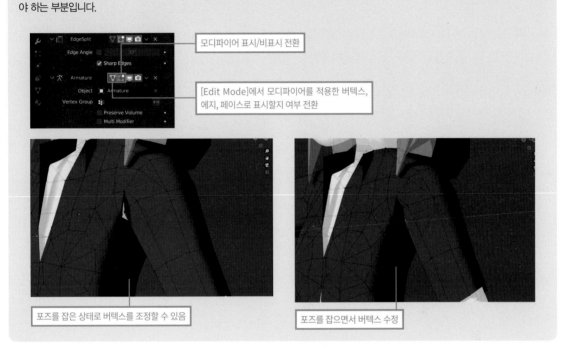

모디파이어 표시/비표시 전환

[Edit Mode]에서 모디파이어를 적용한 버텍스, 에지, 페이스로 표시할지 여부 전환

포즈를 잡은 상태로 버텍스를 조정할 수 있음

포즈를 잡으면서 버텍스 수정

바지, 부츠, 망토 등도 같은 방법으로 만들겠습니다.

① 바지, 부츠도 이전 절처럼 피부 메시를 기반으로 복사해서 만듭니다(과정은 이전 절과 같으므로 따로 설명하지 않겠습니다). 바지는 아주 짧게 만드는 것이 괜찮을 것 같아서 [K](나이프)로 메시를 자르고, 메시를 제거하는 과정을 거쳐서 형태를 잡았습니다①.

부츠는 다리를 복사해서 만듭니다. 다만 발가락이 함께 복사될 것입니다. 따라서 발가락 부분을 제거한 뒤 해당 부분의 메시를 조정해서 만듭니다②.

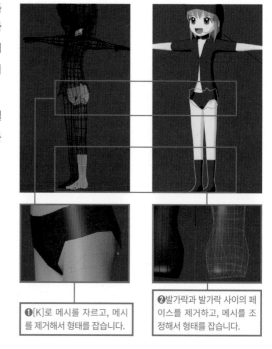

①[K]로 메시를 자르고, 메시를 제거해서 형태를 잡습니다.

②발가락과 발가락 사이의 페이스를 제거하고, 메시를 조정해서 형태를 잡습니다.

② 상의 끝부분에서 [E]를 사용해 돌출해서 망토 형태를 만듭니다. 이어서 [Ctrl] + [R](루프컷)을 활용해서 메시가 어느 정도 격자 형태를 갖게 조정합니다①.

추가로 소매 부분이 팔 메시와 너무 같아서 이상하게 보여 메시를 살짝 조정해 주었습니다. 타이즈(그림에서 다리 아랫부분의 파란색 부분)는 메시를 따로 만들지 않고, 피부 메시에서 해당 부분의 색만 변경해서 만들었습니다.

①상의 아랫부분에서 [E](돌출)로 망토 형태를 잡고 [Ctrl] + [R](루프컷)으로 메시를 조정하며 형태를 잡아줍니다.

▶ 큰 낫 만들기

의상을 모두 만들었으면 이제 캐릭터가 손에 쥘 큰 낫을 만들겠습니다.

◀ 큰 낫 모델 만들기

1 [Object Mode]에서 [Shift] + [A]로 큐브 메시를 추가합니다❶.

❶[Shift] + [A]의 큐브 메시를 추가합니다.

2 옆에서 보았을 때 가로로 긴 직사각형이 되게 가공합니다. 이어서 한쪽 세로 변의 버텍스를 모두 선택하고 [S] → [Z] → [0] → [Enter]를 눌러 버텍스가 한곳에 모이게 합니다. 이렇게 하면 삼각형의 형태가 됩니다.

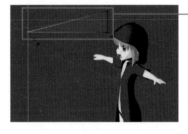

❶옆에서 보았을 때 가로로 긴 직사각형이 되게 가공한 메시의 한쪽 버텍스를 잡고 [S] → [Z] → [0] → [Enter]를 눌러 삼각형으로 만듭니다.

3 [S] → [Z] → [0] → [Enter]로 결합한 버텍스를 따로 합치지 말고 [Ctrl] + [R]로 루프컷해서 세로로 에지를 추가합니다❶.

마우스 휠을 돌려 분할선을 여러 개 만들고 확정합니다. 이어서 모든 버텍스를 선택한 상태로, 뾰족한 부분에 마우스 커서를 가져다 두고 [Shift] + [W]를 누른 뒤 마우스를 움직이면 3D 커서를 중심으로 메시를 구부릴 수 있습니다❷.

낫의 형태를 만들었다면 마우스 왼쪽 버튼 클릭으로 형태를 확정합니다.

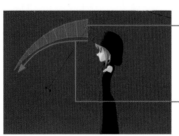

❶[Ctrl] + [R]로 세로 루프컷을 넣습니다.

❷[Shift] + [W] + 마우스 왼쪽 움직임을 사용해서 3D 커서를 중심으로 메시를 구부립니다.

4 봉은 간단하게 [Shift] + [A]로 [Cylinder]를 추가하고 가공해서 만듭니다❶.

❶실린더 메시를 가공해서 봉을 만듭니다.

⑤ 이어서 칼날 부분의 두께를 조정하고, 날카로워야 하는 부분은 얇게 만들어서 낫을 만듭니다❶.

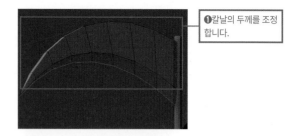

❶칼날의 두께를 조정합니다.

⑥ 낫도 [Mirror] 모디파이어를 추가할 때와 마찬가지로 왼쪽 절반 부분의 버텍스를 제거합니다❶.

❶왼쪽 절반 부분의 버텍스를 제거합니다.

포인트

X = 0 위치에 분할선을 만들지 않고 왼쪽 절반 부분의 버텍스를 제거하면 중앙에 걸치는 페이스가 같이 제거되므로 루프컷으로 미리 중앙에 분할선을 넣고 제거해야 합니다.

⑦ 따로 [Mirror] 모디파이어를 추가하지 말고. 그대로 [Object Mode]에서 낫 오브젝트→옷 오브젝트 순서로 선택하고, [Ctrl] + [J]로 결합합니다. 이렇게 하면 옷 오브젝트에 있는 [Mirror] 모디파이어가 낫 오브젝트에도 적용됩니다❶.

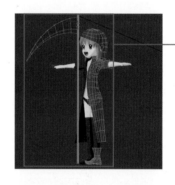

❶[Object Mode]에서 낫 오브젝트→옷 오브젝트 순서로 선택하고 [Ctrl] + [J]로 결합합니다.

▶ 옷과 낫 완성하기

옷과 낫에 머티리얼과 본을 만들겠습니다.

◑ 옷과 낫에 머티리얼 설정하기

옷과 낫 모델을 완성했다면 이제 각각 머티리얼을 설정하겠습니다.

① 옷의 머티리얼을 선택하고 셰이더 에디터에서 [Shift] + [A]로 [Input] 〉 [Geometry], [Shader] 〉 [Mix Shader], [Group] 〉 [Toon Shading(이전에 만든 그룹 노드)]을 추가하고 다음 그림과 같이 연결합니다❶.

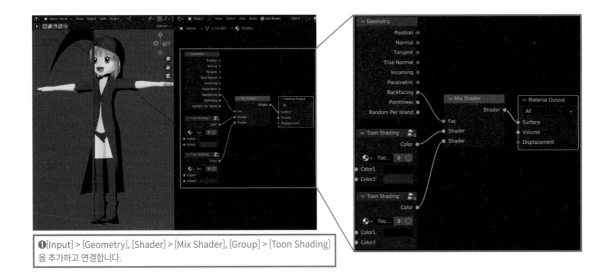

❶[Input] > [Geometry], [Shader] > [Mix Shader], [Group] > [Toon Shading]
을 추가하고 연결합니다.

바깥 부분과 안쪽 부분에 다른 색 적용하기

[Mix Shader] 노드의 위쪽 [Shader] 입력 단자에 연결한 것이 옷의 바깥 부분, 아래 단자에 연결한 것이 안쪽 부분으로 적용됩니다. 지오메트리 노드의 [Backfacing] 출력 단자를 사용하면 이처럼 바깥 부분과 안쪽 부분을 따로 설정할 수 있습니다.

② 이제 막대 부분의 머티리얼을 지정하겠습니다. 나무 질감을 재현할 것입니다. [Shift] + [A]를 누르고, [Input] 〉 [Texture Coordinate], [Converter] 〉 [Vector Math], [Texture] 〉 [Noise Texture], [Converter] 〉 [Color Ramp], [Color] 〉 [Mix Color]를 추가하고, 그림처럼 연결합니다❶.

[Multiply(Vector Math)] 노드의 풀다운에서 [Multiply]를 선택하고, [Mix Color] 노드도 풀다운에서 [Multiply]을 선택합니다. [Noise Texture] 노드의 [Scale]을 키울수록 나무 나이테의 크기가 작아집니다. 이러한 나이테의 크기를 [Multiply] 노드 아래에 있는 3개의 벡터값을 활용해서도 X, Y, Z 축으로도 지정할 수 있습니다. Z 값을 조금 작게 하면 세로로 긴 무늬를 만들어 낼 수 있습니다. [Color Ramp] 노드의 각 컬러 스톱을 중앙으로 모아서 무늬의 선명도를 높일 수 있습니다. 또한 [Multiply(RGB Mix)] 노드의 [Factor]로도 나이테의 색 농도를 조정할 수 있습니다.

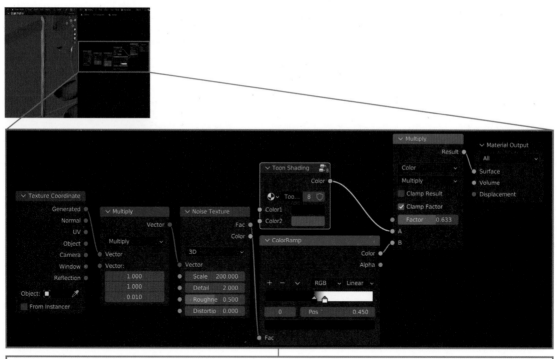

❶ [Input] > [Texture Coordinate], [Converter] > [Vector Math], [Texture] > [Noise Texture], [Converter] > [Color Ramp], [Color] > [Mix Color]를 추가하고 연결합니다.

포인트

모든 머티리얼을 만들었습니다. 그런데 전체적으로 봤을 때 디자인이 너무 단순한 것 같아서 옷의 가장자리 부분에 분할선을 추가하고, 금색 머티리얼을 설정했습니다. 또한 가슴 쪽에 금색으로 매듭을 만들었습니다.

아직도 캐릭터가 조금 밋밋한 느낌이 나므로 **앰비언트 오클루전**을 사용해 보겠습니다.

1 셰이더 에디터에서 피부 머티리얼을 선택했을 때 표시되는 [Toon Shading] 그룹 노드를 선택한 뒤 [Tab]을 눌러서 그룹 노드의 내용을 표시합니다**1**.

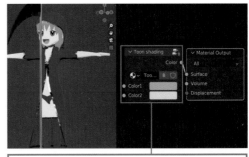

1[Toon Shading] 그룹 노드를 선택하고 [Tab]을 눌러서 노드 그룹의 내용을 표시합니다.

2 [Render Properties] 🎞의 [Ambient Occlusion]에 체크하고, 해당 패널을 엽니다. 이어서 [Distance]를 "1m"로 설정합니다**1**.

셰이더 에디터에서 [Shift] + [A]로 [Input] > [Ambient Occlusion], [Converter] > [Color Ramp], [Color] > [Mix Color]를 추가하고, 다음 그림과 같이 연결합니다**2**.

[Color Ramp] 노드의 각 컬러 스톱을 중앙으로 모으고 왼쪽 컬러 스톱의 색을 붉은색으로 변경합니다**3**.

이렇게 하면 안쪽에 있는 페이스에 붉은색 그러데이션이 들어갑니다. 피의 기운이 흐르는 것처럼 보이지 않나요?

[Mix Color(Multiply)] 노드의 [Factor] 값으로 붉은 기를 강하게 조정합니다**4**.

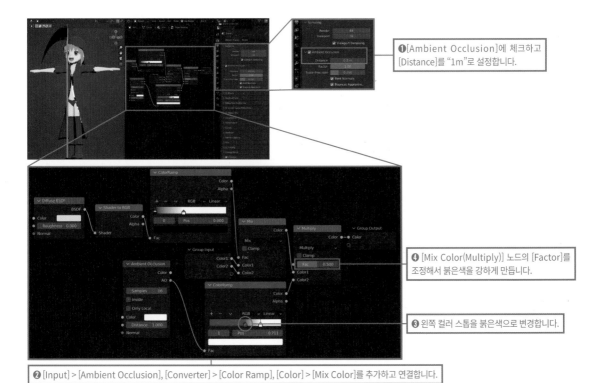

1[Ambient Occlusion]에 체크하고 [Distance]를 "1m"로 설정합니다.

4 [Mix Color(Multiply)] 노드의 [Factor]를 조정해서 붉은색을 강하게 만듭니다.

3 왼쪽 컬러 스톱을 붉은색으로 변경합니다.

2 [Input] > [Ambient Occlusion], [Converter] > [Color Ramp], [Color] > [Mix Color]를 추가하고 연결합니다.

● 앰비언트 오클루전(AO)

앰비언트 오클루전(AO)은 공간의 "좁음"을 판정해서 좁을수록 어둡게 표현하는 기능입니다. 정의에 따라서는 **"간접 조명"**, **"환경 조명"**이라고도 부르며, 광원에서 나온 빛이 주변 물질에 여러 번 반사되어 만들어지는 부드러운 그림자를 재현할 때 활용합니다.

❮ 옷과 낫에 본 설정하기

이어서 옷과 낫에도 본을 넣겠습니다.

① 아마튜어 오브젝트를 선택하고 [Edit Mode] 모드로 전환합니다. 이어서 망토에서 흔들릴 것 같은 부분에 본을 몇 개 삽입합니다. 그리고 서브디비전을 활용해서 세로 방향으로 본을 나누어줍니다(이 본들은 하반신 전용 본을 부모로 설정해 주세요) ❶.

낫은 딱딱한 물질이므로 본 하나만 있어도 문제없습니다.

❶망토에서 흔들리는 부분에 본을 몇 개 배치하고, 낫에 본을 한 개 배치합니다.

캐릭터를 오른손잡이로 설정한다고 하면 "낫에 해당하는 본"→"오른손 중앙의 본" 순서로 선택하고, [Ctrl] + [P]에서 [Disconnect Bone]으로 연결하면 오른손을 움직일 때 낫도 함께 움직이게 됩니다. 이렇게 하면 오른손으로 낫을 잡고 흔드는 등의 동작을 쉽게 잡을 수 있습니다❷.

포인트

다만 상황에 따라서 낫이 손을 따라다니면 안 되는 경우가 있을 수 있으므로 상황에 맞게 설정해 주세요.

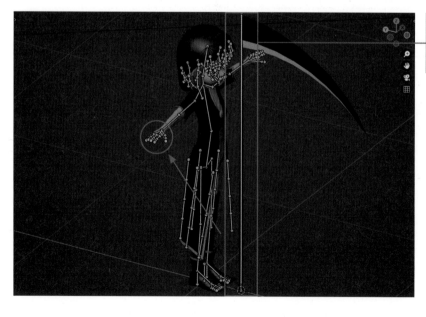

❷"낫에 해당하는 본"→"오른손 중앙의 본" 순서로 선택하고 [Ctrl] + [P]에서 [Disconnect Bone]으로 연결합니다.

6-8

모션 만들기

📁 샘플 내려받기_samplefile/Chapter6/6-8

캐릭터에 모션을 추가하면서 이와 관련된 편리한 기능들을 소개하겠습니다.

▶ 본과 관련된 기능

이번 절에서는 모션을 만드는 데 있어서 기억해 두었으면 하는 기능들에 대해서 소개하겠습니다.

● 본 레이어 변경하기

3D 뷰포트에서 아마튜어를 선택하고 [Pose Mode] 또는 [Edit Mode]에서 본을 선택하고 [M]을 누르면 [Change Bone Layer] 메뉴가 표시됩니다. 여기에서 32개의 버튼 중 클릭한 버튼 위치의 레이어로 선택한 본을 이동시킬 수 있습니다.

아마튜어를 선택하고 있을 때 [Object Data Properties] 🗶의 [Skeleton] 패널에는 [Layers:]라고 적혀 있는 32개의 버튼이 있는 항목이 있습니다. 이 버튼들은 모두 레이어를 나타냅니다. 현재 본이 존재하는 레이어는 버튼 안에 ◻ 또는 ◼ 마크가 표시되며, 현재 표시되고 있는 레이어는 배경이 파란색으로 표시됩니다.

◻를 클릭하면 표시 레이어를 전환할 수 있습니다. 또한 [Shift]를 누르면서 클릭하면 여러 개의 레이어를 동시에 표시할 수도 있습니다. 활성화된 본이 존재하는 레이어에는 ◼, 그렇지 않은 본이 존재하는 레이어에는 ◻가 표시됩니다. 본이 너무 많고, 밀집되어 있으면 본을 보는 것은 물론 선택하는 것도 힘듭니다. 하지만 이 기능을 사용하면 예를 들어 전체 본, 머리카락 전용 본, 얼굴 전용 본, 팔다리 전용 본과 같은 형태로 구분해서 레이어를 만들어 깔끔하게 정리할 수 있습니다.

[Change Bone Layer] 메뉴
32개의 버튼 중 선택한 버튼 위치의 [레이어]로 선택한 본을 이동시킬 수 있습니다.

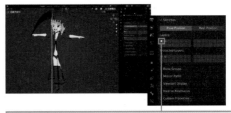

[Layers:]
버튼 안에 ◻ 또는 ◼ 마크가 표시되며 현재 표시되고 있는 레이어는 배경이 파란색으로 표시됩니다.

활성화되지 않은 본이 존재하는 레이어

활성화된 본이 존재하는 레이어

● 본 그룹

본이 너무 많을 때 본을 정리할 수 있는 추가적인 방법으로, **본 그룹**이 있습니다. 아마튜어를 선택하고 있을 때, [Object Data Properties] ⬛에서 [Bone Groups] 패널을 열면 버텍스 그룹과 비슷한 인터페이스가 표시됩니다. 아마튜어를 선택하고 [Pose Mode]로 전환한 후, 예를 들어 눈썹 전용 본을 모두 선택하고, [Bone Groups] 패널 오른쪽 위에 있는 ➕ 마크를 클릭하면 새로운 본 그룹을 만들 수 있습니다[26]. 또한 [Assign]으로 본 그룹에 본을 할당할 수 있습니다.

[Color Set] 풀 다운 메뉴에서 적당한 색을 선택하면 눈썹 전용 본이 선택되었을 때 표시될 색을 지정할 수 있습니다. 이를 사용해서 본이 밀집된 얼굴 부분의 윗 속눈썹 전용, 아래 속눈썹 전용, 입술 전용처럼 본 그룹의 색을 지정하면 본을 쉽게 구분할 수 있습니다. 또한 목록에서 본 그룹을 선택하고, 아래의 [Select] 버튼을 클릭하면 해당 본 그룹에 속한 모든 본을 쉽게 선택할 수 있습니다. 반대로 [Deselect]를 클릭하면 해당 본 그룹에 속한 모든 본을 선택 해제할 수 있습니다.

본 그룹
본 그룹 패널 오른쪽 위의 ➕ 마크로 새로운 본 그룹을 만들고, [Assign]으로 할당할 수 있습니다.

[Color Set]
본 그룹을 선택했을 때 어떤 색으로 표시될지 지정할 수 있습니다.

[Select] / [Deselect]
본 그룹의 본을 선택하거나 선택 해제할 수 있습니다.

◖ 좌우대칭 포즈 만들기

포즈는 [Ctrl] + [C]로 복사, [Ctrl] + [V]로 붙여넣기 할 수 있습니다.

① 오른쪽 부분 또는 왼쪽 부분의 포즈만 잡고, 포즈를 복사하고 싶은 쪽의 본을 선택한 뒤 [Ctrl] + [C]로 복사합니다**①**.

①포즈를 복사하고 싶은 본을 선택하고 [Ctrl] + [C]로 복사합니다.

복사하면 Copied pose to buffer라고 표시됩니다.

---

26 역주: [Pose Mode]에서만 동작합니다.

② [Shift] + [Ctrl] + [V]를 누르면 반대쪽 본에 포즈를 반전해서 붙여넣을 수 있습니다❶.

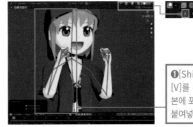

❶[Shift] + [Ctrl] + [V]를 누르면 반대쪽 본에 포즈가 반전되어 붙여넣어집니다.

포인트

참고로 이는 본 이름 뒤에 "_R", "_L"처럼 좌우를 나타내는 이름이 붙어 있을 때만 제대로 동작하는 기능입니다.

또한 도구 설정 바의 ☒ 버튼을 활성화해 두면 실시간으로 좌우대칭으로 만들 수 있습니다.

◀ 중간 포즈 만들기

포즈를 잡은 상태와 기본 상태 사이의 포즈를 만드는 방법을 설명하겠습니다.

① 손 부분의 본을 조정해서 주먹을 쥔 포즈를 잡습니다. 그리고 취한 본을 선택한 상태로 [I]의 [Location&Rotation] 등을 실행하여 일단 키프레임을 찍습니다❶.

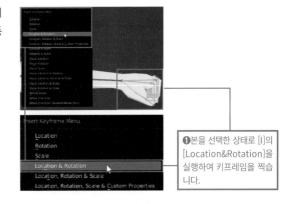

❶본을 선택한 상태로 [I]의 [Location&Rotation]을 실행하여 키프레임을 찍습니다.

② 그리고 3D 뷰포트 헤더에 있는 [Pose]에서 [In-Betweens] 〉 [Relax Pose to Rest Pose]로 포즈 릴렉스를 실행합니다.

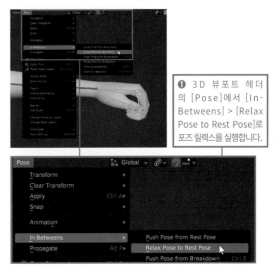

❶ 3D 뷰포트 헤더의 [Pose]에서 [In-Betweens] > [Relax Pose to Rest Pose]로 포즈 릴렉스를 실행합니다.

③ 헤더가 슬라이더로 전환되면 이 슬라이드를 사용해서 해당 비율만큼 중간 포즈를 잡을 수 있습니다①.

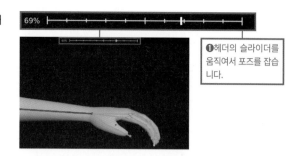

❶헤더의 슬라이더를 움직여서 포즈를 잡습니다.

▶ 애니메이션 만들기

그럼 애니메이션을 연습해 볼 수 있게 캐릭터의 보행 애니메이션을 만들어 보겠습니다.

🌘 캐릭터 보행

양손은 주먹을 쥐고, 큰 낫을 오른손에 들고 보행하는 애니메이션을 만들겠습니다.

① 어깨와 두 팔을 회전해서 내립니다①.

포인트
∨
이때 두 어깨와 두 팔은 완전히 같은 포즈로 설정해 주세요.

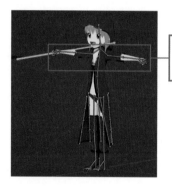

❶ 어깨와 두 팔을 회전해서 내립니다.

두 어깨와 두 팔을 완전히 같은 포즈로 설정합니다.

② 이어서 몸체, 목, 머리를 살짝 비틀겠습니다. 일단 하반신을 [R] → [Y] → [Y]로 로컬 Y축 회전해서 왼쪽으로 살짝 회전합니다①.

이어서 상반신은 반대쪽 오른쪽으로 살짝 회전합니다. 같은 크기 정도로 회전하는 것이 좋습니다②.

목과 머리는 하반신과 같은 방향으로 회전합니다. 이때 목과 머리를 합친 각도가 하반신의 회전 각도 정도가 되게 회전합니다③.

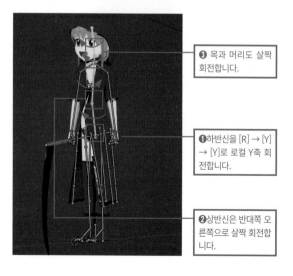

❸ 목과 머리도 살짝 회전합니다.

❶하반신을 [R] → [Y] → [Y]로 로컬 Y축 회전합니다.

❷상반신은 반대쪽 오른쪽으로 살짝 회전합니다.

③ 오른쪽 시점으로 전환한 뒤, 상반신과 하반신 본을 동시에 선택하고 약간 아래로 내립니다. 이어서 양발의 뒤꿈치 본을 앞뒤로 벌립니다(이때 스스로 걸을 때 벌어지는 범위 정로도만 벌려주세요). 또한 앞쪽 다리의 발가락은 살짝 위로 올립니다❶.

정면에서 확인했을 때 다리가 너무 많이 벌어져 있다면 발뒤꿈치의 본을 중앙으로 살짝 모아줍니다(또는 허벅지 본의 각도를 조정합니다). 다리가 망토를 뚫고 나온다면 망토 전용 본을 움직여서 뚫고 나오지 않게 수정합니다. 팔은 다리와 반대 방향이 되게 각도를 바꿉니다(왼쪽 다리가 앞으로 나오면 왼쪽 팔이 뒤로 가야 합니다). 전체적으로 포즈를 확인하면서 수정해 주세요. 다리와 팔만 신경 쓰지 말고 상반신이나 머리가 돌아가지는 않았는지도 확인하며 수정해 주세요❷.

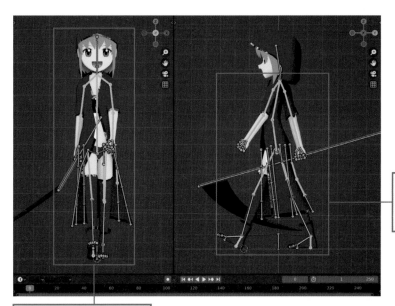

❶상반신과 하반신 본을 모두 선택하고 살짝 아래로 내린 뒤 뒤꿈치 아래의 본을 움직여 다리를 앞뒤로 벌립니다. 또한 앞쪽 다리의 발가락은 살짝 올려줍니다.

❷정면에서도 확인하면서 수정합니다.

④ 만약 본을 움직였을 때 무릎이 다른 방향으로 구부러지는 경우가 있다면 아마튜어를 선택하고 [Edit Mode]로 전환한 뒤 무릎에 있는 헤드를 조금 앞으로 이동시켜 보며 수정해 주세요❶.

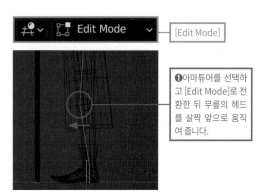

[Edit Mode]

❶아마튜어를 선택하고 [Edit Mode]로 전환한 뒤 무릎의 헤드를 살짝 앞으로 움직여 줍니다.

⑤ 타임라인의 현재 프레임이 "0"으로 되어 있는지 확인합니다❶.

전체 본을 선택하고 [I]의 [Location&Rotation]를 선택해서 키프레임을 찍습니다.

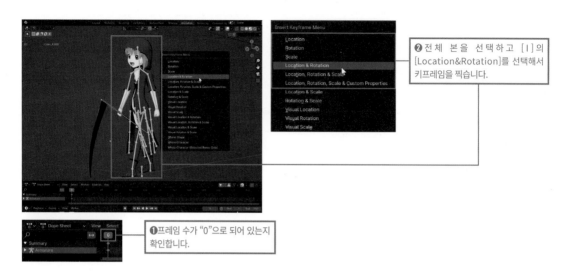

❷전체 본을 선택하고 [I]의 [Location&Rotation]를 선택해서 키프레임을 찍습니다.

❶프레임 수가 "0"으로 되어 있는지 확인합니다.

⑥ 이어서 20프레임으로 이동하고, 낫 전용 본을 제외한 모든 본을 선택합니다❶.

[Ctrl] + [C]로 본을 복사하고 [Shift] + [Ctrl] + [V]로 포즈를 반전해서 붙여 넣습니다❷.

이 상태에서 [I]의 [Location&Rotation]를 선택해서 키프레임을 또 찍습니다❸.

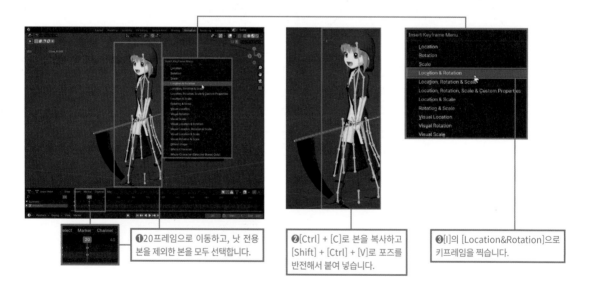

❶20프레임으로 이동하고, 낫 전용 본을 제외한 본을 모두 선택합니다.

❷[Ctrl] + [C]로 본을 복사하고 [Shift] + [Ctrl] + [V]로 포즈를 반전해서 붙여 넣습니다.

❸[I]의 [Location&Rotation]으로 키프레임을 찍습니다.

⑦ 타임라인 창에서 [End] 값을 "40"으로 설정합니다①.
그리고 0프레임에 있는 키프레임(마름모 아이콘 ◆)을 선택하
고 [Shift] + [D]로 복제한 뒤 40프레임에 배치합니다②.

현재 시점에서 [Space]를 눌러서 재생해 보면 걷는다는 느낌보
다는 미끄러지며 앞으로 나가는 것처럼 보일 것입니다.

①타임라인 창에서 [End]의 값을 "40"으로 설정합니다.

복제

②"0" 프레임에 있는 키프레임 ◆을 선택하고 [Shift] + [D]로 복제한 뒤 40프레임에 배치합니다.

⑧ 이제 10프레임으로 이동한 뒤 상반신과 하반신 본을 모두 선택하고, 위로 살짝 올려서 무릎이 다 펴지게 만듭니다①.
0프레임에서 20프레임에 걸쳐서 뒤에서 앞으로 이동하는 다리의 뒤꿈치 본을 선택하고 위로 살짝 올려서 무릎이 구부러지게
합니다. 또한 발가락이 살짝 아래로 내려가게 회전합니다. 이때 다른 발은 몸을 잘 지탱할 수 있게 발뒤꿈치 각도를 조절해서 바
닥에 잘 붙여줍니다②.

팔이 몸을 뚫고 들어가는 등의 문제가 있다면 회전 등을 조금씩 수정합니다③.

현재 단계에서 움직인 본을 모두 선택하고(뒤꿈치, 팔, 상반신과 하반신 등) [I]의 [Location&Rotation]를 선택해서 키프레임을
찍습니다④. 이 상태에서 [Ctrl] + [C]로 포즈를 복사해 둡니다⑤.

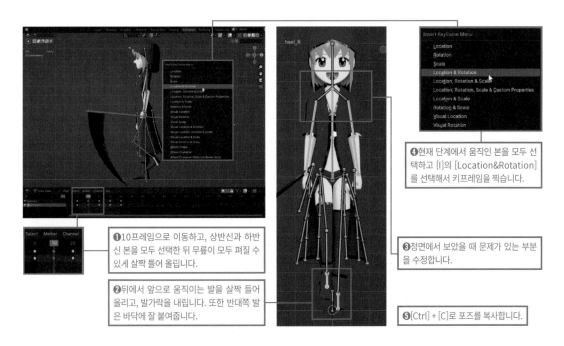

④현재 단계에서 움직인 본을 모두 선택하고 [I]의 [Location&Rotation]를 선택해서 키프레임을 찍습니다.

①10프레임으로 이동하고, 상반신과 하반신 본을 모두 선택한 뒤 무릎이 모두 펴질 수 있게 살짝 들어 올립니다.

③정면에서 보았을 때 문제가 있는 부분을 수정합니다.

②뒤에서 앞으로 움직이는 발을 살짝 들어 올리고, 발가락을 내립니다. 또한 반대쪽 발은 바닥에 잘 붙여줍니다.

⑤[Ctrl] + [C]로 포즈를 복사합니다.

⑨ "30" 프레임으로 이동하고 [Shift] + [Ctrl] + [V]로 반전해서 붙여 넣은 뒤 [I]에서 [Location&Rotation]를 선택해서 키프레임을
찍습니다❶.

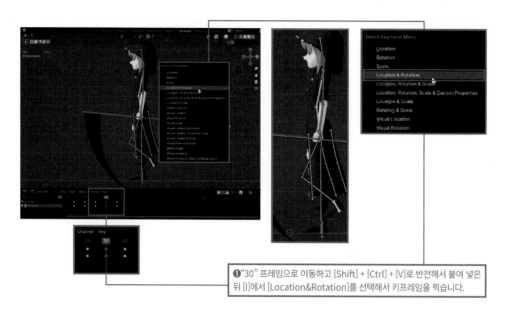

❶"30" 프레임으로 이동하고 [Shift] + [Ctrl] + [V]로 반전해서 붙여 넣은
뒤 [I]에서 [Location&Rotation]를 선택해서 키프레임을 찍습니다.

완성

이렇게 보행 모션을 완성했습니다. [Space]로 재생해서 확인해 주세요.

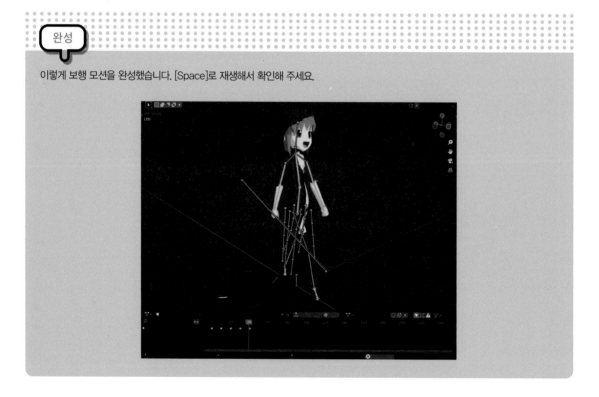

포인트

애니메이션을 재생했을 때 사용하고 있는 환경에 따라서 느리게 재생될 수도 있습니다. 이때는 타임라인 헤더의 [Playback] 풀다운 메뉴에 있는 [Sync] 풀다운 메뉴에서 [Frame Dropping]을 선택해 보세요.

이는 처리보다 재생 속도에 우선순위를 두어 처리하지 못한 프레임을 건너뛰는 방식으로 재생하는 방식입니다.

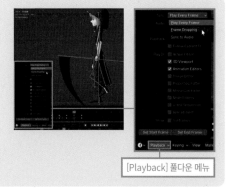

[Playback] 풀다운 메뉴

메모

애니메이션은 "액션"이라는 데이터 블록으로 관리됩니다. 이러한 "액션" 데이터를 편집하려면 타임라인 영역을 헤더 가장 왼쪽에 있는 풀다운 메뉴에서 [Dope Sheet]로 변경하고, 모드 풀다운 메뉴를 [Action Editor]로 전환해야 합니다.

모드 풀다운 메뉴가 [Action Editor]로 되어 있을 때 [ArmatureAction]으로 표시되는 것이 현재 아마튜어에 적용된 액션의 이름입니다.

적용된 애니메이션을 한꺼번에 제거하고 싶다면 바로 오른쪽에 있는 ✕ 버튼을 클릭합니다.

다른 애니메이션 만들 때, 현재 애니메이션을 따로 저장해 두고 싶은 경우가 있을 수 있습니다. 이때는 오른쪽에 있는 방패 모양 아이콘 ▣을 눌러서 저장한 뒤 그 오른쪽에 있는 ✕ 아이콘을 눌러서 액션을 닫고 새로운 액션을 만들면 됩니다.

[Dope Sheet]로 변경하고, 모드 풀다운 메뉴에서 [Action Editor]로 전환합니다.

액션 이름

✕ 버튼으로 애니메이션을 제거할 수 있습니다. 또한 방패 모양의 아이콘 ▣을 클릭한 뒤 ✕ 버튼을 클릭하면 애니메이션을 저장하고 새로운 애니메이션을 만들 수 있습니다.

6-9

샘플 내려받기_samplefile/Chapter6/6-9

에지(윤곽선) 만들기

애니메이션 느낌을 낼 때 필요한 에지(윤곽선)를 만드는 여러 가지 방법을 소개하겠습니다.

▶ FreeStyle

일단 블렌더가 기본적으로 제공해 주는 **FreeStyle**이라는 에지 만들기 기능을 사용해 보겠습니다.

◖ Freestyle 설정

FreeStyle 사용 방법에 대해서 차근차근 설명하겠습니다.

① [Render Properties]📷의 [Freestyle]에 체크에서 활성화한 뒤 패널을 엽니다. 이어서 [Line Tickness Mode]를 [Relative]로 설정합니다**❶**.

이는 렌더링 해상도에 맞게 에지의 두께를 설정하는 항목입니다. FreeStyle로 만들어지는 에지는 [F12]로 렌더링할 때만 결과를 알 수 있습니다.

❶[Freestyle]에 체크하고 패널을 연 뒤 [Line Tickness Mode]를 [Relative]로 설정합니다.

② FreeStyle과 관련된 자세한 설정은 [View Layer Properties]🖼에서 할 수 있습니다. 이곳의 [Freestyle] 패널에서 [Crease Angle] 값을 "80°"로 설정해 둡니다**❶**.

이는 어느 정도 각도로 회전하는 부분에 엣지를 만들지 설정하는 항목입니다. 값이 클수록 부드러운 부분에도 에지가 만들어집니다. 이번 예제의 경우 해상도가 낮으므로 각도를 살짝 줄여주겠습니다(결과를 보면서 조금씩 조정해 보세요).

❶[Freestyle] 패널에서 [Crease Angle] 값을 "80°"로 설정합니다.

③ [Freestyle Thickness] 패널 내부의 [Base Thickness]로 에지의 두께를 설정할 수 있습니다❶.

추가로 아래의 [Add Modifier] 풀다운 메뉴에서 [Along Stroke]를 추가하고, [Mapping]을 [Curve]로 설정합니다. 이렇게 하면 커브 편집 영역이 표시되는데, 오른쪽 위에 있는 제어점을 가장 아래로 내리고, 커브 중앙을 클릭해서 새로운 제어점을 만든 뒤 해당 제어점을 중앙 가장 위로 올립니다❷.

이 그래프는 가로축이 에지 스트로크의 시작과 끝을 나타내고 세로축이 에지의 두께를 나타냅니다. 따라서 이처럼 커브를 설정하면 **시작점과 끝점이 얇은 스트로크**를 만들어 낼 수 있습니다.

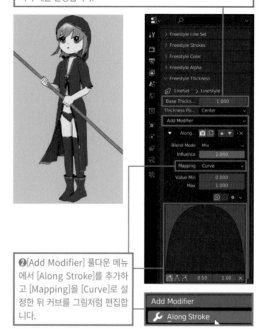

❶[Freestyle Thickness] 패널 내부의 [Base Thickness]로 에지의 두께를 설정합니다.

❷[Add Modifier] 풀다운 메뉴에서 [Along Stroke]를 추가하고 [Mapping]을 [Curve]로 설정한 뒤 커브를 그림처럼 편집합니다.

메모

　FreeStyle로 만드는 에지는 에지가 만들어지지 않았으면 하는 부분에도 에지가 만들어지는 경우가 있습니다. 이런 경우에는 [Edit Mode]에서 에지가 만들어지지 않았으면 하는 부분을 선택하고 [Ctrl] + [F]에서 [Face Data] 〉 [Mark Freestyle Face]를 선택합니다. 그리고 [Freestyle Line Set] 패널에 있는 [Face Marks]를 체크하고 연 뒤 [Inclusive]를 [Exclusive]로 설정합니다.

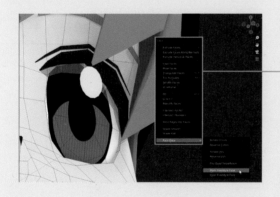
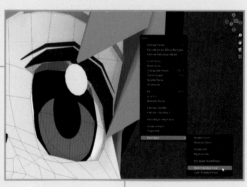

[Ctrl] + [F]에서 [Face Data] > [Mark Freestyle Face]를 선택하고 [Freestyle Line Set] 패널에 있는 [Face Marks]에 체크합니다.

이번에는 **컴포지터**를 사용해서 에지를 만드는 방법을 설명하겠습니다.

☽ "심도"를 사용해서 에지 만들기

3D 모델의 심도 정보를 기반으로 에지를 만듭니다.

① [View Layer Properties] 탭🖼의 [Passes] 패널 내부
에 있는 [Data] 항목에서 [Z]와 [Normal]에 체크합니다
❶.

❶[View Layer Proper
ties] 탭🖼의 [Passes] 패
널에서 [Data] 항목의 [Z]와
[Normal]에 체크합니다.

② 영역 중에서 하나를 [Compositor]로 변경하고, 헤더의 [Use Nodes]에 체크합니다. 이렇게 하면 중앙에 [Render Layers]와
[Composite]라는 이름의 노드가 추가됩니다❶.

[F12]를 눌러서 렌더링해 보면 [Render Layers] 노드에 렌더링 결과가 이미지로 표시됩니다.

❶영역을 [Compositor]로 변경하고 [Use Nodes]에 체크합니다.　☑ Use Nodes

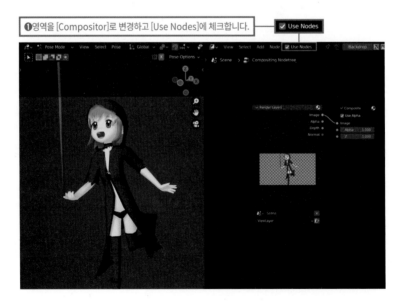

조금 다른 내용이지만, [Render Properties] 탭의 [Film] 패널을 열고 [Transparent]에 체크해 봅시다. 이어서 [Compositor]에서 [Shift] + [A]로 [Color] 〉 [Alpha Over] 노드를 추가한 뒤 그림과 같이 연결하고, 렌더링해 보면 [Alpha Over] 노드의 [Image] 단자에 설정한 색으로 배경이 대체됩니다. 추가로 이러한 [Image] 단자를 [Image Texture] 노드 등과 연결하면 원하는 이미지를 배경으로 사용할 수 있습니다.

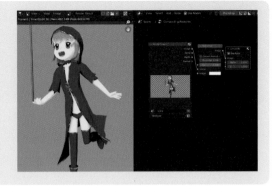

③ 컴포지터에서 [Shift] + [A]를 누르고 [Filter] 〉 [Filter] 노드를 추가합니다. 이어서 풀다운 메뉴에서 [Laplace]를 선택하고 아래 그림과 같이 연결합니다([Alpha Over]는 옆에 배치해 두세요)❶.

이 상태에서 렌더링해 보면 캐릭터의 에지가 흰색으로 되어 있는 이미지가 만들어집니다(영역 하나를 [Image Editor]로 변경해 두면 [Compositor]의 변경이 실시간으로 반영됩니다)❷.

렌더링 이미지의 심도 정보를 기반으로 필터를 활용해서 에지를 만드는 것입니다.

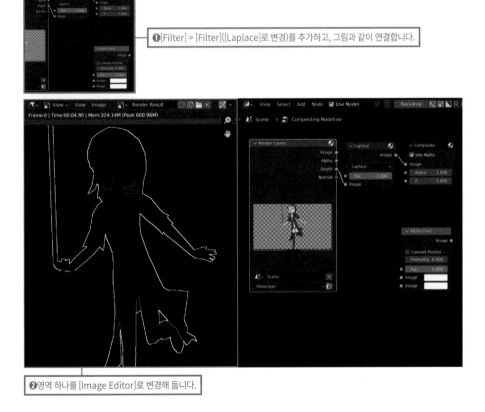

❶[Filter] > [Filter]([Laplace]로 변경)를 추가하고, 그림과 같이 연결합니다.

❷영역 하나를 [Image Editor]로 변경해 둡니다.

🌜 노멀을 사용해서 에지 만들기

추가적인 방법으로 렌더링 레이어의 [Normal] 출력 단자에서 [Laplace] 필터 노드를 연결해도 이상적인 에지를 만들 수 있습니다.

1 이번에는 [Render Layers] 노드의 [Normals] 출력 단자에서 [Laplace] 노드를 연결합니다**①**.

이를 사용할 때는 모델 표면의 노멀(법선) 정보가 필요하므로 215페이지에서 했던 것처럼 셰이더 에디터에서 머티리얼 출력 직전에 [Emission] 노드를 끼워 넣어야 합니다**②**.

①[Normal] 단자와 연결합니다.

②출력 직전에 [Emission] 노드를 넣습니다.

🌜 양쪽에 에지 합성하기

이러한 두 종류의 [Laplace] 필터 노드를 적당한 위치에 잘 배치해서 조합하겠습니다.

1 [Shift] + [A]에서 [Converter] 〉 [Color Ramp], [Color] 〉 [Mix([Multiply]로 변경)], [Filter] 〉 [Anti-Aliasing]을 추가하고 다음 그림과 같이 연결합니다**①**.

[Color Ramp]는 렌더링 결과를 보면서 조정해 주세요**②**.

물론 옷 머티리얼에도 [Emission] 노드를 끼워 넣어야 하므로 다음 그림을 참고해서 수정해 주세요(다른 머티리얼도 마찬가지입니다) **③**.

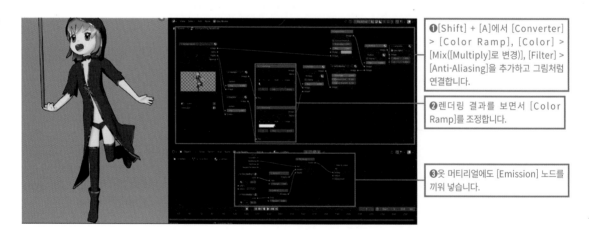

①[Shift] + [A]에서 [Converter] > [Color Ramp], [Color] > [Mix([Multiply]로 변경)], [Filter] > [Anti-Aliasing]을 추가하고 그림처럼 연결합니다.

②렌더링 결과를 보면서 [Color Ramp]를 조정합니다.

③옷 머티리얼에도 [Emission] 노드를 끼워 넣습니다.

▷ [Solidify] 모디파이어로 에지 만들기

이번에는 [Solidify] 모디파이어를 사용에서 에지를 만드는 방법을 소개하겠습니다.

◖ [Solidify] 모디파이어 설정하기

일단 에지 전용 오브젝트를 만들고, 모디파이어를 추가하겠습니다.

① 일단 피부 오브젝트를 선택하고 [Alt] + [D]를 눌러서 링크 복제합니다(오른쪽 그림은 복제했다는 것을 알기 쉽게 이동했지만, 마우스 오른쪽 버튼 클릭 등으로 제자리에 복제해주세요.) **①**.

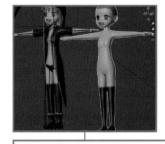

① 피부 오브젝트를 선택하고 [Alt] + [D]를 눌러서 링크 복제합니다.

② 작업하기 쉽게 [Shift] + [H]를 눌러서 링크 복제한 오브젝트 이외의 것을 모두 숨깁니다**①**.

그리고 [Material Properties] ●에서 오른쪽에 있는 [Material Link] 풀다운 메뉴를 클릭하고, [Object]를 선택합니다**②**.

①[Shift] + [H]를 눌러서 링크 복제한 오브젝트 이외 것을 모두 숨깁니다.

②[Material Properties] ● 에서 오른쪽에 있는 [Material Link] 풀다운 메뉴에서 [Object]를 선택합니다.

③ [+ New]로 머티리얼을 새로 생성하고, 셰이더 에디터에서 [Shift] + [A]를 눌러 표시되는 컨텍스트 메뉴에서 [Input] 〉 [Geometry], [Shader] 〉 [Transparent BSDF], [Input] 〉 [RGB], [Shader] 〉 [Mix Shader]를 눌러 추가한 뒤 다음 그림과 같이 연결합니다**①**.

[Material Properties] ●의 [Settings] 패널에서 [Blend Mode]를 [Alpha Clip]으로 변경합니다**②**.

이렇게 하면 페이스의 바깥쪽이 투과되는 머티리얼이 만들어집니다.

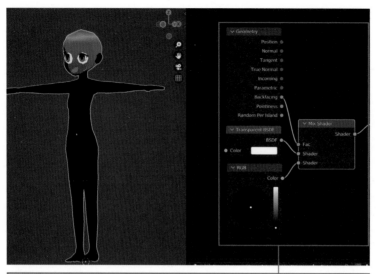

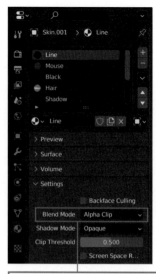

❶[+ New]로 머티리얼을 새로 생성하고, 셰이더 에디터에서 [Shift] + [A]로 [Input] > [Geometry], [Shader] > [Transparent BSDF], [Input] > [RGB], [Shader] > [Mix Shader]를 추가하고, 그림처럼 연결합니다.

❷[Material Properties]의 [Settings] 패널에서 [Blend Mode]를 Alpha Clip로 변경합니다.

④ 이 머티리얼을 일단 "Line"이라고 이름 붙입니다❶.

이 링크 복제한 오브젝트에는 여러 개의 머티리얼 슬롯이 설정되어 있으므로 모든 머티리얼의 오른쪽에 있는 [Material Link] 풀 다운 메뉴에서 [Object]를 선택하고, 머티리얼을 "Line" 머티리얼로 변경합니다. 이렇게 하면 이 오브젝트의 모든 페이스에 바깥쪽이 투과되는 검은 머티리얼이 설정됩니다❷.

❶ 머티리얼의 이름을 "Line"으로 설정합니다.

❷모든 머티리얼 슬롯의 [Material Link]를 [Object]로 변경하고, "Line" 머티리얼로 변경합니다.

⑤ 그리고 [Modifier Properties] 탭에서 [Solidify] 모디파이어를 추가하고, 패널에서 [Thickness]를 "0.01m" 정도로 작게 설정합니다. 그리고 [Offset]은 "0"으로 설정합니다. 숨겼던 오브젝트를 [Alt] + [H]로 다시 표시하면 엣지가 만들어진 것을 확인할 수 있습니다❶.

❶ [Modifier Properties] 탭에서 [Solidify] 모디파이어를 추가하고, 패널에서 [Thickness]를 "0.01m" 정도, [Offset]을 "0"으로 설정합니다. 이어서 [Alt] + [H]로 오브젝트를 다시 표시합니다.

포인트

[Solidify] 모디파이어의 [Thickness]로 엣지의 두께를 조절할 수 있습니다. 이를 활용하면 렌더링을 하지 않고도 실시간으로 에지를 확인할 수 있습니다. 다만 에지가 필요한 다른 오브젝트(헤어 오브젝트, 옷 오브젝트 등)도 같은 방법으로 에지 전용 오브젝트를 따로 만들어야 하므로 조금 귀찮습니다.

메모

어떤 이유로 에지 전용 머티리얼의 앞쪽이 아니라, 뒤쪽을 투명하게 만들어야 한다면 셰이더 에디터에서 **[RGB] 노드**와 **[Transparent BSDF] 노드**를 반대로 연결하고, [Modifier Properties] 탭에서 [Solidify] 모디파이어 패널의 [Normals] 항목 내부에 있는 [Flip]에 체크하면 됩니다.

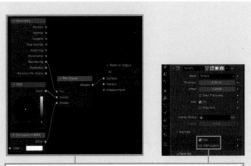

[RGB] 노드와 [Transparent BSDF] 노드를 반대로 연결하고, [Modifier Properties] 탭에서 [Solidify] 모디파이어 패널의 [Normals] 항목 내부에 있는 [Flip]에 체크합니다.

완성

이렇게 캐릭터를 모두 만들어 보았습니다. 멋있는 포즈와 애니메이션을 적용하고 렌더링해 보세요!

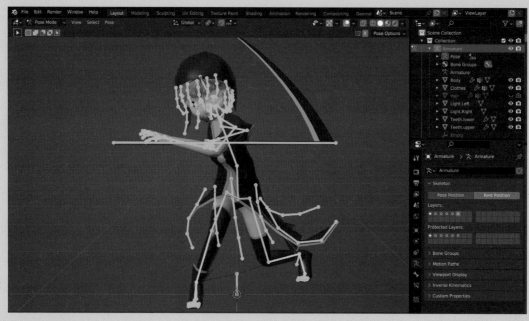

6-10

추가적인 고급 기능

이번 절에서는 기초 기능을 넘어 고급 기능을 살펴보겠습니다. 조금 이해하기 어렵고, 작업하기 어려운 부분도 있습니다. 그래도 실력에 어느 정도 자신이 있는 분들은 도전해 보기 바랍니다.

▶ 캐릭터를 더 매력적으로 만들기

적은 페이스를 활용(로우 폴리곤)해서 캐릭터를 만들었으므로 높은 해상도로 렌더링해서 보면 각이 지는 것을 확인할 수 있습니다. 이를 해결하는 방법은 크게 두 가지입니다. 일단 첫 번째는 2장에서 물병을 모델링할 때처럼 [Subdivision Surface] 모디파이어를 추가하는 것입니다. 그리고 두 번째는 로우 폴리곤으로 만든 메시에서 필요한 부분의 분할을 더 나누어서 모델링하면 됩니다. 이번 절에서는 이처럼 캐릭터를 조금 더 매력적으로 만들 때 활용할 수 있는 방법을 소개하겠습니다.

낫의 나무 봉 부분이 끝으로 갈수록 둥굴어지거나, 머리카락처럼 갈라지는 현상이 생깁니다.

◖ [Crease]를 활용해서 낫과 머리카락 조정하기

현재 모델에서 몇 가지 문제점을 찾아봅시다. 일단 낫의 나무 막대 끝부분이 가늘고 뾰족해집니다. 또한 머리카락과 머리카락 사이가 둥글게 표시됩니다. 이렇게 둥글어지는 부분을 해결하는 방법으로 [Crease]를 활용하는 방법이 있습니다.

❶ 작업하기 쉽게 일단 포즈를 기본 포즈로 되돌리겠습니다. [Skeleton] 패널에서 [Rest Position]을 클릭하면 기본 포즈로 돌아옵니다(또한 이 상태에서는 [Pose Mode]에서 본을 움직일 수 없습니다)❶.

원래대로 되돌리고 싶다면 [Pose Position]을 클릭하면 됩니다.

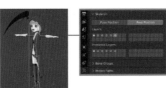

❶[Skeleton] 패널에서 [Rest Position]을 클릭합니다.

❷ [Edit Mode]에서 낫 나무 막대의 끝부분 버텍스를 모두 선택하고, 3D 뷰포트에서 [N]을 눌러서 프로퍼티 바를 표시합니다. 이어서 [Item] 탭에 있는 [Edges Data]의 [Mean Crease]를 "1"로 올립니다❶.

참고로 단축키로는 [Shift] + [E] → 1 → [Enter]를 사용하면 같은 조작이 이루어집니다. 이렇게 하면 추가로 분할 수를 늘리지 않아도 각이 지게 만들 수 있습니다.

❶[Item] 탭에 있는 [Edges Data]의 [Mean Crease]를 "1"로 올립니다

③ 헤어 오브젝트도 모발 가닥의 수직인 에지를 선택하고, 같은 방
법으로 [Crease] 값을 올려주면 주름진 형태를 제거할 수 있습
니다❶.

❶머리카락 오브젝트
의 모발 가닥의 수직
인 에지를 모두 선택
하고, [Crease] 값을
"1"로 설정합니다.

낫과 머리카락을 수정
했습니다.

▶ 머리카락을 풍부하게 표현하기

지금까지는 머리카락을 만들 수 있는 가장 간단한 방법으로 머리카락을 만들어 보았습니다. 간단한 방법인 만큼 결과가 만족스
럽지 않을 수 있습니다. 그래서 조금 더 풍부하게 머리카락을 표현할 방법을 알아보겠습니다. 이번 절에서는 커브 오브젝트를
활용해 머리카락을 만드는 방법을 설명합니다. 굉장히 귀찮은 반복 작업이지만, 그만큼 좋은 결과가 나옵니다.

☾ 커브 오브젝트로 머리카락 만들기

머리카락 전용 커브 오브젝트를 만들겠습니다.

① 모든 오브젝트를 일단 숨기고 [Object Mode]에서 [Shift] + [A]의
[Curve] 〉 [Bezier]를 추가합니다❶.

❶모든 오브젝트를 숨기고 [Object Mode]에서 [Shift] +
[A]의 [Curve] > [Bezier]를 추가합니다.

② [Object Data Properties]🔵에서 [Geometry] 패널에 있는 [Depth]를 조금 높이면 커브가 두꺼워지면서 원통 형태가 됩니다**①**.

[Edit Mode]에서 커브의 두 제어점 중 하나를 선택하고 [N]으로 표시되는 프로퍼티 바의 [Item] 탭에 있는 [Radius] 값을 "0" (또는 "0"에 가까운 값)으로 설정합니다**②**.

또는 단축키로 [Alt] + [S] → 0 → [Enter]를 사용할 수도 있습니다. 이렇게 하면 원통의 한쪽 끝이 뾰족한 모양이 되어서 머리카락 가닥처럼 바뀝니다.

① [Object Data Properties]에서 [Geometry] 패널에 있는 [Depth]를 조금 높입니다.

②제어점을 선택하고 [N](프로퍼티 바)의 [Item] 탭에 있는 [Radius] 값을 "0"으로 설정합니다.

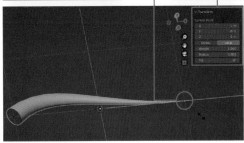

③ [A]로 양쪽 제어점을 모두 선택하고, 마우스 오른쪽 버튼 클릭으로 표시되는 메뉴에서 [Subdivide]를 실행하면 사이에 새로운 제어점이 만들어집니다**①**.

이 제어점을 선택하고 [Alt] + [S]로 조금 두껍게 만들어 주면 보다 머리카락 가닥 같은 모습으로 바뀝니다**②**.

①[A]로 모든 제어점을 선택하고, 마우스 오른쪽 버튼 클릭에서 [Subdivide]를 실행합니다.

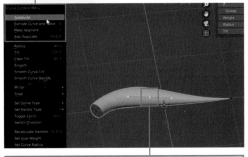

②새로 추가된 제어점을 선택하고 [Alt] + [S]로 조금 두껍게 만듭니다.

① [Alt] + [H]로 숨겼던 오브젝트들을 다시 표시하고, 머리카락을 선택한 뒤 [Edit Mode]에서 머리카락의 위치를 조정해 줍니다**①**.

두께가 너무 두껍거나 얇다고 느껴지면 [Depth] 값을 조정해 주세요.

이어서 이러한 한 가닥의 머리카락을 [Shift] + [D]로 복제하고, 이동하는 과정을 반복해서 전체적인 머리카락 형태를 잡아줍니다.

①머리카락을 선택하고 [Edit Mode]에서 머리카락의 위치를 조정합니다.

포인트

커브 조작 방법은 4장에서 애니메이션을 만들 때 커브를 조작하던 것과 거의 같습니다(140페이지). [Mirror] 모디파이어를 활용해 왼쪽 부분만 배치해서 전체적인 형태를 빠르게 잡아나가는 것도 좋습니다.

⑤ 머리카락 배치가 끝났다면 [Geometry] 패널의 [Bevel] 타입을 [Profile]로 전환하고, 그래프 편집 화면을 다음 그림과 같은 형태로 구성합니다. 이렇게 하면 머리카락 오브젝트에 자연스러운 홈이 생깁니다❶.

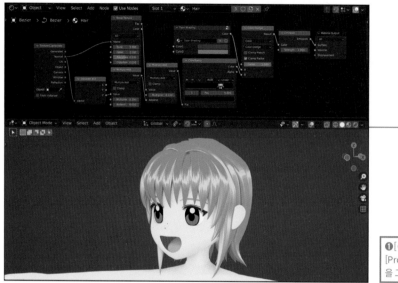

❶[Geometry] 패널의 [Bevel] 타입을 [Profile]로 전환하고, 아래의 그래프 편집 화면을 그림과 같은 형태로 구성합니다.

포인트
머티리얼은 위의 그림(또는 예제 파일)을 참고해서 [Texture Coordinate] 노드의 출력을 [Normal] 단자로 변경하는 등 일부 조정해 줍니다. 이렇게 하면 만들어진 홈 부분에 큐티클이 적용되어 더욱 사실적인 애니메이션 캐릭터의 머리카락 느낌을 재현할 수 있습니다.

메모
커브 굵기 보간의 기본값은 직선 형태입니다. 그래서 접히는 부분이 굉장히 눈에 띕니다. 중간에 있는 제어점을 선택하고 [Active Spline] 패널에 있는 [Radius]를 [Cardinal] 또는 [Ease]로 변경하면 접히는 부분을 부드럽게 만들 수 있습니다.

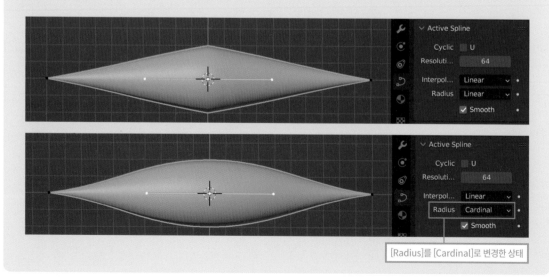

[Radius]를 [Cardinal]로 변경한 상태

커브로 만든 머리카락을 움직일 수 있게 리깅과 스키닝에 해당하는 작업을 해 봅시다.

① 일단 Mirror 모디파이어로 만든 경우 [Mirror] 모디파이어
패널 오른쪽 위에 있는 ⊠ 버튼을 클릭해서 모디파이어를
제거해 주세요**①**.

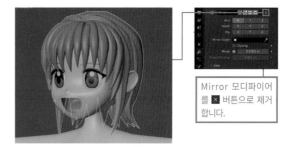

Mirror 모디파이어
를 ⊠ 버튼으로 제거
합니다.

② 커브 오브젝트는 모디파이어를 [Apply] 할 수 없으므로 별도로 반전 복사해야 합니다.

[Shift] + [C]로 3D 커서를 중앙으로 이동하고, 피벗 포인트를 [3D Cursor]로 설정합니다. 이어서 머리카락 커브 오브젝트를 선
택하고 [Edit Mode]에서 [A]로 전부 선택한 뒤 [Shift] + [D]로 복제합니다. 곧바로 마우스 오른쪽 버튼 클릭으로 이동하지 말고
제자리에 둡니다. 이어서 [S] → [X] → ─1 → [Enter]를 눌러서 반전합니다**①**.

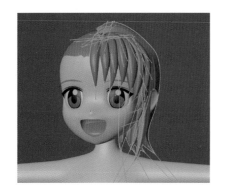
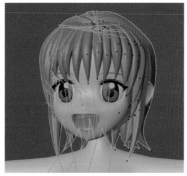

①[Shift] + [C]로 3D 커서를 중앙으로
이동하고 피벗 포인트를 [3D Cursor]로
설정합니다. 이어서 머리카락 커브 오브
젝트를 선택하고 [Edit Mode]에서 [A]
로 전부 선택한 뒤 [Shift] + [D]로 복제
합니다. 곧바로 마우스 오른쪽 버튼 클릭
으로 이동하지 말고 제자리에 둡니다. 이
어서 [S] → [X] → -1 → [Enter]를 눌러
서 반전 복사합니다.

③ 이어서 머리카락 커브 오브젝트 전용 본을 만들겠습니다.
가장 앞에 있는 머리카락 가닥의 중간 부분 제어점을 선택
하고 [Shift] + [S]의 [Cursor to Selected]를 실행해서 3D
커서를 제어점 위치로 이동합니다.

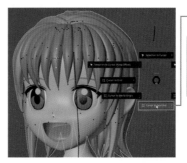

①[Shift] + [S]
의 [Cursor to
Selected]를 실행합
니다.

④ 안구 등의 본과 마찬가지로 머리 부분 전용 본에서 [Shift]
+ [E]로 돌출하고, 링크를 해제한 본의 헤드를 선택한 뒤
[Shift] + [S]의 [Selection to Cursor]를 클릭합니다. 이렇
게 하면 본의 헤드가 3D 커서 위치로 이동합니다.

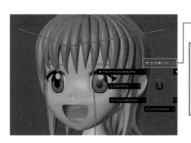

① [Shift] + [S]
의 [Selection to
Cursor]를 클릭해서
3D 커서 위치로 이동
합니다.

⑤ 이번에는 이 제어점 아래에 있는 핸들을 선택하고, 여기로
3D 커서를 이동시킨 뒤 본의 테일을 이동시킵니다❶.

❶제어점 아래쪽의 핸
들 위치로 3D 커서를
이동시키고, 본의 테
일을 이동합니다.

⑥ 머리카락 커브를 움직이고 싶은 모든 제어점에 같은 과정
을 반복해서 제어점과 그 아래의 핸들 위치로 본의 헤드와
테일을 모두 배치합니다❶.

❶머리카락 커브를 움
직이고 싶은 모든 제
어점에 같은 과정을
반복합니다.

① 배치를 완료했다면 포즈 모드에서 해당 본 중 하나를 선
택하고 [Shift]를 누른 상태에서 머리카락 커브 오브젝트를
선택합니다. 이어서 [Tab]을 눌러서 해당 본과 같은 위치
의 제어점을 선택하고 [Ctrl] + [H]의 [Hook to Selected
Object Bone]을 실행합니다.

❶[Ctrl] + [H]의 [Hook to Selected Object Bone]을 실행합니다.

본을 하나 선택하고 [Shift]를 누르면서 머리카락
커브 오브젝트를 선택합니다.

포인트

　　이러한 작업을 거치면 [Pose Mode]에서 해당 본을 움직었을 때 머리카락의 제어점이 함께 움직입니다. 그리고 이러한 작업
은 모든 머리카락 가닥에 하나하나 적용해야 합니다. 미러링도 활용할 수 없으므로 굉장히 귀찮고 오랜 시간이 걸리는 작업입니다.

⑧ 마지막으로 흔들릴 필요가 없는 제어점은 모두 머리 부분 전용
본에 [Hook to Selected Object Bone]합니다❶.

❶흔들릴 필요가 없
는 제어점을 머리 부
분 전용 본에 연결합
니다.

포인트
∨

커브 오브젝트에는 버텍스 그룹이라는 개념이 없으
므로 일반적인 메시 오브젝트처럼 스키닝 작업을 할 수 없습니
다. 따라서 훅(Hook)이라는 특별한 기능을 사용해서 본과 연결
해야 합니다. 따라서 원래 이런 목적으로 만들어진 기능이 아니
므로 조금 복잡하고 힘들게 스키닝 작업을 해야 합니다.

완성

머리카락을 조금 더 풍성하게 표현해 보았습니다.

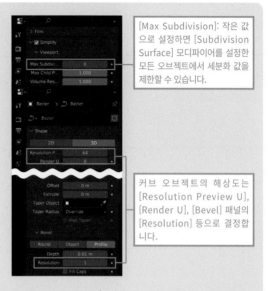

메모

사용하는 환경에 따라서 [Subdivision Surface] 모디파이어를 적용해서 버텍스 수가 늘어났을 때 화면 표시가 무거워져서(끊겨서) 포즈를 잡기가 어려울 수 있습니다.

이때는 [Render Properties] 탭 █의 [Simplify]에 체크하고 패널을 연 뒤 [Max Subdivision] 값을 조금 작게 만들면 [Subdivision Surface] 모디파이어를 설정한 모든 오브젝트의 분할 수 상한을 강제적으로 제한할 수 있습니다.

[Viewport]와 [Render] 값을 각각 설정할 수 있으므로 간단하게 포즈를 잡을 때는 가볍게 표시하고 렌더링을 돌릴 때만 최대 수치로 나눠서 렌더링할 수 있습니다.

커브 오브젝트는 [Object Data Properties] █의 [Shape] 패널에 있는 [Resolution Preview U]로 미리보기 때의 세로 방향 해상도를 지정할 수 있습니다. 그리고 아래에 있는 [Render U]로 렌더링 때의 세로 방향 해상도를 지정할 수 있습니다. 참고로 이 값을 "0"으로 설정하면 [Resolution Preview U]와 같은 값으로 렌더링하게 됩니다.

추가로 [Geometry] 패널에 있는 [Bevel] 항목 내부의 [Resolution]으로 커브를 감싸는 방향의 해상도를 설정할 수 있습니다.

> [Max Subdivision]: 작은 값으로 설정하면 [Subdivision Surface] 모디파이어를 설정한 모든 오브젝트에서 세분화 값을 제한할 수 있습니다.

> 커브 오브젝트의 해상도는 [Resolution Preview U], [Render U], [Bevel] 패널의 [Resolution] 등으로 결정합니다.

▶ 셰이더 에디터 추가 설명

머리카락 큐티클 등에서 사용했던 셰이더 에디터의 기능을 조금 더 자세하게 소개하겠습니다.

◀ 텍스처 좌표의 원리

텍스처 좌표의 구조를 이해하고 파악하는 것이 셰이더 노드 이해의 첫걸음이라고 할 수 있습니다.

① 블렌더를 처음 실행했을 때 표시되는 큐브 오브젝트를 선택하고, 셰이더 에디터에서 [Shift] + [A]의 [Input] 〉 [Texture Coordinate]를 추가한 뒤 다음 그림처럼 [Object] 단자에서 [Material Output] 노드의 [Surface] 단자에 연결해 보세요**①**.

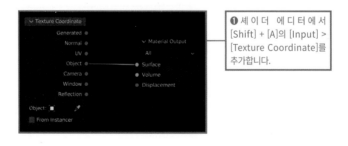

> **①** 셰이더 에디터에서 [Shift] + [A]의 [Input] > [Texture Coordinate]를 추가합니다.

3D 뷰포트를 [Material Preview]로 설정해서 결과를 확인합니다**②**. 확인해 보면 큐브 오브젝트가 굉장히 화려하게 채색되어 있는 모습을 확인할 수 있습니다.

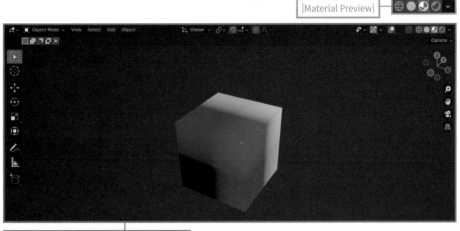

❷3D 뷰포트를 [Material Preview]로 설정합니다.

포인트

Blender는 X, Y, Z 축을 각각 붉은색(R), 초록색(G), 파란색(B)으로 표현합니다. 이를 생각하면서 그림을 다시 보면 오른쪽으로 갈수록 붉은색이 강해지고, 안쪽으로 갈수록 초록색이 강해지고, 위로 갈수록 파란색이 강해지는 것을 알 수 있습니다. 물론 "그럼 하늘색, 보라색, 노란색은 뭔가요?"라고 생각할 수 있는데요. 하늘색(Cyan), 보라색(Magenta), 노란색(Yellow)은 붉은색, 초록색, 파란색이 섞여서 만들어지는 색상입니다[27]. 그리고 붉은색, 초록색, 파란색이 모두 섞이는 부분은 흰색, 모두 섞이지 않는 부분은 검은색으로 표시됩니다.

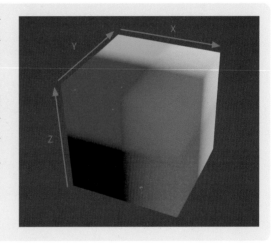

❷ 좀 더 쉽게 이해할 수 있게 [Shift] + [A]에서 [Converter]〉[Separate XYZ]를 추가하고❶ [Texture Coordinate] 노드의 [Object] 단자에서 [Separate XYZ] 노드의 [Vector]에 연결하고 [Separate XYZ] 노드의 X, Y, Z를 [Material Output] 노드의 [Surface] 단자에 각각 연결해 보세요.

그럼 각각을 연결했을 때 어떤 결과가 나오는지 관찰해 봅시다.

---

27 역주: 정확하게는 "색이 섞여서 만들어지는 것"이 아니라, "빛이 섞여서 만들어지는 것"입니다. 이와 관련된 내용은 인터넷 등에서 "빛의 삼원색"을 검색해서 살펴보기 바랍니다.

❶[Converter] > [Separate XYZ]를 추가합니다.

▶ X축 연결

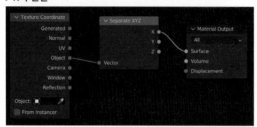
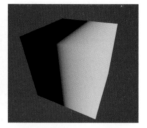

▶ Y축 연결

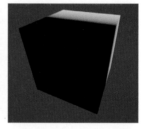

▶ Z축 연결

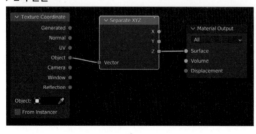
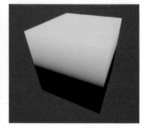

> **포인트**
>
> X 단자에 연결했을 때는 큐브의 왼쪽이 검은색, 오른쪽이 흰색인 그러데이션으로 칠해집니다. 이는 중심을 "0"으로 했을 때 큐브의 가장 왼쪽이 "−1", 가장 오른쪽이 "1"이 되게 그러데이션이 만들어지기 때문입니다.
>
> 그리고 인간의 눈은 "0" 이하의 색을 모두 검은색으로 인식하므로 왼쪽 절반 부분은 완전히 검은색으로 표시됩니다. "0"이 되는 중심에서 "1"인 오른쪽까지는 그러데이션을 확인할 수 있습니다. 하지만 마찬가지로 인간의 눈에는 "1" 이상의 색을 모두 흰색으로 인식하므로 "1"을 넘는 영역은 완전한 흰색으로 표시됩니다.
>
> 한 번 큐브를 선택하고 [Edit Mode]에서 [S]로 확대해 보면 "1" 이상의 영역을 볼 수 있습니다. 다른 축(Y, Z)도 깊이와 세로 등으로 축이 바뀌는 것이지 특징은 같습니다.
>
> 눈으로 볼 수는 없지만, 공간 내부가 그러데이션으로 채워져 있다고 생각하면 셰이더 에디터를 더 잘 활용할 수 있습니다. 캐릭터 머리카락의 큐티클은 이를 조금 응용해서 만든 것입니다.

큐티클을 만드는 방법

그럼 [Texture Coordinate] 노드를 응용해서 큐티클이 만들어지는 흐름을 설명하겠습니다.

① [Shift] + [A]에서 [Converter] 〉 [Color Ramp]를 추가하고, 다음 그림처럼 연결합니다❶.

컬러 스톱은 검은색, 흰색, 검은색 스톱을 만들고, 이를 가깝게 배치합니다❷.

이렇게 하면 큐브 오브젝트에 얇은 흰색 선이 표시됩니다. 이는 "0"부터 "1"이라는 값이 설정된 위치에 [Color Ramp] 노드에서 정의한 그러데이션이 맵핑되어 만들어지는 흰색 선입니다.

 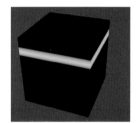

❶[Shift] + [A]에서 [Converter] > [Color Ramp]를 추가하고, 그림처럼 연결합니다.

❷컬러 스톱은 검은색, 흰색, 검은색을 가깝게 배치합니다.

② 추가로 큐티클을 만들 때 [Noise Texture] 노드를 사용했습니다. 한 번 [Shift] + [A]에서 [Texture] 〉 [Noise Texture]를 추가하고, 다음 그림과 같이 연결해 봅시다❶.

큐브에 노이즈 무늬가 생기는 것을 볼 수 있습니다.

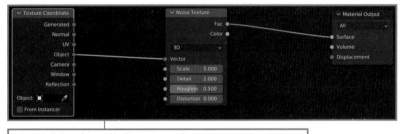 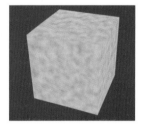

❶[Shift] + [A]에서 [Texture] > [Noise Texture]를 추가하고, 그림처럼 연결합니다.

③ [Shift] + [A]에서 [Converter] 〉 [Vector Math]를 추가하고 [Multiply] 노드가 되게 설정한 뒤 다음 그림처럼 연결합니다. 아래의 [Vector] 값을 모두 "1"로 설정하면 일반적인 형태의 노이즈가 만들어집니다. 하지만 "1", "1", "0.05"처럼 값 하나를 작게 설정하면 해당 방향으로 길게 늘어진 노이즈가 만들어집니다❶.

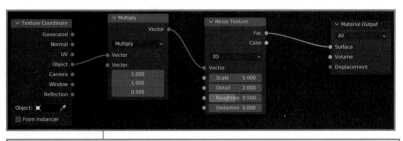 

❶[Shift] + [A]에서 [Converter] > [Vector Math]을 추가하고 [Multiply] 노드로 바꾼 뒤 그림처럼 연결합니다.

노이즈 텍스처를 포함한 [Texture] 타입의 노드는 [Vector] 단자에서 입력된 정보에 따라서 텍스처를 어떠한 공간에 배치할 지 결정합니다.

이러한 정의를 계산식에 따라서 변환하는 것이 바로 노드들의 역할입니다.

예를 들어서 이전과 같이 [Object] 단자에서 출력된 것에 "1", "1", "0.05"를 곱하면 X와 Y에는 "1"을 곱하므로 달라지는 것이 없지만, Z 는 "0.05"를 곱하므로 중앙("0")에서 가장 위("1")에 맵핑되던 노이즈가 "0"에서 "0.05"까지만 맵핑됩니다.

따라서 이처럼 Z축 방향으로 늘어난 노이즈가 만들어지는 것입니다.

④ 또한 맵핑을 추가로 왜곡할 수도 있습니다. 예를 들어서 [Shift] + [A]로 다시 [Converter] 〉 [Vector Math]를 추가하고, 이번에 는 [Add]로 설정한 뒤 다음 그림과 같이 연결합니다❶.

이렇게 하면 노이즈 위에 색상이 적용되는 모습을 확인할 수 있습니다. 노이즈가 Z축으로 늘어나 있었으므로 색상도 Z축으로 길게 왜곡된 것을 볼 수 있습니다.

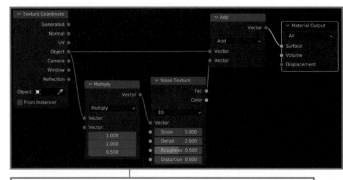

❶[Converter] > [Vector Math]를 추가하고 [Add]로 설정한 뒤 그림처럼 연결합니다.

⑤ 여기에서 [Separate XYZ] 노드에서 Z 축만 추출하고, 그 그러데이션을 [Color Ramp] 노드로 전달하면 흰색 선이 진동합니다. 이렇게 만들어진 흰색 선을 큐티클의 하이라이트 계수로 활용했던 것입니다.

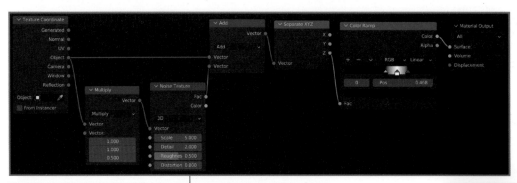

❶ [Separate XYZ] 노드로에서 Z 축만 [Color Ramp]로 전달해서 얇은 선으로 변환합니다.

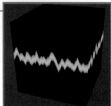

(다른 텍스처 타입의 노드

다른 텍스처 타입의 노드에도 응용할 수 있습니다.

① 예를 들어 [Shift] + [A]에서 [Texture] 〉 [Gradient Texture]를 추가하고, 방금 설명했던 [Vector Math(Add)] 노드를 사용해서 다음 그림과 같이 연결합니다①.

[Gradient Texture]를 [Spherical]로 전환하면 구체 형태의 텍스처가 만들어집니다. 하지만 바꿔도 표시가 따로 변화하지 않습니다.

[Vector Math(Add)] 노드에서 Z축을 "−1.000"으로 설정하면 Z축이 원래 "1.000"인데, "−1.000"이 더해져 "0"이 됩니다. 따라서 [Spherical]이 Z축 "1"의 위치로 이동해서 구체의 단면을 확인할 수 있게 됩니다②.

하지만 이처럼 하나하나 사칙 연산으로 위치를 조정하는 방법은 사용하기 어려우므로 일반적으로 다른 오브젝트의 로컬 좌표를 활용하는 방법을 많이 사용합니다.

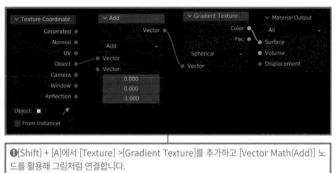
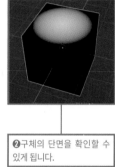

❶[Shift] + [A]에서 [Texture] >[Gradient Texture]를 추가하고 [Vector Math(Add)] 노드를 활용해 그림처럼 연결합니다.

❷구체의 단면을 확인할 수 있게 됩니다.

② [Vector Math(Add)] 노드는 [Ctrl] + [X]로 제거합니다❶.

❶[Vector Math(Add)] 노드를 [Ctrl] + [X]로 제거 합니다.

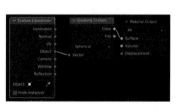

③ 3D 뷰포트 쪽에서 [Shift] + [A]로 [Empty] 〉 [Plain Axes]를 추가합니다❶.

❶3D 뷰포트 쪽에서 [Shift] + [A]로 [Empty] > [Plain Axes]를 추가합니다.

④ [Texture Coordinate] 노드 아래에서 두 번째에 있는 [Object:]에서 방금 추가했던 "Empty"라는 이름의 오브젝트를 선택합니다(또는 오른쪽에 있는 스포이트 마크를 클릭한 뒤 3D 뷰포트에 있는 오브젝트를 클릭해도 됩니다)❶.

이 상태에서 3D 뷰포트 위에 있는 "Empty"를 선택하고 [G]로 이동시켜 보세요❷.

[Spherical] 텍스처가 큐브 오브젝트의 표면을 이동하므로 구체의 단면을 확인할 수 있습니다.

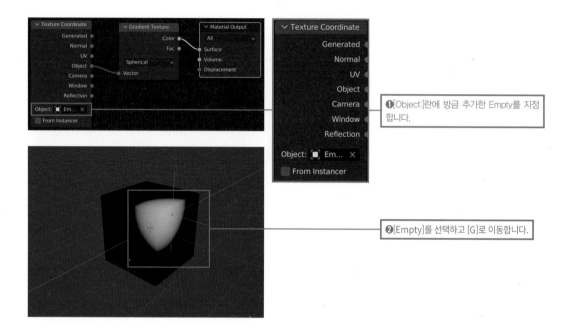

❶[Object:]란에 방금 추가한 Empty를 지정합니다.

❷[Empty]를 선택하고 [G]로 이동합니다.

텍스처를 응용해서 볼 터치 추가하기

지금까지의 과정을 활용해서 볼 터치를 표현해 봅시다.

① [Empty]를 2개 준비하고 모두 머리 전용 본을 부모(Parent)로 설정해 둡니다. 이어서 다음 그림과 같이 [Gradient Texture(Spherical)]와 [Texture Coordinate] 노드를 2개 준비하고, 각각의 [Texture Coordinate] 노드의 오브젝트를 각각의 [Empty] 오브젝트와 연결합니다❶.

그리고 [Color Ramp] 노드로 구체 그러데이션을 어느 정도 조정하고, 이를 [Mix Color] 노드의 [Factor] 단자에 연결해서 분홍색을 피부 머티리얼에 추가합니다❷. 전체적으로 그림과 같이 구성해 주세요.

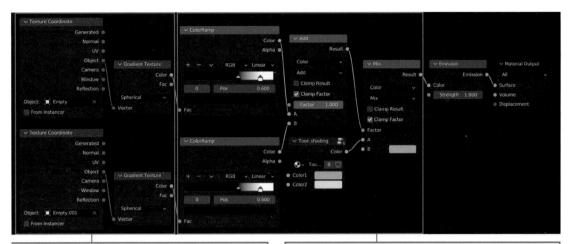

❶그림처럼 2개의 [Gradient Texture(Spherical)] 노드를 각 Empty 오브젝트의 로컬 좌표를 기반으로 설치합니다.

❷[Color Ramp] 노드로 그러데이션을 조정하고 [Mix Color] 노드로 합성한 것을 [Factor] 단자로 전달해서 분홍색을 피부 머티리얼에 추가합니다.

완성

이렇게 하면 캐릭터의 볼에 분홍색 터치가 들어갑니다. 이를 활용해 캐릭터에 다양한 표정을 구현해보세요!

이 책을 끝까지 읽은 분이라면 블렌더를 완전히 마스터했을 것이라 생각합니다. 분명 이미 3D CG 업계에서 활약하고 있겠죠?

…는 사실 장난입니다. 저도 블렌더를 완전히 마스터했다고 할 수는 없습니다. 블렌더에는 한 사람이 다룰 수 없을 만큼 많은 기능이 있고, 각각의 기능마다 필요한 감각의 종류도 다릅니다. 또한 블렌더는 매일 새로운 기능이 추가되고 변경되며, 개발이 매우 활발하게 이루어지고 있습니다. 모든 것을 완전하게 마스터하고 사용하는 사람이 있다면, 그건 아마도 블렌더 개발 책임자일 것입니다.

조금 다른 이야기이지만, 세상에는 이런 종류의 소프트웨어 책이 크게 두 가지가 있다고 생각합니다. 하나는 이 책처럼 예제를 따라 만들어보면서 필요한 기능을 소개하는 책입니다. 마치 자동차 네비게이션처럼 여기에서 왼쪽 또는 오른쪽으로 가라고 안내해서 목적지에 도착하게 만드는 책입니다. 다른 하나는 소프트웨어의 모든 기능을 사전처럼 나열하고, 필요한 기능을 여러분이 직접 찾아서 사용하라는 책입니다(개인적으로는 이쪽을 더 좋아합니다). 자동차 네비게이션에 비유하자면, 이는 전체 지도를 보여주는 것과 같습니다.

앞에서 말했던 것처럼 블렌더는 기능이 너무 많아서, 뒤에 설명한 책을 만들려고 하면 사전처럼 두꺼울 것입니다. 그런데 이와 같은 내용은 책도 필요 없이, 블렌더에서 공식적으로 제공하는 메뉴얼이 있습니다(https://docs.blender.org/manual/ko/latest/). 따라서 이러한 종류의 책을 만든다고 해도 이 공식 매뉴얼의 질 나쁜 복사본이 될 뿐이라는 걱정이 들었습니다. 그래서 이 책은 앞의 방식으로 집필했습니다. 이 책을 통해 목적지에 무사히 도착하셨나요?

이 책의 내용을 모두 이해할 수 있었다면, 블렌더를 완전히 자신의 것으로 만들었다고 할 수 있습니다. 블렌더에 매일 새로운 기능이 추가된다고 듣고 '그럼 매일 배워야 할 것도 계속 늘어나잖아?'라고 걱정하는 분도 있을 것입니다. 하지만 일단 블렌더를 자신의 것으로 만들면, 블렌더에 새로운 기능이 추가될 때마다 할 수 있는 일이 늘어난다는 생각이 들어서, 기능 추가가 즐거운 일로 느껴질 것입니다. 내가 따로 아무것도 하지 않아도 매일 할 수 있는 일이 점점 늘어나는 것입니다. 블렌더는 기부로 운영되는 소프트웨어입니다. 아무것도 하지 않고 기다리기만 하는 것이 미안하다면 기부를 하면 좋을 것입니다.

직접 기부가 부담스럽다면, 블렌더 스토어(https://store.blender.org/)에서 물건을 구매해서도 기여할 수 있습니다. 멋진 티셔츠나 모자도 있으니 한번 둘러보세요. 또한 금전적인 기여가 아니더라도 주변에 블렌더 사용법을 모르는 사람이 있다면 알려주고, 자신이 해결한 문제에 대한 해결책을 인터넷에 올리는 등 다른 블렌더 사용자에게 유용한 정보를 공유하는 것도 훌륭한 기여입니다(물론 이 책의 내용을 올리는 것은 법적 문제가 될 수 있으니 하지 말아주세요). 자신에게 할 수 있는 일을 찾아서 블렌더에 보답해주세요(물론 강요는 아닙니다).

본문에서는 기술적인 설명에 치중했기 때문에, 여기서 자신의 3D CG 지식 발전을 위해 필요한 정신적인 조언을 하나만 해드리겠습니다. 발전에 가장 필요한 것은, '스크랩 앤 빌드(Scrap and Build)'를 할 수 있는 용기라고 생각합니다. 3D CG로 하나의 작품을 완성하려면, 2D 그림에 비해 많은 시간이 필요합니다. 하지만 3D CG는 과거에 만든 부품을 어느 정도 재사용할 수 있다는 장점이 있습니다. 그래서 "이렇게 많은 시간을 들여 만들었는데..."라는 생각으로 이미 만들었던 것을 수정하지 못하거나, 그동안의 실수를 인정하고 포기해야 하는 기로에 놓였을 경우 선택이 어려울 때가 있습니다. 그렇다고 오래된 부품을 계속 재활용하면, 현재 트렌드와 맞지 않는 낮은 수준의 결과물이 만들어질 수도 있으며, 이를 스스로 인지하지 못하는 상황도 발생합니다. 과거의 것을 버릴 때 우리는 또 성장할 수 있습니다. 버릴 때 그동안 들인 시간이 전부 헛된 것이 되었다고 생각하지 말아주세요. 다시 만들 때는 처음 만들었을 때보다 훨씬 빠르고 잘 만들 수 있을 것입니다.

이렇게 말하기는 했지만, 재사용할 수 있다는 장점을 살리지 않으면 3D CG는 의미가 없다고도 생각합니다. 그러니 적당한 선에서 균형을 맞춰주세요.

마지막으로, 편집자인 오기하라님을 비롯해 이 책의 제작에 참여해 주신 모든 분들, 그리고 무엇보다 이 책을 구매해주신 여러분께 진심으로 감사드립니다!

– 토모

찾아보기

만들면서 배우는
블렌더 3D 입문
블렌더 기초, 모델링, 머티리얼,
애니메이션, 렌더링까지